土地空間の
近代法的把握

地域資源管理をめぐって

MODERN LEGAL UNDERSTANDINGS
OF LANDSCAPES

牛尾洋也=編
USHIO Hiroya

日本評論社

はしがき

　本書の『土地空間の近代法的把握——地域資源管理をめぐって』という
タイトルは、過疎高齢化が進み地域資源の管理が大きな課題となるなかで、
明治期の日本の土地空間に関する法制度の摂取・導入のあり方にあらため
て立ち戻って様々な角度から近代法の把握を試みるものである。

　とくに「近代法的把握」としたのは、一定の像を前提として近代法を批
判し現代法や新たな法システムを構想するというのではなく、地域資源の
管理をめぐって、私たちの基本的な生活原理を構成している近代法の本来
的な形を再度正しく把握することを目指す試みであるからである。

　なお、本書は、龍谷大学社会科学研究所から研究助成を受けた共同研究
「地域特性に基づく地域・森林資源管理の法理論研究」（研究規範は2021年
度〜2023年度）の研究成果をまとめたものである。

　本書の研究にあたっては地域の方々の多大なご協力があったことはもち
ろん、出版に当たって、龍谷大学社会科学研究所から出版助成をいただく
とともに、同研究所の益城健司氏に大変お世話になった。また、同書の編
集および出版に関して、日本評論社の代表取締役・柴田英輔氏には様々な
アドバイスを頂くなど大変お世話になった。記して心からの謝意を表する
次第である。

　2025年2月

牛尾洋也

目　次

序章　　**土地空間の近代的所有・管理と現実の地域資源管理** … 1

龍谷大学教授　牛尾洋也

1　近代的所有権の概念的ゆらぎ　1

2　土地所有権概念と占有、領域概念　5

3　土地空間における近代的所有・管理と現実の地域資源管理　7

4　各論稿について　11

第1章　**北海道地券発行条例の制定過程**

　　　　——アイヌの土地所有を中心に ……………………………… 15

静岡大学名誉教授　橋本誠一

はじめに　15

1　北海道地所規則と地券取扱心得書

　　——アイヌ土地所有の容認　17

2　漁場昆布場地租創定事業の開始　23

3　北海道地券発行条例案の登場

　　——アイヌ土地所有否定（官有地化）への転換　26

4　北海道地券発行条例の制定

　　——アイヌ土地所有否定（官有地化）の確定　30

おわりに　33

第2章　**北海道地券発行条例の実施過程とアイヌの土地所有** … 36

静岡大学名誉教授　橋本誠一

はじめに　36

1　漁場昆布場地租創定事業とアイヌの土地所有　38

2　北海道地券発行条例と地租創定事業　44

　(1)　北海道地券発行条例と海産干場

　　　——アイヌの土地所有をめぐって　44

(2)　北海道地券発行条例の実施とアイヌの土地所有　46

　　(3)　「官有地地券録」とアイヌの土地占有　53

　　　(ⅰ)　石狩国浜益郡　54

　　　(ⅱ)　後志国余市郡　57

　　　(ⅲ)　石狩国石狩郡　58

　　　(ⅳ)　胆振国幌別郡　59

　　　(ⅴ)　十勝国広尾郡　59

　　　(ⅵ)　十勝国十勝郡　61

　　　(ⅶ)　「官有地地券録」に記載されていないアイヌ占有

　　　　　地　62

　おわりに　64

第3章　伝統的なワナを主とした危険猟法に関する考察 ……… 69

富山大学教授　高橋満彦

東北芸術工科大学名誉教授

北海道大学アイヌ・先住民族研究センター客員研究員　田口洋美

　はじめに　69

　1　考古学、民俗学に見る危険なるワナ猟法　71

　　(1)　陥穽、陥し穴　71

　　(2)　オシ、オソ（圧殺ワナ）　72

　　(3)　発射型ワナ（アマッポなど）　74

　2　法制史からみる危険なるワナ猟法　75

　　(1)　律令による檻穽・機槍の規制　75

　　(2)　北海道における開拓使による規制

　　　　──アマッポ（アイヌ民族の仕掛け弓）　77

　　(3)　近代国家法による規制　78

　　　(ⅰ)　総論　78

　　　(ⅱ)　各論　82

　3　考察　85

目次 v

第4章　中田薫・近世土地所有権論の論理と意味
——近代的土地法の形成と境内山林下戻問題 …………… 91
龍谷大学名誉教授　吉岡祥充

はじめに　91

1　近代的土地法の形成と境内山林下戻問題　94

 (1)　近世における境内山林の二面性　94

 (2)　社寺領上地と上地処分　95

 (3)　国有森林原野下戻法と行政裁判所宣告国有森林原野下
  戻法と行政裁判所宣告　97

  (i)　国有森林原野下戻法とその政府解釈　97

  (ii)　行政裁判所宣告の展開と中田・朱印状論　99

 (4)　設立論的境内官有説と中田・境内私有説　104

  (i)　『社寺領性質の研究』と設立論的境内官有論　104

  (ii)　中田・境内私有説
   ——政治的土地変革から私法的構成へ　109

2　近世的所持の所有権的構成とその意味
 ——土地国有主義批判の方法　114

 (1)　所持と所有の等値　114

 (2)　所持と所有権における処分権限　116

 (3)　土地譲渡制限の法的性格と私法・公法の二元論　118

 (4)　近世的土地所持の近代的所有権観念への包摂　122

むすびに代えて——土地官有主義批判と国民経済の発展　124

第5章　入会権の得喪と「各地方の慣習」としての離村失権の
原則性 ……………………………………………… 128
愛媛大学准教授　西脇秀一郎

1　入会権における第一次法源としての「各地方の慣習」と
 離村（転出）失権　128

 (1)　「各地方の慣習」と離村（転出）失権　128

 (2)　離村失権ルールの様相　131

2　古典的な利用形態に応じた離村失権ルール　133
　(1)　入会権者の権利の喪失に関する民法典起草時の議論と
　　　入会慣行調査　133
　　　(i)　法典調査会での議論　133
　　　(ii)　明治26年入会慣行調査と離村失権　133
　　　(iii)　昭和５年入会慣行調査とその他の慣行調査　137
　(2)　初期の学説と離村失権ルール　137
　(3)　２つの大審院判決と１つの最高裁判決　139
　　　(i)　２つの大審院判決　139
　　　(ii)　最高裁判決にみられる具体的な慣習としての離村
　　　　　失権　141
　　　(iii)　判決の捉え方　142
3　入会権の実態調査と離村失権ルールの再考の兆し　143
　(1)　「入会権の解体」現象と離村失権ルール
　　　──川島武宜による理論形成　143
　(2)　昭和49年入会慣行調査と離村失権ルール　146
　　　(i)　昭和49年入会慣行調査における「権利の喪失」事
　　　　　例　146
　　　(ii)　離村失権ルールの内実とその原則性の確認　147
　(3)　離村失権ルールの実態と具体化　148
　　　(i)　現代的な離村失権ルールの模索の試み　148
　　　(ii)　離村失権ルールの原則性の問い直しの是非　149
4　離村失権ルールの内実と今日的意義　150
　(1)　入会慣習における離村失権ルールの位置づけと構成員
　　　たる地位との関係　150
　(2)　離村失権ルールの要件と効果　152
　　　(i)　要件論　152
　　　(ii)　効果論　153
　(3)　存在理由と離村失権ルールの原則性　155
　(4)　離村失権ルールの今日的意義と入会権の法的性質　156

目次　vii

第6章　土地所有権と公権力の役割 ……………………………… 159

大阪市立大学名誉教授　髙橋　眞

1　はじめに　159

2　近世農村社会と「村請制」　164

3　地租改正と「未熟なリヴァイアサン」　170

4　林野官民区分と無断開墾の問題　175

5　むすび　180

第7章　地域森林管理へのリモートセンシング技術の適用 … 183

森林総合研究所　小幡進午

はじめに　183

1　リモートセンシングについて　184

　(1)　森林のリモートセンシング技術　186

　(2)　資源量の推定　187

2　地域森林資源管理におけるリモートセンシング利用　188

　(1)　リモートセンシングによる地域森林資源量推定　188

　(2)　滋賀県東近江市の事例　189

　(3)　航空レーザデータを用いた森林資源量の動向のシミュレーション　190

第8章　「山論」の現代的意義をめぐって
──御池岳所有権・境界確定訴訟の検討 ……………………… 195

龍谷大学教授　牛尾洋也

1　本件事件の経緯と訴訟の経緯　197

2　判決と判決理由の要点　198

　(1)　判決　198

　(2)　判決理由　198

　(3)　結論　199

3　若干の検討　199

　(1)　村々入会と山論　199

viii

  (2) 明治初期の地租改正と土地利用 201

  (3) 本件訴訟の本質 202

  (4) 今後に向けて 204

 （判決記録）「御池岳所有権・境界確定訴訟」 208

第9章 明治初期の郡界地引絵図について
──絵図が語る明治初期の地租改正と村の分合 ……………… 217

龍谷大学教授 牛尾洋也

1 はじめに 217

2 絵図の特徴 217

  (1) 表紙、表題 217

  (2) 絵図面の作成者 218

  (3) 絵図面に描かれた郡界、村界その他 219

  (4) 絵図面内の村名その他 219

  (5) 凡例 220

3 地券制度と地租改正 223

  (1) 壬申地券交付 223

  (2) 地租改正と実施上の課題について 225

4 地券発行および地租改正と村の合併、自治 229

  (1) 町村分合の促進 229

  (2) 町村分合の抑制 234

5 愛知郡の村の分合と郡界地引絵図 239

  (1) 愛知郡における村の分合について 239

  (2) その後の展開 244

第10章 地券取調総絵図の歪みと小地名
──栗東歴史民俗博物館所蔵図の分析を基に ………………… 248

慶應義塾大学准教授 笠井賢紀

はじめに 248

1 地券取調総絵図の分析方法 250

(1)　地券取調総絵図　250

　　　(2)　栗東市域の地券取調総絵図　250

　　　(3)　古地図の歪み分析の方法　254

　　　(4)　対比点同定作業上の注意点　255

　　　(5)　局所的歪みの意味づけの注意点　257

　　　(6)　地券取調総絵図の分析作業手順　257

　2　地券取調総絵図の分析結果　258

　　　(1)　分析結果の提示方法　258

　　　(2)　山林・池沼・墓地の歪み　260

　　　(3)　中心集落からの距離と歪みの大きさ　263

　　　(4)　村界と地図端の歪み　264

　　　(5)　栗東市の地券取調総絵図の史料特性　265

　3　字限図の分析方法　265

　　　(1)　小字と地名　265

　　　(2)　栗東市域の地域区分　267

　　　(3)　小字名　268

　　　(4)　栗東市域の小字データ化　269

　4　字限図の分析結果　272

　　　(1)　小字の表記——「カイト」を例に　272

　　　(2)　分割地名——方角と順番　273

　　　(3)　集落と小字　275

　　　　◆「里」と「村」　275

　　　　◆集落と小字の対応不在　276

　　　　◆集落と小字の部分的対応　277

　　　　◆合併の影響　277

　　　　◆主要集落名称の固有名　278

　　　　◆集落の図示　278

　　　(4)　通称地名の例　279

おわりに　279

第11章　明治初期の分村の経緯と村の領域確定
　　　　——東近江市永源寺地区茨川村 ……………………………… 284
龍谷大学教授　牛尾洋也
　1　はじめに　284
　2　文書の内容とその検討　287
　3　内容　289
　　(1)　ことの起こり　289
　　(2)　願面　289
　　(3)　犬上県庁への説明と郷中村々との交渉　290
　　(4)　再願面　292
　　(5)　県庁との問答と近隣六か村との交渉　294
　4　検討　298
　　(1)　枝郷、共有地について　298
　　(2)　地券取調と立会山の境界確定および分村　299
　　(3)　公有地：地租改正　303
　　(4)　茨川村のその後の推移　305

執筆者紹介　310

序章

土地空間の近代的所有・管理と現実の地域資源管理

龍谷大学教授　牛尾洋也

1　近代的所有権の概念的ゆらぎ

　今日、環境や生態系の危機が世界的課題として指摘され、国内でも国土の過少利用による耕作放棄地や所有者不明土地問題など国土保全や環境保全並びに地域づくりなどの観点から、近代的所有権を基軸とする法制度の再検討[1]を通じた新たな法概念や様々な再構築が試みられており、その一つに、資源の管理・利用上の広域的な「地域」概念や「景観（ランドスケープ）」概念が地理学や歴史学、計画論やコモンズ論などで言及されており、その学際的叡智をいかに受け止め発展させて、社会実装化するかが問われている。

　「地域」概念については、地理学上「空間的なスケール」をもった「何らかの意味のある指標によって抽出された地表の一部」[2]であり、自然現象を扱う自然地理学と人文・社会現象を扱う人文地理学とに学問分野が分けられることが一般的であるが、地域の自然的、地理的、地質的諸特性は、地域の景観特性を生み出し、同時に地域の歴史的文化的特性を決定づけるなど各諸特性は結びつき、同時に、国の法制度、市場や経済情勢、暮らし

1）牛尾洋也（2006）「土地所有権論再考」鈴木龍也・富野揮一郎編『コモンズ論再考』（晃洋書房）59頁以下。

2）浮田典良編（2003）『最新地理学用語辞典［改訂版］』（大明堂）177頁。

方などの変化により変動し、人と地域との関係の変化を示している。

　「景観」概念は、日本ではそもそも植物学や地理学におけるドイツ語の Landschft に由来し、ランドシャフトの概念は、地区や地域という意味と風景や景観という二つの用語法で用いられ、地理学においても、地域を構成する諸要素の因果的・機能的連関と地域的単位の追究が結びついて、伝統的な地理学的ランドシャフト概念の骨格が形成されたとされる[3]。さらに、地理学にとっての景観は、視覚により認められる地表の相貌の解明と解釈から、景観全体の連関構造の解明、生態学的観点が重視されるようになり[4]、気候・地形・土壌・地質・水・動植物などの地因子の多様な相互作用（景観収支）、およびそれに関わる人間の作用を分析して、等質的景観単位を区別し、その景観単位の機能を明らかにする学とみなすことができるとされ[5]、さらに、ランドスケープとは、人間とその周囲の環境の総体としての認識像であり、地域的な広がりをもった概念であることから、ランドスケープエコロジー（landscape ecology）は、人間とその活動を支える生態系のかかわりを、生態学的・地理学的視点から分析・総合・評価し、人間にとって望ましいランドスケープを保全し、創出する手法を考える研究領域であるといわれる[6]。このように、「景観」概念は、本来、植物学や地理学における一定地域・地区における動植物集団の状態、さらにそれらを取り巻く気候・地形・土壌・地質・水などの土地の因子という一定範囲の客観的環境要因を示す意味と、眺め、風景、イメージなど人への主観的・客観的な影響をあたえる要素を示す意味との二つの意味からなっており、景観に関わる法制度は、主として後者の「眺め・風景」という意味から出発したが、景観概念の広がりとともに法の役割も拡大してきている[7]。

　3）手塚眞（1991）『地理学の古典』（古今書院）266頁、297頁。

　4）中村和郎他（1991）『地理学講座（4）　地域と景観』（古今書院）43頁。

　5）横山秀司（1995）『景観生態学』（古今書院）6 -10頁。

　6）武内和彦（2006）『ランドスケープエコロジー』（朝倉書店）1頁。

　7）牛尾洋也（2012）「里山の景観と災害防止」牛尾洋也・鈴木龍也編『里山のガバナンス』（晃洋書房）101頁、109頁以下。

こうした地域概念や景観概念は、法学上、第一に、土地所有権をベースとした一定の地片または空間への一定の影響　―負の影響としては、眺望景観侵害が土地所有権への侵害として把握されるなど―　として、第二に、都市計画法や農地法などの計画法による用途地域概念および、景観規制に関しては、規制区域・保全地域・地区（景観地区や美観地区など）概念として活用され、民法206条の「法令による制限」としての「公益による制限」および「ポリス（警察）規制」[8]、または所有権利用の誘導規制が行われている。いずれにせよ、民法上の所有権概念を基軸とし、さらに民法207条の土地所有権の範囲として、土地境界とその上下の空間が私人の使用・収益・処分の自由領域とされ[9]、その公共的規制が問題とされてきた。

　しかし、2000年代に入り、司法の場では「景観権」や「平穏生活権」など新たな権利利益の主張が相次ぎ、景観訴訟では、「景観利益」の範囲や「原告適格」の範囲が争われるなかで、国立景観訴訟第一審判決は「景観利益」を「土地所有権から派生するもの」（東京地判平成14年2月14日判時1808号31頁）として土地所有権の延長で把握したのに対して[10]、同最高裁判決は、「景観に近接する地域内に居住し、その恵沢を日常的に享受している者」に対して景観利益の帰属を認め（最判平成18年3月30日民集第60巻3号948頁）[11]、土地所有権の範囲を超えた一定地域の利益享受性並びに利益管理性を把握した。すなわち、第一審がエリア内の「所有権者」にしか認めなかった利益の帰属につき、最高裁は拡張した範囲の人々の権利・利益性を承認し、さらに「互恵性」という結びつきによる広域的・面的広がりをもった新たな法的概念の可能性を承認した。さらに、鞆の浦景観訴訟

8）吉田克己（2023）『物権法Ⅰ』（信山社）148頁以下。

9）ローマ法、中世法を経てドイツ法、イギリス法における土地所有権の上下の権限の展開につき、Ulf Goeke（1999）, Das Grundeigentum im Luftraum und Erdreich, 参照。

10）牛尾洋也（2003）「都市的景観利益の法的保護と『地域性』」『龍法』36巻2号1頁以下。

11）大塚直（2006）「国立景観訴訟最高裁判決の意義と課題」ジュリスト1323号70頁ほか。

では、法令による「保護範囲」（趣旨・目的を含む）の解釈を通じ「近接する地域内の居住者、具体的にいえば、少なくとも申立人らが指摘する歴史的町並みゾーン内の居住者」に原告適格を認め（広島地判平成21年10月１日判時2060号３頁・鞆の浦景観訴訟広島地裁）、同じく一定の「地域」における保護利益と権利を認めたとされる[12]。

　また、一定の地域の発展に関する言葉として「まちづくり」という概念がある。一般的には、「まちづくりとは、地域社会に存在する資源を基礎として、多様な主体が連携・協力して、身近な居住環境を漸進的に改善し、まちの活力と魅力を高め、『生活の質の向上』を実現するための一連の持続的な活動である。」[13]といわれ、定義における変数の値として、「主体」「空間」「方法」「分野」の４つがあることが指摘されている[14]。法律の分野では、「まちづくり」は、「一定の地域空間を（住民の意思に基づき）一体として整備・管理・運営すること」、すなわち、「私的空間と公的空間とが混在するものとして『まち』を捉えるということ」とされ[15]、「まちづくりは公益であるが、公益は権利（私益）を基礎にしたものでなければならない」[16]といわれる。このように、一定の地域につき整備・管理・運営するために、所有権概念とは異なる「主体」「空間」について、一定の「方法」により把握される概念が用いられ、実際に、大分県日田市で起こった別府競輪場外車券売場の設置に対して、日田市が国に対して訴えた事件（大分地判平成15年１月28日判タ1139号83頁）を契機として[17]、木佐教授

---

12) 角松生史（2008）「景観利益と抗告訴訟の原告適格―鞆の浦世界遺産訴訟をめぐって」『日本不動産学会誌』22巻３号71頁以下。

13) 日本建築学会編『まちづくりの方法』（丸善、2004年）３頁。

14) 渡辺俊一「『まちづくり定義』の論理構造」『都市計画論文集』46巻３号（2011年）677頁。

15) 曽和俊文「まちづくりと行政の関与」芝池ほか・前掲書注36）21-22頁。

16) 芝池義一「まちづくり・環境行政の法的課題」芝池ほか・前掲書注36）４頁。

17) 人見剛「『まちづくり権』侵害を理由とする抗告訴訟における地方自治体の原告適格」『都法』43巻１号（2002年）159頁、白藤博行「日田市『まちづくり権』侵害訴訟」法セミ48巻８号（2003年）36頁、塩浜克也「日田市場外車券場訴訟と『まちづくり権』」法セミ57巻２号（2012年）128頁、参照。

は、自治体の憲法上の権利として「まちづくり権」を主張した[18]。

　土地所有権は、民法206条により土地所有者による使用・収益・処分の権限と公共性によるコントロールを規定するが、こうした一定の主体・範囲に区切られた従来の所有権法概念と公共性概念という二つの概念操作による近代的土地空間における地域資源の管理の課題が様々な分野で論じられこうした法概念のゆらぎに対し、新たな把握が求められている。

2　土地所有権概念と占有、領域概念

　このように資源の管理・利用に関する今日の法的課題として、近代法制度や諸概念の再検討を通じた現代法構築の課題は、近年、主体や客体、権利や法関係など法の基本概念について論じられており、所有権については、客体（財）の多様化[19]や、主体と客体（多数当事者と多数権利）のありかた[20]などの再検討がなされている。

　そもそも、「所有権」概念は、20世紀以降、ゲルマン的所有権論や所有権の社会性などイデオロギー的批判や社会的政治的要請からする様々な批判の対象とされてきたが、近年、ローマ法由来の「占有」概念を正当に位置づけることを通じて、あるべき近代的所有権概念の理解・確立とともに現代法の再構築を図ろうとする試みが始まったところである[21]。所有権と対置される「占有（権）」は、古くからその具体性・現実的支配関係性に基づく社会的意義が着目され、現実の村落共同体の土地利用や入会地の

---

18)　木佐茂男編『まちづくり権への挑戦』（信山社、2002年）、針原祥次「住民の『まちづくり権』―西宮市高塚山開発差止め訴訟について」『明日への文化財』80号（2019年）34頁、牛尾洋也（2019）「民事法上の『まちづくり権』について」花房博文・宮崎淳・大野武編『土地住宅の法理論と展開』（成文堂）421頁。

19)　吉田・前掲注8）75頁以下。

20)　高村学人・古積健三郎・山下詠子 編著（2023）『入会林野と所有者不明土地問題―両者の峻別と現代の入会権論―』（岩波書店）、五十嵐敬喜編（2016）『現代総有論』（法政大学出版）。

21)　木庭顕（2009）『法存立の歴史的基盤』（東大出版会）。

利用関係をめぐりその利用関係を「所有」ではなく「占有」という事実的収益関係と捉える見解は、環境社会学やコモンズ論へと広がりを持つ[22]。もっとも、「占有」の本来的な意義は、ゲルマン法的な Gewere か、ローマ法的な possessio かという歴史的概念区別を止揚し、人々の生活や労働による費用投下果実収取関係に基づく信用を基盤とする市民社会を構成する原理であるという点にあると考える。

さらに、日本の近世・近代への過渡期の歴史研究において、従来の「占有」概念では捉えきれない資源管理・利用の関係を「ナワバリ」や「領域」概念で理解しようとする見解が多く現れ[23]、さらに近年はアイヌや沖縄の資源利用におけるエコシステム、現代の国立公園制度やフットパスやオープンフォレストにおける資源利用の公共性が注目され[24]、方法として「歴史地理学」の知見に基づいた研究が行われるなど[25]、新たな場や視点から対象を把握しようとする研究が注目される。

例えば動物学、医学、建築学、国際法、政治学、経済学などではすでに「領域」概念はキー概念であり、とりわけ概念の意識的な定義を試みるのは地理学である。語源であるラテン語の territorium の使用は、14世紀頃の西欧で王や教皇が人の支配を土地の支配に移行したことに遡り、本来は主権の空間的顕現たる領地ないし領土を意味し（国際法上の重要な概念）、人間による歴史的、社会的かつ政治的な空間利用の動態的過程として把握されている。その領域性の理論化は、近代の空間を通した行動制御と階層組織の展開を理解する視角となり、近年は、境界確定内外の社会集団を区

---

22) 井上真編（2008）『コモンズ論の挑戦』（新曜社）。

23) 川本彰（1972）『日本農村の論理』（龍渓書舎）、藤木久志（1997）『村と領主の戦国世界』（東大出版会）、田村憲美（1994）『日本中世村落形成史』（校倉書房）、斎藤一（2024）『近世林野所有論』（岩田書院）ほか。

24) 瀬川拓郎（2005）『アイヌ・エコシステムの考古学：異文化交流と自然利用からみたアイヌ社会成立史』（北海道出版企画）、久末弥生（2010）『アメリカ国立公園法』（北大出版会）、畠山武道編著（2012）『イギリス国立公園の現状と未来 進化する自然公園制度の確立に向けて』（北大出版会）。

25) 杉浦史子（2022）『絵図の史学』（名大出版会）。

分する領域排除のメカニズムへの批判を克服し、むしろ領域内外の関係性を重視し、領域性は、空間上の事物・事象の関係を制御する関係性へと展開していることが指摘されている[26]。

このように、土地空間に関する近代法的把握について、占有と領域の関係の再検討を含めた概念の再検討が必要となる。

3　土地空間における近代的所有・管理と現実の地域資源管理

さて、以上の問題関心に基づいて、以下で本書の課題をより具体的に示す。

本書が主として扱うのは、農山村の地域資源の管理にあたり、従来の近代的土地所有権制度の下にある地域管理と現実の地域管理との間にあるズレを確認し、あるべき近代法を把握することにある。

例えば、森林政策において「地域特性」は、「市町村森林整備計画」のなかで重視され、森林経営管理法上の「森林経営管理権集積計画」では、地域一体となって法を円滑に運用する観点から「当該森林の存する地域の実情その他の事情」（法4条）として勘案が求められている。もっともここでの「地域特性」の意味は、森林境界の明確化や森林経営のための森林・所有者情報、林分や植生、地形等の地理的情報にとどまり、歴史や文化を含めたより深い「地域特性」の把握とそれを考慮した長期的な将来像に基づく地域の森林経営・管理は必ずしも課題となっていない。しかし、国および行政による森林経営管理の促進に基づく地域森林管理計画の策定に対する多くの地域住民の現実の問題関心は、かつての造林・保育・間伐以降、長らく滞っている森林の管理・利用の積極的経営管理にとどまらず、木材価格の上昇を展望できない中で、むしろ現在推進されている森林管理政策が今後の地域生活の具体的なあり方や将来像にいかに結びつくのかに

---

26) 山崎孝史（2021）「『人間の領域性』再考―空間と権力への地理学的視点―」『2021年人文地理学会』104頁。

ある。

　そのため、具体的な市町村の森林ビジョン策定および市町村森林経営管理計画や地域森林管理計画において、森林資源の生産・管理・利用に留まるのではなく、森林資源の管理・利用において「地域特性」への配慮の必要性を強く意識し、地域のくらしや「地域づくり」といかに関わるべきかが重要となる。

　その意味で、集落を構成する個別的土地所有権や所有管理の領域、既存の森林政策や農村政策の枠組みが前提としている土地境界や森林境界の確定や明確化、登記や収益、税制の前提となる近代的な土地所有権制度と、市町村を構成する旧村や大字・小字を単位とする集落の森林財産の管理（入会や財産区、生産森林組合、社有林などを含む）や集落自治、過疎高齢化が進む集落の構成員の地域への思いや地域の領域的管理意識とのズレの課題に向き合うことが不可欠である。

　この点で、すでに森林管理における人的・組織的な「地域特性」に関する研究[27]、地域資源としての森林を「山村振興」という視角から行う研究[28]、さらに、林業の自然資源管理における歴史性と地域性の構造的な実証的研究[29]、森林政策における文化的価値に関する研究などが行われている[30]。

　海外では、例えばドイツやオーストリアでは、フォレスター（森林官や森林監視官）が地域の森林の育林から伐採まで樹木単位で把握し、小規模森林所有者の森林を組合単位で束ねネットワーク化する仕組み（in Silva）を構築し、あるいはルネサンス期からの伝統的木材加工を活かす森林管理

---

27) 上田拓也・浦出俊和・大平和弘・上甫木昭春（2012）「吉野林業の森林管理における山守の実態とその存続に関する研究」農村計画学会誌31巻論文特集号315-320頁。

28) 佐藤宣子（2013）「『森林・林業再生プラン』の政策形成・実行段階における山村の位置づけ」林業経済研究59巻1号15-26頁。

29) 山本美穂（2016）「人工林再生産過程にみる自然資源管理の歴史性と地域性—高原林業地の形成過程より—」林業経済研究62巻1号7-16頁。

30) 柴崎茂光（2019）「森林が有する文化的な価値の歴史的変遷」林業経済研究65巻1号3-14頁。

（ブレゲンツ）など、「地域特性」に応じたローカルマネジメントが行われている[31]。

他方、森林管理をめぐる法的議論としては、森林経営管理法の土地所有や入会への深刻な影響と地域住民の意思の重要性が指摘され[32]、より根源的な所有権の再検討、土地所有権概念の絶対性や排他性に替わる所有権のあり方が所有者不明土地や所有権放棄問題を契機に提唱された[33]。さらに、ドイツや北欧の森林立入権を含む自然アクセス権に関する研究など[34]、従来の所有権とは異なる自然資源に対する権利概念や森林管理の新たな方向性が提唱されている。

本書は、上述の問題関心に立ちつつ、主として近世社会から近代社会への変遷において地域資源が村や集落の利用管理から、個別の土地所有者のそれに変更された近代的土地所有権の成立過程と入会や山村のあり方の制度的沿革の検討を行うものである。

この問題関心について、以下若干、敷衍したい。

先に述べた土地空間における近代的所有・管理と現実の山村の資源管理との「ズレ」は、いくつかの異なる次元で考察しなければならない。

一つは、「所有権界」と「筆界」とのズレである。地租改正時の原始筆界に基づく公図は、測量技術が未熟のため非常に雑な図面であり、定量的な信用性は非常に薄いが、位置関係や報告、直線か曲線か等の定性的性質

31）牛尾洋也・宮浦富保・吉岡祥充（2017）「森林を中心とする地域資源の循環的利用による持続可能な地域づくりの先進事例—ドイツ・バイエルン州アルゴイ地域とオーストリア『ブレゲンツの森』地域—」龍谷大学里山学研究センター2016年度年次報告書169-183頁。

32）三木敦朗（2019）「森林経営管理法の課題と入会林野・生産森林組合」『入会研究』39号20頁。

33）日本私法学会（2019年）「不動産所有権の今日的課題」NBL1152号4-53頁、森田宏樹（2014）「財の無体化と財の法」吉田・片山編『財の多様化と民法学』107頁、大澤正俊（2016）「森林所有権の法構造と展開」横浜市立大学論叢社会科学系列67巻1・2号1-54頁、高村ほか・前掲注20）1頁以下。吉田・前掲注8）363頁以下。

34）村尾行一（2019）『森と人間と林業』（築地書籍）198頁、三俣学（2019）「人と自然の多様なかかわりを支える自然アクセス制—北欧とイギリスの世界—」日本生命財団『人と自然の環境学』（東大出版会）61-84頁。

については信用性があるとされる。また、原始筆界に対して、元地番から分筆して新たな筆を設けたときの「創設筆界」も測量技術の問題で占有範囲とズレるケースが多い[35]。そこで平成18年から「筆界特定制度」が始まった。しかし、そもそも、「所有権界」自体、近世からの土地保持権や所有権を肯定するか否かで争われており、行政による線引きの意味自体、必ずしも一致した見解があるわけではない[36]。

次に、「境界」についてであるが、「村対村の境界争いのために編成された村絵図は、かなり広く各地に散存するが、個人で所有する土地をめぐっての論争に関しては、あまりその類を見ない」とされ、その理由は村請制の下にあっては村内の境界はあまり大きな意味がないことが指摘されている[37]。また、絵図は、「不可視の空間や社会を可視化する手段の一つ」であり、「絵図によって可視化される対象は、通常考えられている自然地形や地表の事物だけではなく、当該社会に対する理解や主張を含んでおり、価値や秩序の創造も含まれて」おり、土地移動に関する村の公証制度が否定されるなどの地方制度の変転の中で、明治20〜30年代に村を一つのまとまった領域として描いた村絵図がその姿を消していったとされる[38]。

その意味で、「境界」という同じ概念を用いても、郡を跨ぐ郡村境界と同一郡内における村の分合における村境界、個別の所有権の「所有界」は、地域住民の意識の点で異なっており、その役割も異なっている。このことは、第8章の境界確定訴訟や、第9章の村の分合における境界の意味が異なることからも明らかである。

また、地券取調段階で境界線と地番を与えられ、地租改正・官民有区分の後、「公有地」の廃止により民有地第二種となった村持山林は[39]、一旦代表の個人名義などで登記された後もその多くは「個人名義」や「記名

---

35) 藤原勇喜 (2018)『公図の研究（第5訂増補版）』（朝陽会）参照。

36) 橋本誠一「地租改正と土地所有権」牛尾洋也・居石正和・橋本誠一・三阪佳宏・矢野達也著 (2006)『近代日本における社会変動と法』86頁。

37) 木村東一郎 (1959-1960)「近世村絵図の歴史地理学的研究（第一報）—その分類の結果について—」『新地理』8巻3号174頁。

38) 杉浦・前掲注25) 5頁。

共有名義」、「社寺名義」で、戦後は「生産森林組合」や「自治会名義（認可地縁団体名義）」で広範な領域で基本的に維持されている[40]。例えば東近江市高野は、明治11年の滋賀県物産誌段階では山地面積が770ha、現在は森林面積986haであるが、認可地縁団体名義が467ha、集落有として東近江市名義が80ha、合計547haの村持山林があり、実に村の約60％に及ぶ[41]。同様に東近江市君ヶ畑においては、自治会名義および実質的に自治会有の社寺有林を併せて、村の森林面積の約二分の一が村の共有山である。このように、今なお多くの村有地があり、個人有の山林境界と村有の山林境界とでは境界の意味や機能が異なる。

　さらに、今日、国家的には境界の確定（筆界確定）が望まれつつも、森林経営管理という差し迫った要請に下では、「境界の明確化」という異なる概念による管理計画と施業が行われている。

　以上のような土地空間の近代的所有・管理と現実の地域資源管理との様々な次元における「ズレ」をいかに把握すべきかが課題であるが、以下の各論稿は、様々な論点について問題提起を試みるものである。

4　各論稿について

　本書の各論稿の導入的な案内をする。

　日本の近代法の把握において、これまで対象外として扱われてきたアイ

---

39) 1874（明治7）年11月7日太政官布告第120号「地所名称区別改正」、同日太政官達第143号「公有地官民有区分の方式とその雛形」、1875（明治8）年6月22日地租改正事務局達乙第3号、1876（明治9）年1月29日地租改正事務局別報11号「山林原野等官民所有区別処分派出官員心得書」などにより、入会の慣行により村持山林は民有地第三種に編入された。近畿地方は官入の比率は極めて少なく、地方政府により裁量の幅があったとする。福島正夫（1970）『地租改正の研究〔増補版〕』（有斐閣）600頁、624頁以下参照。

40) 青嶋　敏（2021）「入会権と不動産登記─入会権の登記能力と入会地登記の多様性を中心に─」『入会林野研究』41号16頁。山下詠子・高村学人「認可地縁団体化の進展とその法的論点」高村ほか・前掲注20）271頁以下。

41) 東近江市林業振興課への聞き取り結果（2024年10月20日）。

ヌの土地空間の取り扱いに関する論稿から始まる。

第1章「北海道地券発行条例の制定過程——アイヌの土地所有を中心に」、第2章「北海道地券発行条例の実施過程におけるアイヌの土地所有」は、明治5年9月の「北海道地所規則」および明治10年12月13日の「北海道地券発行条例」の制定後に行われた北海道における地券発行において、アイヌの土地所有がどのように否定され、アイヌの土地が官有化されたのかについて、原史料を丹念にたどりその条例制定過程と実施過程をたどったものである。地租創定事業におけるアイヌへの制限的な土地所有の容認、開墾に従事させることで付与した土地が所有権の付与ではなく行政処分としての配分・公布にすぎなかったこと、アイヌの定住化と農耕民化の困難性と没収などの実施過程を探り、狩猟民族としてのアイヌが行ってきた多層的な「領域」支配とそれを基盤とする伝統的な生活様式に近代的土地所有権が持ち込まれ、地券発行と官有化が行われたことを明らかにすることにより、日本の近代法史における北海道アイヌの土地問題研究の欠如と近代的土地所有権制度の限界を明らかにする。

第3章「伝統的なワナを主とした危険猟法に関する考察」は、地域住民や先住民族の側の歴史や文化に則した有効な野生動物の保全管理の構築の必要性という観点から、「大地と直接的に大地と向かい合ったい生活を実現し、土地とその上の野生鳥獣資源を持続的に利用し、維持してきた地域住民や先住民族の生き方や生活文化を肯定的に捉え、法や制度にも取り込まなければならない」と述べ、土地所有権の範囲とは相対的に異なる「領域」における保全管理の可能性を見出す。

次に、日本の入会制度の把握および土地所有権における公権力の要素を位置付ける論稿が続く。

第4章「中田薫の近世土地所有権論の論理とその意味——近代的土地法の形成と境内山林下戻問題」は、歴史的事実としての用益事実を土地所有権の形成問題から捨象し、近世の土地所持権に、法学的解釈としての使用収益処分の権限を有する全面的支配権、とりわけ商品としての交換価値を有する近代的土地所有権概念を重ね合わせることにより、私法的レベルで社寺境内地私有説を打ち立て官有説に対抗しようとしたこと、その結果、

社会的実態としての土地利用の質的差異を組み込めなかったという中田薫の土地所有権論の構造を読み解くことにより、近代的土地所有権制度並びに近代的土地所有権学説と、近世から近代にかけて存在した土地所持との間にある社会実態における問題領域の存在を浮かび上がらせる。

　第5章「入会権の得喪と『各地方の慣習』としての離村失権の原則性」は、入会集団の構成員がその地域を退出して他の地域に移住したときには入会の権利者資格を失うという「離村失権」ルールにつき、判例・学説をたどり、当該地域における「居住」という地理的要素から、入会関係における義務の履行状況や入会集団の統制に服するかどうかという、より人的・意思的要素への要請との関り、すなわち通常の共有や社団・法人関係との共通性の当否を問うことにより、資源管理における地理的要素と人的・意思的要素の関係性を問題にする。

　第6章「土地所有権と公権力の役割」は、法的な所有の成立要素として、①土地の占有者の労働力の投入による社会的有用性の創出、②その行為主体による土地の支配に対する社会的承認（地域社会次元）、③行為主体によるその土地の支配に対する公的（法的）承認という経緯と要素を把握したうえで、その要素の展開を、松沢裕作『日本近代村落の起源』が扱う近世農村社会における地租改正による社会の構造変化とりわけ公権力の役割においてたどり、特に、②③の役割を検討する。

　続いて、リモートセンシング技術や歴史的な地券取調総絵図などによる土地空間の把握に基づいて、地域資源の管理のあり方を考察する論稿が続く。

　第7章「地域森林管理へのリモートセンシング技術の適用」は、東近江市旧永源寺地区における市の森林管理のためのリモートセンシング技術を用いた地域森林把握のあり様を示したものである。科学技術による地域の森林資源の樹種分類、資源量推定、森林被覆変化を測定し、森林境界とは相対的に異なる「森林境界の明確化」への貢献にとどまらず、森林資源の有効活用と地域経済の活性化、生物多様性の保全を含めた森林資源の持続的な利用を図るうえで、地域住民や関係者が参加した次世代の森林づくりに向けた取り組みの推進に貢献している。これは、個別の土地所有者と土

地所有権単位の森林管理とは異なり、「地域」における領域的なまとまりをもつ森林管理・施業のための広域的かつ詳細な俯瞰データの意義と今後の地域的管理の発展への寄与が期待される。

第8章「『山論』の現代的意義をめぐって──御池岳所有権・境界確定訴訟の検討」は、戦後高度経済成長に再び村境界が法廷において争われた事案を扱ったものである。次章以下でみる村境界や郡境界および村の分合の問題が地券取調や地租改正という近代的土地所有権制度確立の過程で必ずしも解決をみないままに、土地所有権の範囲とは相対的に異なった人々の土地への意識や関係性を浮かび上がらせつつ、売買による土地の商品化により深刻な紛争を引き起こしたことを物語る。

第9章「明治初期の郡界地引絵図について──絵図が語る明治初期の地租改正と村の分合」は、1枚の絵図面を素材として明治6年頃から11年頃にかけての村の分合をめぐる問題を扱ったものであり、村の独立性や自治に大きく影響する近代的法制度の確立に向けた地券交付・地租改正と政府の地方自治の構想を取り扱う。

第10章「地券取調総絵図の歪みと小地名──栗東歴史民俗博物館所蔵図の分析を基に」は、地域社会を構成する社会的交流と空間的範域のうち、特に滋賀県栗東市を事例として空間的範域について地図・絵図類を中心的な史料として小字の意義や歪みの意味を探り、そこにおける社会的交流の繁栄を見出し、その統合分析を通じた地域社会の理解を探求するものである。地域における「空間的範域」に示される社会的関係に注目する。

第11章「明治初期の分村の経緯と村の領域確定──東近江市永源寺地区茨川村」は、より明治初期に遡り、明治5年にはじまる地券取調の過程で村々入会地の処分をどうすべきかにつき、村の古文書を基に当時の村と県および郷における交渉とその意義を検討し、明確な村境界が引かれ村が独立する過程とその後の所有権分割による廃村化を検討したものであり、人々と地域資源との関係性の検討の重要性を示唆する。

第1章

北海道地券発行条例の制定過程
——アイヌの土地所有を中心に

静岡大学名誉教授 　橋本誠一

はじめに

　開拓使は、明治5年（1872）9月（日欠）、開拓使達「北海道地所規則」（全19条、以下「地所規則」という。）[1]を制定し、明治5年9月以前からの永住人・寄留人の拝借地（既墾地）を私有地化するとともに（第1～7条）、明治5年9月以後は新たに未墾地を政府から民間へ「売下」（払下）げるための規則を定めた（第8条以下）。そして、同月（日欠）、開拓使は、第8条以下（売下手続等）を別途「北海道土地売貸規則」（全9条、以下「売貸規則」という。）として[2]管内に達した[3]。さらに、同年10月10日、太政官は売貸規則（太政官第304号（布））を全国に公布した[4]。本章の問題関心の対象は地所規則第7条である。すなわち、

　　第七条　山林川沢従来土人等漁猟伐木仕来シ地ト雖モ更ニ区分相立持主
　　　　　或ハ村請ニ改メ是亦地券ヲ渡シ爾後十五ヶ年間除税地代ハ上条ニ准ス

　1）開拓使布令録編輯課編『明治五年開拓使布令録』（開拓使、1883年）14頁、大蔵省『開拓使事業報告附録・布令類聚』上編（1885年）260丁。なお、『明治五年開拓使布令録』には「太政官ヘ禀裁御指令ハ十月十二日ナリ」とある。
　2）より正確に言えば、地所規則第8条から第13条までが売貸規則第1条から第6条までに、同じく第16条から第18条までが売貸規則第7条から第9条までとなった。
　3）『開拓使事業報告附録・布令類聚』上編、258丁。

可シ尤深山幽谷人跡隔絶之地ハ姑ク此限ニアラサル事

　この地所規則第7条は、山林川沢など「従来土人等漁猟伐木」してきた土地について、和人だけでなくアイヌに対しても地券を交付し土地所有を容認するという趣旨であった。それはすでに別稿[5]で確認した通りである。

　しかし、その後、明治10年12月13日開拓使第15号達北海道地券発行条例（全58条、以下「地券発行条例」という）[6]によって、山林川沢原野等だけでなくアイヌの住居地についてもアイヌの土地所有は否定され、原則としてすべて官有地化された。すなわち、

　　第十五条　山林川沢原野等ハ当分総テ官有地トシ其差支ナキ場所ハ人民
　　　ノ望ニ因リ貸渡シ或ハ売渡スコトアルヘシ
　　第十六条　旧蝦夷人住居ノ地所ハ其種類ヲ問ハス当分総テ官有地第三種
　　　ニ編入スヘシ但地方ノ景況ト旧蝦夷人ノ情態ニ因リ成規ノ処分ヲ為ス
　　　コトアルヘシ

　第15条は地所規則第7条の修正（山林原野等の民有地化→官有地化）であ

4）明治5年10月10日太政官第304号「北海道土地売貸規則」（内閣官報局『法令全書・明治五年』、1889年、203頁）。なお、北海道管内に達した売貸規則を太政官が改めて全国に布告した理由について、「殊に土地の売貸は開拓の促進に重要なことであるから外国人を除いては広く適用したいので、その部分だけは全国に布告を以て知らせて貰いたい」からという指摘がある（北海道編『北海道農地改革史』上巻、北海道、1954年、34頁）。

5）牛尾洋也・橋本誠一「明治初期におけるアイヌ民族の土地所有に関する研究覚書」龍谷大学社会科学研究年報第52号（2021年度）7頁以下。なお、別稿の執筆に際して、不明にして、大坂拓「後志地方の近代アイヌ社会と民具資料収集の射程―旧開拓使札幌本庁管下後志国九郡を対象として―」（北海道博物館アイヌ民族文化研究センター研究紀要6号、2021年、1-49頁）という優れた論文が刊行されていたことを見落としていた。大坂論文は、別稿で紹介した資料を参照し、筆者と同様の結論を導出している（12頁）。さらに、同「北海道地券発行条例によるアイヌ民族「住居ノ地所」の官有地第三種編入について―札幌県作成「官有地調」の検討を中心として―」（北方人文研究16号、2023年、19-35頁）がある。

6）開拓使布令録編輯課編『明治十年開拓使布令録』（開拓使、1879年）124頁。

り、第16条（住居地の官有地第3種編入）は新設の規定であった[7]。このようなアイヌ土地所有政策の変更について、誰が、いつ、なぜ、どのように決定したのか。それを可能な限り明らかにするのが本稿の課題である。

　地券発行条例の制定理由について、先行業績は、①地所規則による土地処分が進行するにつれてアイヌを保護する必要が生じたため地券発行条例が制定された（アイヌ保護説）[8]、②明治9年太政官第161号布告（北海道の地租を地価100分の1と定める）の実施規定として地券発行条例が制定された（明治9年太政官第161号布告説）[9]、③全国的な地租改正事業に準じた地租創定の基本方針を定めるため地券発行条例が制定された（地租改正説）[10]、などと説明している。

　しかし、これらの諸説はいずれも地券発行条例の立法過程を分析して得られたものではない。わずかに国立公文書館所蔵『公文録』を参照したものがある程度で[11]、地券発行条例の立法過程で蓄積された開拓使札幌本庁、函館支庁、開拓使東京出張所、そして太政官正院間の往復文書を分析したものではない。そこで、本章はこれら資料によって地券発行条例の立法過程を解明し、その作業を通してアイヌの土地所有に関する明治政府（開拓使）の政策について考察しようとするものである。本章にいささかでも研究史上の意義が認められるとすればまさにこの点にある。

1　北海道地所規則と地券取扱心得書
──アイヌ土地所有の容認

　明治8年（1875）、開拓使は地所規則・売貸規則両規則の改正作業を開

　7）北海道編『新北海道史』第3巻・通説二（北海道、1971年）300頁。
　8）北海道庁『北海道旧土人保護沿革史』（初版1934年、復刻版・第一書房、1981年）90頁、高倉新一郎『新版アイヌ政策史』（三一書房、1972年）404頁。
　9）明治財政史編纂会編『明治財政史』第5巻・租税一（明治財政史発行所、1927年）934頁、『北海道農地改革史』上巻、36頁。
10）『新北海道史』第3巻、296頁。
11）たとえば『明治財政史』第5巻、935頁。ただし、出典は明示されていない。

始した。すなわち、明治8年8月（日欠）、札幌本庁在勤の松本十郎大判官[12]は東京出張所（芝増上寺方丈跡）[13]の黒田清隆開拓長官宛に第113号「北海道土地売貸規則并地所規則増補削除ノ儀伺」[14]を提出した。それによれば、先般、札幌本庁は売貸規則第6条[15]と地所規則第13条（売貸規則第6条と同文）——買下（払下）後の未墾地の上地条件を定める——の改正について長官に上申したところ、なお改正すべき点もあるはずなので、実地取調べてから改めて伺い出るようにとの指令があった[16]。そこで今回、右指令に基づいて取り調べを行い、改めて両規則の改正を伺い出たのである。

　この第113号伺には、①黒田清隆開拓長官より三条実美太政大臣宛「北海道土地売貸規則并地所規則更正之儀伺」案、②「御布告案」、③地所規則改正案、④売貸規則改正案が添付されていた。このうち③④を見ると、両規則の改正内容は技術的なものにとどまり、③についていえば除租年限の延長（第1条、第2条、第3条、第7条）、未開墾地の上地条件緩和（第13条）などであった。

　しかし、第113号伺に対する東京出張所からの指令はすぐには届かなかった。そこで、翌明治9年3月、札幌本庁はさらに踏み込んだ内容の伺を提出した。すなわち、同年3月22日、札幌本庁（松本十郎大判官・調所広丈少判官[17]）より東京出張所（西村貞陽中判官[18]・時任為基五等出仕）宛3ノ47号伺[19]は次のようにいう。昨8年第113号伺書に対する指令がまだ出されていないので、さらに「地券発行ニ付取扱心得書」（全24条。以下、

---

12) 松本十郎については、松浦義信編『根室も志保草—松本十郎大判官稿』（みやま書房、1974年）、井黒弥太郎『異形の人—厚司判官松本十郎伝』（北海道新聞社、1988年）、参照。

13) 東京出張所は、その内部に庶務・金穀・用度の三掛を置き、さらに北海道物産会所を管した（『新北海道史』第3巻、99頁）。

14) 北海道立文書館所蔵『地券発行関渉書類（租税課）』（簿書番号2499）、同『長官伺届録・時任為基於東京伺済書類（公文課）』（簿書番号1221）。

15) 「第六条　土地買下ノ後開墾其他共上等地八十二ヶ月中等地八十五ヶ月下等地ハ二十ヶ月ヲ過キ不下手者ハ上地申付ル事」。

16) この伺指令の原文は未見である。

「地券取扱心得書」という）と「地券発行ニ付各出張所心得書」（全18条。以下、「各出張所心得書」という）を制定したい、と。これらは、地所規則に基づき、①明治5年9月以前に移着・寄留し土地を拝借して漁猟・開墾・家作・営構等をした者には同規則第1条から第7条に照準して境界歩数等を改正し地券を渡し、②同月以後はすべて同規則第8条以下に照準して売下地券を渡し地代を上納させようというものであった（各出張所心得書第1条）。

　要するに、地所規則は実体法規として各種土地について私有地として地券を交付すると規定するが、実際に地券を発行・交付するために必要な手続法規を欠いていた。そこで、札幌本庁は地券取扱心得書によって地券発行の手続を定めようとしたのである。そして、地券取扱心得書は、①一村あるいは一区等での取調台帳作成→②官員派出→③実地点検（台帳との照合・地杭取建）→④第二号書式台帳・一筆限明細図製作→⑤地券交付という手順を定め、地杭や地券の雛形を示した。そのなかで地所規則第7条に対応すると思われるのは以下の条文である。

　　　第九条

17）調所広丈は、鹿児島県士族。天保11年（1840）4月生まれ、明治5年（1872）1月14日開拓使八等出仕、同年3月17日東京詰、6年12月28日当分上局事務取扱、7年2月8日任開拓幹事、同年10月2日清国北京出張、8年6月7日札幌在勤、同年8月13日任開拓少判官、同年9月4日上局事務取扱被仰付、9年5月3日出京命令、同年8月3日札幌学校校長兼務被仰付、10年1月23日任開拓権大書記官（国立公文書館所蔵『職務進退・元老院　勅奏任官履歴原書　転免病死ノ部』、本館-2A-001-00、【請求番号】00148100）。

18）西村貞陽は、佐賀士族。弘化2年（1845）12月生まれ、明治2年（1869）8月8日任少主典、6年6月7日開拓次官黒田清隆北海道出張中次官代理被仰付、7年2月8日任開拓少判官、8年3月12日任開拓中判官、同月28日清国へ派遣、同年12月28日開拓長官黒田清隆朝鮮国派遣中長官代理被仰付、9年4月6日佐賀の乱の際長崎県へ出張、10年1月23日任開拓大書記官、同年2月開拓長官西国出張中長官代理被仰付（『職務進退・元老院　勅奏任官履歴原書　転免病死ノ部』）。

19）北海道立文書館所蔵『地券発行関渉書類（租税課）』（簿書番号2499）、同『明治九年第十二月　地券調査書類（会計課）』（簿書番号1923）。

壬申九月以前拝借ノ地所等犬牙錯雑其確然タル書類ナキ土地ハ実地点検
　　ノ節境界歩数等隣地ノ比較ヲモ斟酌シ適宜取極メ一般検査済ノ後更ニ台
　　帳ヲ編製スヘキ事但境界相定候節ハ双方地主立合ノ上偏頗ノ義無之様至
　　当ニ可相定事
　　　　第十条
　　従来持主不定一村或ハ数村寄持ノ学校郷倉社寺牧場秣場等是亦境界歩数
　　改正ノ上更ニ村受ニ相定メ民有地第二種ニ編入スヘキ事

　各出張所心得書にもほぼ同趣旨の条文が置かれている（第4条、第5条）。
いずれもアイヌの土地を民有地（一村持ち・数村持ちの場合は民有地第二
種）に編入することを予定していた。

　しかし、札幌本庁が全道における地券発行事業の実施を提案したのに対
し、東京出張所の反応は消極的なものであった。すなわち、明治9年7月
8日、東京出張所（西村貞陽中判官・安田定則少判官・小牧昌業幹事）は札
幌本庁（松本十郎大判官・堀基中判官・調所広丈少判官）宛に札第392号照
会[20]を送ったが、それは次のようなものであった。①地所規則を改正す
べき筋はない。しかし、除租年限を延長しないと不都合な点があれば伺い
出るように。②売貸規則は売下地等の処分のために設けられ、開拓の進歩
や土地の変遷等により更正増補等を必要とする条件も多々あるので、地所
規則はしばらく措き、実地審査を行い、函館支庁との協議を経たうえで売
貸規則だけ改正するのがよい。③地券取扱心得書は右規則改正後に施行す
るのがよいと思うので、第113号伺と3ノ47号伺はひとまず返却する、と
いうものであった。このように、東京出張所の西村中判官らは、売貸規則
改正についてのみ同意し、地所規則改正や地券発行事業の実施には不同意
の態度をとった。

　それに対し、同年8月23日、札幌本庁（堀基中判官・調所広丈少判官・金

20）『地券発行関渉書類（租税課）』（簿書番号2499）、『明治九年第十二月　地券調査
　書類（会計課）』（簿書番号1923）。

井信之六等出仕）は東京出張所（西村貞陽中判官・安田定則少判官・小牧昌業幹事）に8ノ32号回答[21]を送った。すなわち、規則改正の大意は除租年限を緩和することにあり、いまはまだ年期中なので実地調査を行う理由はない、満期に至り収穫調査・租額を決定すればよい、いまは年限を伸縮させないのがよい。よって、細目に至るまですべて旧来の通り践行し再議に及びたい。両規則の改正は差し置くが、地券取扱心得書については長官へ稟議し速やかに「報答」して欲しい、という。札幌本庁は、規則改正をすべて取り下げつつも、地券取扱心得書については速やかな承認を求めたのである。

　札幌本庁の8ノ32号回答は、東京出張所の考査係に付議された。その検討結果と思われる資料が二点残されている[22]。一つは明治9年9月14日考査係伺である（考査係の名の下に「堀」、「小寺」の捺印がある）。それによれば、札幌本庁の伺は規則設立の趣旨を明文で説明していない、ただ地所規則に基づき地券取扱心得書を定めたいというだけである、これでは趣旨不明瞭なので、もう一度札幌本庁へ照会するか、それとも東京出張所で規則改正の達を発令するかを伺いたい。なお、地券取扱心得書中に「存付ノ条件」を付箋で認めた、という。

　もう一つは、明治9年9月16日考査係伺である（係名の下に3人の捺印があるが判読できない）。それは次のようにいう。①北海道は開拓中で未開地が多く、一村の検地もまだ済んでいない。市街地の宅地租は定まっているが、これも成行に従って変化するかもしれない。それゆえ北海道には府県のように地租改正の達は布告されていない。そうであるから、開拓使が地租改正に関する諸規則を「援引比擬」することはできない。いわんや北海道は地租賦課の初歩であって改正ではないからなおさらである。②収穫や隣地比較等によって地価租額を審査確定するのは時期尚早である。追っ

21）『地券発行関渉書類（租税課）』（簿書番号2499）、『明治九年第十二月　地券調査書類（会計課）』（簿書番号1923）。
22）いずれも『明治九年第十二月　地券調査書類（会計課）』（簿書番号1923）に収録されている。

て村落の地所がことごとく開拓され、一村を検地し経界を定めるまでは、すでに公布されている地所名称区別を目当てに、地所規則や売貸規則などにより地租を旧慣に従い適宜に定め地券は本年5月照会[23]済みの趣をもって（函館支庁と協議の上）施行するのがよい。③地券取扱心得書も官員申し合わせにすぎないので東京出張所でその可否を判断するのは難しい、本庁と各支庁が協議して適宜定めるのがよい。もっとも当係で気づいた点に付箋を付したうえでひとまず心得書を（上局へ）返却する、と。

このように考査係は、当面は地所規則や売貸規則をもとに旧来の地租を徴収し地券を発行すべきだとして、本格的な地価租額の審査確定と地券発行には消極的な態度をとった。また、東京出張所が地券取扱心得書の可否を判断するのは難しいとして判断を保留した。ただ、考査係伺に対する東京出張所上局の指令等は見られず、その結果は不明である。その後、再び東京出張所内の動向が分かるようになるのは10月下旬になってからである（この点については3で考察する）。

以上の経過を札幌本庁側から見れば、明治9年3月に3ノ47号伺で地券取扱心得書を提案して以来、同年7月、8月に照会・回答の往復があっただけで、11月に至っても東京から何の沙汰もないという状態が続いた[24]。他方、この時期、開拓使では新たな政策、すなわち漁場昆布場地租創定事業が開始されつつあった。この地租創定事業は北海道の地券発行、ひいてはアイヌの土地所有問題に大きな影響を与えることになる。次章では、その漁場昆布場地租創定事業の経過を本章に必要な限りで概観する。

---

23) 明治9年5月22日西村中判官・安田少判官・小牧幹事より松本大判官・杉浦誠三等出仕宛照会「札函第104号」のことか。それは、地券状については地租改正事務局の地券状雛形（明治9年3月17日地租改正事務局乙第五号達地券雛形中改正）をも斟酌されたい、と申し入れるものであった。

24) 明治9年11月20日札幌本庁租税課・戸籍課・地理課・考査課より上局宛伺は、「地券発行ニ付取扱心得方……三ノ四十七号ヲ以テ東京江御照会相成居候得共未タ御回答無之」と指摘している（『地券発行関渉書類（租税課）』簿書番号2499）。

2 漁場昆布場地租創定事業の開始

　地所規則第3条は、明治5年（1872）9月以前に開業した漁場昆布場について、永住者は私有地、寄留者は拝借地と定め、除租期限をいずれも5年と定めていた。その除租期限が明治9年をもって5年満期を迎え、明治10年からは地租を納入しなければならなかった[25]。しかし、除租満期後の課税に関する法令はまだ定められていなかった（同第16条）。そこで、開拓使は、まず明治9年8月31日丙第131号達「所有及貸渡漁浜昆布場取調」[26]によって該地所有者・拝借人名、漁場経界、坪数等を取り調べ、至急租税課へ提出するように達を出した。このときは、追って「実地検察租額制定ノ手続」を達するという方針が示されていた。

　ところが、同年9月12日、千島国出張を終え札幌本庁に戻った黒田清隆開拓長官は、札幌本庁の堀基中判官以下に対して漁場昆布場等について改正見込を上申するよう指示したことで、事態は新たな展開を迎える。開拓長官の指示を承け、堀基中判官以下は、同年9月14日、「漁場昆布場等ノ議ニ付開申」を提出した[27]。

　こうして制定されたのが同年9月21日開拓使乙第10号布達「北見根室千島方面漁場昆布場ヲ上地セシメ更ニ志望者ニ出願セシム」[28]である。そのおもな内容は以下の通りである。①従来の「漁場持」[29]を一切廃し上地とする。②寄留人が借受けた漁場昆布場等も、明治5年9月地所規則公布以来いまだ正確な調査が行われていないので、「全郡又ハ数郡ヲ一手ニ借受居候分」はひとまず上地させる。③もっとも、漁場持等の旧習を改め、明

25）このほか、永住者の居屋漁舎倉庫敷地、社寺、墾成した拝借地は明治11年をもって除租満期（地所規則第1条）、寄留人が開墾営構等した拝借地も明治11年で除租満期（同第2条）を迎えることになっていた。

26）開拓使布令録編輯課編『明治九年開拓使布令録乙』（開拓使、1880年）107頁。

27）鈴江英一編『海産干場地租創定関係文書』『松前町史』史料編第4巻抜刷（1980年）29頁。

28）国立公文書館所蔵『太政類典』第2編第125巻【19】本館-2A-006-00（【請求番号】太00347100）、『開拓使事業報告付録布令類聚上編』（大蔵省、1885年）266頁。

治10年から新たに営業を願い出る者には実地調査のうえ相当の場所を割渡す、と。要するに、地所規則第3条によって明治5年9月以前からの漁場昆布場を私有地・拝借地としたにもかかわらず、それをすべて上地とし、改めて願い出た者に割渡すというのである。

乙第10号布達の実施規定として設けられたのが明治9年9月30日開拓使丙第191号「漁場（浜）昆布場地租創定順序心得及調査ノ為〆官員派出」[30]である。それは、《実地丈量（測量→地図製作→地所取調帳簿作成）→地価調査（入札法による地価決定）→割渡・地券発行》の手順を定め、地租額は地価の100分の3とするものであった。こうして、とりあえず「漁場昆布場」について、実地丈量・地価調査を行い、地券を発行するという事業（以下、この事業を「漁場昆布場地租創定事業」という）が開始されることになった。

同年10月に入ると、札幌本庁と函館支庁は管内各地に官員を派出し、漁場昆布場地租創定事業に着手した。たとえば札幌本庁管内の後志国岩内郡では、10月29日派出官員が到着、翌30日路線の丈量を開始し、御鉾内通りから稲穂崎を経由して野束・敷島内両村まで測量を行った（11月1日完了）。11月2、3両日は風雨のため製図作業に従事し、4日から御鉾内で「毎戸地割」に着手した。そして、今後は2、3ヶ所ある漁場の割渡に40日、雨雪のときの製図作業と地価公定で18日を要すると見込んでいる、と報告された[31]。

漁場昆布場地租創定事業の開始にともない、その根拠法令である地所規

---

29) 明治4年廃藩置県にともない北海道の分領支配が廃され、開拓使による北海道の統一支配が実現した。このとき開拓使が、明治4年末から5年初めにかけて旧場所請負人などの有力者に一定地域を割り当て、一定の任務（税品の売却、用度品・準備米の仕込み、雑税の徴収、告諭の布達、駅逓業務、土人撫育など）を付与・委託したのが「漁場持」である。「漁場持」については、とくに『新北海道史』第3巻、525頁以下、参照。

30) 『明治九年開拓使布令録乙』235頁。

31) 明治9年11月5日岩内出張中田黙九等出仕より札幌本庁（金井信之六等出仕）宛「岩内郡地券調査事業期限見込ノ儀上申」（『地券発行関渉書類（租税課）』簿書番号2499）。

則の趣旨を確認するため、開拓使内で伺指令の往復がなされた。同年10月17日、地券掛（掛名の下に３人の捺印がある、そのうちの１人は羽山光和）は上局宛に「当道地所規則中不解之件々別紙朱記挿註ノ通相心得可然哉」と伺い出、「北海道地所規則註釈」を添付した[32]。それは、地所規則第７条については、山林川沢などアイヌが利用して来た一切の土地において官有と民有の区別を立て、アイヌの情願により一人あるいは一村・数村持ちなどに改め、地券を交付する趣旨であることを確認するものであった[33]。

さらに同年11月20日、札幌本庁租税課（課名の上に金井信之少書記官の捺印がある）・戸籍課・地理課・考査課は札幌本庁上局（堀基、調所の捺印あり）宛に次のような伺を提出した[34]。すなわち、「三ノ四十七号伺」をもって「地券発行ニ付取扱心得方」（地券取扱心得書）を東京へ照会したがいまだ回答がない。すでに積雪の時分なので即今実地丈量を実施しないと明年になって不都合が生じる。そこで、当面札幌近在から調査したいので、「地券発行ニ付心得書増補」（全16条、以下、「地券取扱心得書増補」という）を添付した、という。そのなかで本章がとくに注目するのは以下の条文である。

　　　第九条
従来土人等漁猟伐木仕来リシ地ト雖トモ更ニ区分相立持主或ハ一村共有地ニ改メ是亦地券ヲ渡シ一般ノ成規ニ拠リ漁猟税及官林払下代価ヲ納メシメ地租ハ壬申年ヨリ十五ヶ年間除租地代ハ上納ニ不及尤深山幽谷人跡隔絶ノ地ハ姑ク此限ニアラス
　　　第十二条
凡河漁場ハ河岸堤防及道路敷地トシテ水際ヨリ五間乃至十間ヲ除キ之ヲ

32）『地券発行関渉書類（租税課）』（簿書番号2499）。
33）この点については、前掲・大坂拓「後志地方の近代アイヌ社会と民具資料収集の射程」12頁、牛尾洋也・橋本誠一「明治初期におけるアイヌ民族の土地所有に関する研究覚書」７頁以下、参照。
34）『地券発行関渉書類（租税課）』（簿書番号2499）。

官有地トシ其以外ニ於テ漁場（宅地倉庫）ヲ可割渡尤右官有地ノ内差支無之地及水面ハ其漁場間口ノ間数ニ応シ更ニ可貸渡事但本文官有地ノ広狭ハ実地ノ形状ニヨリ審按スヘキ事

　第9条は地所規則第7条の趣旨をほぼそのまま再掲するもので、アイヌへの土地所有権付与（個人所有または一村共有）の方針を再確認している。そして、第12条は地所規則第3条に基づく漁場昆布場地租創定事業を反映するものであった[35]。

　このように、地所規則に基づく漁場昆布場地租創定事業の開始後、明治9年11月に至っても、開拓使札幌本庁は引き続きアイヌの土地所有容認方針を堅持していたことを確認することができる。ところが、同年10月末から、東京出張所では新たな政策に関する議論が始まっていた。次章においてその過程を考察する。

3　北海道地券発行条例案の登場
──アイヌ土地所有否定（官有地化）への転換

　明治9年（1876）10月28日と日付が記載されているだけで、発信者名も宛名もない伺[36]（開拓使罫紙を使用）が残されている。罫紙下段に「八木下」「吉見」「堀」の捺印があることから、発信者は東京在勤の八木下信之七等出仕、堀貞亨四等属、吉見清彦五等属と思われる。無署名にもかかわらず、この伺（全10ヶ条）はその後の地租創定事業に大きな影響を与えるものであった。以下、本章にとって必要な限りでその内容を紹介する。

　第一に、地租創定事業の実施対象について。すでに北海道各郡の漁場昆布場について上地と割渡に関する布達が制定されたが、その地所調査・地

35）11月20日伺が札幌本庁から東京出張所へ提出されたか否かは確認できない。ただ、地券取扱心得書増補中の地租率が100分の3から100分の1に朱書き訂正されていることなどから、翌12月においてもなお札幌本庁内で留め置かれていた可能性はある。

36）『明治九年第十二月　地券調査書類（会計課）』（簿書番号1923）。

券発行等は地所規則第3条によることになっている。しかし、実際の処分では漁場だけでなく家屋倉庫敷地等も含まれるため、地所規則第3条だけでなく第1条にも跨がらざるをえない。そのため不都合、不平均が生じるかもしれないので、今後は事業の対象を漁場昆布場に限定せず、全道一般に地券を発行するようにしたい。

　第二に、地租率について。地租はすでに100分の3ということで決定済みであるが、北海道は現在開墾施行中なので、「法ヲ寛ニシ税ヲ軽クシ人心ヲ帰嚮セシメ戸口繁殖ノ道ヲ立」てることが「目下緊要ノ事務」である。かつ漁業のある郡では海産税を課収しているので府県同軌とはしがたい状況もあるので、「当分地価百分一」にしたい。

　第三に、適用法令について。①地券発行・地租課収について、その大体は明治6年7月28日太政官第272号（布）地租改正条例や地租改正事務局布達等に則り、その節目については各府県現地施行の方法等を斟酌折衷して施行すればよい。そこで、②漁場昆布場割渡地所の検査・地価取調等は地租創定順序心得並地価検査により、その他「一般各種ノ地所」は明治9年3ノ47号伺の地券取扱心得書と各出張所心得書により、前件の趣旨に基づいて条例を確定し、地券発行地租課収の布達と同時に各庁へ達したい。

　資料は残されていないが、この伺はおおむね——たとえば地租は地価100分の1とするなど——上局によって聞き届けられたようである。その後、八木下らはさらに地券発行条例草案の作成に着手したようである。それを窺い知ることができるのが明治9年11月8日八木下信之七等出仕伺[37]（宛名は未記載だが、罫紙欄外に「西村」の捺印があることから西村貞陽中判官が受理したのは確実である）である。以下、その全文を引用する。

　　漁場改正地券発行ノ条例ハ即今取調中ニ付不遠草稿成就相伺可申然ルニ
　　地所規則第十六条ニ除租満期後ノ制程ハ追テ可相定旨掲載有之今般地租
　　賦課ノ儀ハ右規則ニ続キ御創定可相成処地所規則ハ太政官ヨリ御布告相

37）『明治九年第十二月　地券調査書類（会計課）』（簿書番号1923）。

成且租税ノ法ヲ定メ改正スル事ト当使章程上款第五条ニ掲載有之又租額
ハ地価百分ノ一ト御決定相成候義ニ候ハ、是又一般ノ制ト異ナリ候義ニ
付旁正院御伺不相成候テハ不相済義ト存シ別紙草案取調此段相伺候也

　　　九年十一月八日　　　　　　　　　　　八木下七等出仕㊞

　これによれば、①地券発行条例はまだ取調中であるが、遠からず完成す
る、②地所規則第16条により今般の地租賦課は太政官布告となり、かつ租
税法の改正は開拓使事務章程（明治8年12月28日太政官第217号達）によら
なければならない、また地租額は一般の制度と異なり地価100分の1とな
ったことから、地券発行条例案は正院に伺い出なければならない、③そこ
で別紙草案（未見）を提出する、という。
　完成した地券発行条例案が太政官正院に提出されたのは、それから数日
後のことである。すなわち、明治9年11月14日、黒田清隆開拓長官は三条
実美太政大臣宛甲第27号「管内地租課収ノ義伺」[38]を太政官正院に提出し
た。すなわち、

明治五年九月御布告北海道地所規則第十六条ニ除租満期後ノ制程ハ追テ
可相定旨掲載有之候処同第三条ニ掲載セル漁浜昆布場ノ義ハ本年ニテ満
期相成候ニ付地租課収等ノ義明治六年第二百七十二号御布告地租改正ノ
条規ニ循フヘキ筈ニ候得共漁場昆布場ハ勿論耕宅地等府県ト其体裁ヲ異
ニシテ従来貢租ノ制ナク且開拓施行中専ラ民業ヲ勧誘シ戸口繁殖ノ方ヲ
尽シ候義目下ノ要務ニ付遽然府県同軌ノ制ニ循ヒ難キ情状有之候間地租
創定ノ大要ハ一般改正ノ御趣旨ニ則リ其節目ニ至リ候テハ当使限リ地方
適宜ノ処分致シ管内一般地券ヲ発シ地租ハ当分ノ内地価百分ノ一ニ定メ

38）「地租課収ノ義伺二条」『公文録』明治9年・第196巻・明治9年9月〜12月・開
　　拓使伺（9月・十月・十一月・十二月・布達、本館 -2A-010-00、【請求番号】公
　　01927100。なお、甲第27号「管内地租課収ノ義伺」に言及するものとして、『明治
　　財政史』第5巻、935頁、西野敞雄「地租創定―北海道租税行政史Ⅱ―」（税務大学
　　校論叢第22号1992年）15頁以下、などがある。

人民旧来ノ所有地并漁浜昆布場ハ来明治十年ヨリ収税シ其他地所規則土
地売貸規則中各種ノ地所ハ遞年除租満期ノ翌年ヨリ右ノ租額ヲ課収シ開
拓進歩ノ度ニ随ヒ土地漸次ニ整理後来自然一般ノ成規ニ適合候様施行致
シ度候条至急御允裁有之度此段相伺候也

　一読して明らかなように、甲第27号伺は同年10月28日伺の趣旨をほぼそ
のまま踏襲していた。すなわち、開拓使は、第一に、地租創定事業を漁場
昆布場に限定せず、全道一般に地券を発行するという方針に転換した。そ
して、第二に、北海道一般の地租も従前の地価100分の３から100分の１へ
と縮減したのである。
　甲第27号伺には、付随して、地租100分の１の布達案や北海道地券発行
条例案、そして「地所種類及其制限地券申請書替ノ節証印税収納等布達」
が用意されていた[39]。これらを見ると、さらに第三の政策転換が行われ
ていることが分かる。本章が注目するのは北海道地券発行条例案の以下の
条文である（見せ消ちの傍線は引用者。〔　〕（亀甲括弧）は挿入された語句で
あることを示す。以下、同じ。なお、誰が削除・挿入したのかは不明）。

　第十六条　北海道地所規則第七条ニ掲載セル山林川沢〔及ヒ其他ノ山林
　　　原野等荒漠ノ地〕ハ当分総テ官有地トスヘシ
　第十七条　旧蝦夷人住居ノ地ハ其地所ノ種類ヲ問ハス〔当分〕総テ官有
　　　地第三種ニ編入スヘシ〔但地方ノ景況ト旧蝦夷人ノ情態ニ因リ成規ノ
　　　処分ヲ為スコトアルヘシ〕

　第16条は、地所規則第７条の改正であり、山林原野等はすべて官有地化
し、従前認めていたアイヌの土地所有を否定するというものであった。第
17条は地所規則にはなかったもので、山林原野等だけでなくアイヌの住居
地までも官有地化するという方針を示すものであった。つまり、開拓使の

　39）『明治九年第十二月地券調査書類（会計課）』（簿書番号1923）。

政策は、アイヌ土地所有の容認から全面否定（官有地化）へと180度転換したのである。後者の布達案もほぼ同様の規定を置いていた。すなわち、

第十三〔二〕条
耕地宅地ハ何人ニ拘ハラス人民各自之ヲ所有セシメ海産干場ハ海産採取ノ業ヲ営スルモノニ非サレハ之ヲ所有セシメス〔山林ハ当分総テ官有地トシ〕牧場ハ当分公有地トシテ官民共同ノ用ニ充ツヘシ

第十五〔四〕条
海産干場海岸地浪打際（^{満潮ノ時}_{ヲ云フ}）ヨリ五間乃至十五間ハ之ヲ官有地〔ト〕シテ干場所有ノ者ニ貸渡スヘシ山岳等海浜ヘ突出シ土地狭隘ニシテ右間数ノ外私有地セシムヘキ余地無之場所ハ総テ官有地トシテ之ヲ貸渡スヘシ

第十六〔五〕条
従前該土着ノ人民ニシテ旧来之ヲ所有シ干場ヲ以テ住居ト為スモノニ限リ其制限ニ過クル五分（^{千坪ニ付五拾}_{坪ノ割合}）以下ノ地ハ之ヲ所有スルヲ許スヘシ

　既述のように、八木下信之七等出仕らの明治９年10月28日伺は、（漁場昆布場以外の）一般各種地所については３ノ47号伺（地券取扱心得書と各出張所心得書）によって地券発行条例を確定すると述べていた。このことから、八木下らの当初案はアイヌの土地所有を容認するものであったと思われる。しかし、その後、上局との往復を経て、開拓使としての方針はアイヌの土地所有を否定するもの（官有地化）になったのであろう。

4　北海道地券発行条例の制定
──アイヌ土地所有否定（官有地化）の確定

　前述のように、開拓使は、明治９年（1876）11月14日甲第27号「管内地租課収ノ義伺」を提出した。省使から太政官正院に上奏された起案文書は、通常、正院から法制局に付議されるが（明治８年９月（日欠）法制局職制章

程第2条)、それを示す資料は残されていない。代わりに、同年11月16日に大蔵省へ付議されたという資料がある。そして、同年12月8日、大隈重信大蔵卿より三条実美太政大臣宛「開拓使伺管内地租課収之儀ニ付上答」[40]は「見込之通御許可相成可然」と回答したうえで、「漁浜昆布場」に地税を賦課するのは「不穏当」と考えられるので、右場所が官有ならば「官地拝借料」を徴収するのがよい、と上答した。

同年12月11日、太政官史官第五科[41]が開拓使東京出張所に対して「御管内地租課収之義御伺出」について尋問したい点があるので、明12日主任の者を1名差し出してほしいと掛合に及んできた(第107号)[42]。それに応じて開拓使から堀貞亨が史官第五科へ出頭した。史官第五科が尋問したかったのは漁場昆布場収租に関する大蔵省上答の趣旨についてであった。

堀の第五科に対する回答が、明治9年12月12日開拓判官より史官第五科宛第2348号回答[43]である。それによれば、史官第五科は、大蔵省上答の趣旨(漁場昆布場に地租を賦課するのは不穏当で、右場所は官有地なので官地拝借料を収入するのがよいのではないか)を踏まえた上で、実地の景況から地租課収の当否如何を尋問した。これに対する堀の回答は以下のようなものであった。漁場昆布場は、実際は海浜の陸地で「海産収穫ノ後乾製或ハ貯蔵等ノ用ニ供シ候場所」である。そのなかには「宅地同様家屋倉庫等ヲ建設」してあり、従前から「私有ノ姿」をなしているだけでなく、地所規則によってすでに私有地に定められた場所もあるので、地租を課収するのは当然のことである。もっとも、なかには官民有区分を経て官有地になったものの中には拝借料を収入すべき分もある。これは実地の景況に従って

---

40)「地租課収ノ儀伺二条」。

41) 史官分課によれば、史官第五科は明治8年9月27日に設置された部署で、「政表」(統計)を管掌した(内閣記録局編『明治職官沿革表・職官部』(国書刊行会、1974年、第1巻、126頁)。それゆえ、本件についてなぜ史官第五科が尋問を行ったのか、その理由は直ちには判然としない。

42)『明治九年第十二月　地券調査書類(会計課)』(簿書番号1923)。

43)『明治九年第十二月　地券調査書類(会計課)』(簿書番号1923)、「地租課収ノ儀伺二条」。

当使において適宜処分するはずである、と。この回答を受けて、同年12月16日、史官第五科は「総テ伺ノ通御允許相成可然」として太政官正院（大臣・参議・卿輔）宛に伺い出た[44]。

さらに同年12月14日、開拓長官は太政大臣宛に甲第29号「地租ノ義ニ付再伺」[45]を提出した。すなわち、甲第27号伺は地所規則除租満期に従い順次収租するというものなので、正院の裁可が得られれば別紙草案のように一般に布告したい、という。その草案は「北海道地租ノ義当分地価百分ノ一ニ定メ明治五年九月布告北海道地所規則ニ拠リ明治十年ヨリ課収候条此旨布告候事」というものであった[46]。

太政官正院は、同年12月27日に甲第27号伺に対する指令（「伺ノ通」）を、翌28日には甲第29号伺に対する指令（「伺ノ趣第百六拾一号ヲ以テ布告候事」）をそれぞれ発した。

以上の経過から明らかなように、開拓使は甲第27号伺によってアイヌの土地所有を否定しすべて官有地化するという政策を新たに提案したが、太政官正院はそれをそのまま承認した。この点に関してとくに太政官や大蔵省が開拓使と議論した形跡は認められない。こうして開拓使甲第27号に対する同年12月27日太政官指令によってアイヌの土地所有否定（官有地化）の方針は最終的に確定したのである。

明治9年12月28日指令については、同日ただちに太政官第161号布告「北海道地租ノ儀当分地価百分ノ一ニ相定候条此旨布告候事」として発令された。他方、同年12月27日太政官指令にもかかわらず、地券発行条例の方はなかなか公布されなかった。それは同条例の成案が完成しなかったためである。翌明治10年3月23日、札幌本庁（堀基大書記官・調所広丈権大書

---

44)「地租課収ノ儀伺ニ条」。

45)『明治九年第十二月　地券調査書類（会計課）』（簿書番号1923）、「地租課収ノ儀伺ニ条」。

46) その後、明治9年12月20日、史官第五科から再び呼出があり吉見清彦五等属が出頭したところ、草案の削除修正意見が示された。吉見らが取り調べたところ、修正意見妥当と判断し、「明治五年九月布告北海道地所規則ニ拠リ明治十年ヨリ課収」の部分の削除に同意した。

記官）は函館支庁（柳田友卿権少書記官）宛に意見書（3ノ39号）[47]を送り、東京で北海道地券発行条例を調査し日ならず制定されるはずだが、先日万一抵触する廉があれば達を公布する前に改正した方がよいとの申越（第105号）があったので意見書を送付した、という。そして、同年5月19日、函館支庁も意見書を東京出張所の書記官に送付した（第275号）[48]。同規則がようやく公布されたのは、周知のように、翌明治10年12月13日のことであった。なお、同日、開拓使乙第25号布達「地券発行ニ付地所区分制限及地券申請証印税収納規則」[49]も制定された。

おわりに

明治5年地所規則はアイヌの土地所有を容認していたのに、明治10年地券発行条例はアイヌの土地所有を否定し、山林原野・住居地の官有地化を規定することとなった。このようなアイヌ土地所有政策の転換は、いつ、なぜ、誰によって決定されたのか。この課題について、本稿の考察によって明らかになった諸点を整理しておきたい。

明治5年地所規則は各種土地を私有地化し地券を交付するという実体法規であるが、それに対応する地券発行の手続法規を欠いていた。それゆえ、地所規則に基づく地券発行手続の整備は、開拓使にとって不可避の課題であった。実際に開拓使が地券発行手続の整備に着手しようとしたのは、開拓使札幌本庁の明治9年3月22日3ノ47号伺（地券取扱心得書）によってである。しかし、なかなか東京出張所から指令は送られてこなかった。

明治9年9月から漁場昆布場地租創定事業が始まると、札幌本庁は地券発行事業の実施を急いだ。そこで、東京出張所へ同年11月20日伺（地券取

47）『明治九年第十二月　地券調査書類（会計課）』（簿書番号1923）。
48）『明治九年第十二月　地券調査書類（会計課）』（簿書番号1923）。なお、函館支庁（柳田友卿）は、東京出張所に対して「当庁於テハ管内各所へ此程より官員出張為致実地丈量ハ致居候得共右条例御頒布不相成前ハ地価検査等ニ差支不都合ニ候間可成至急御頒布相成候様御設計有之度」と要求している。
49）『明治十年開拓使布令録』11頁。

扱心得書増補）を提出し、当面札幌近在から調査を開始しようとした。ここで強調したいのは、地券取扱心得書と地券取扱心得書増補はいずれも、地所規則と同様に、アイヌ土地所有の容認を前提とするものであったということである。

　しかし、間もなく、東京出張所においてアイヌ土地所有を否定（官有地化）するという主張が登場する。その経緯は以下の通りである。札幌本庁から地券取扱心得書の提案を受けた東京出張所では、当初、考査係が本格的な地価調査・地券発行に慎重な意見を述べていた。しかし、同年9月に開始された漁場昆布場地租創定事業を契機に、より積極的で具体的な意見が登場するようになった。すなわち、同年10月、八木下信之権少書記官らから上局への伺は、①地租創定事業の対象を漁場昆布場だけでなく北海道の土地全体に拡大する、②地租率を地価100分の1とする、③漁場昆布場割渡地所の検査・地価取調等は地租創定順序心得並地価検査により、その他「一般各種ノ地所」については3ノ47号伺の地券取扱心得書と各出張所心得書によって条例を確定する、というものであった。

　しかし、最終的に③は修正され、山林原野や居住地に対するアイヌの土地所有を否定し、原則としてすべて官有地化するというのが開拓使の方針となった。これは、東京出張所上局（黒田開拓長官、西村中判官、安田少判官など）の意向を反映したものではないかと推測される。

　こうして作成されたのが、同年11月14日開拓長官より太政大臣宛甲第27号「管内地租課収ノ義伺」である。甲第27号伺に添付された地券発行条例案はアイヌの土地所有を否定（官有地化）するものであった。そして、同年12月27日太政大臣指令によって正式に承認されることにより、アイヌの土地所有否定（官有地化）は明治政府の政策として確定した。ただ、地券発行条例案の起草作業は12月27日太政大臣指令後も継続しており、実際にそれが公布されたのはほぼ1年後の明治10年12月13日であった。

　最後に、本章の考察にもかかわらず、明治政府（開拓使）はなぜアイヌの土地所有を否定し官有地化したのか、その政策的理由を直接または間接に示す資料を得ることはできなかったことを確認しておきたい。換言すれば、「はじめに」で言及した①「アイヌ保護説」を実証的に裏付ける資料

は得られなかった。このような言説が、いつ、なぜ登場したのか、今後も
引き続き検討していきたい[50]。

追記）本章は、拙稿「北海道地券発行条例の制定過程—アイヌの土地所有
　　　を中心に—」（龍谷大学社会科学年報第53号（2022年度）、2023年、1-14
　　　頁）の再録である。なお、再録にあたっては必要最小限の字句修正
　　　を行った。

50）この点について、前掲・大坂拓「後志地方の近代アイヌ社会と民具資料収集の射
　程」は、「こうした『保護』的趣旨を明記した文書は……札幌県期のものに限られ
　ており、地租創定事業が実施された時点では地租の徴税の可否など、複数の要因が
　作用していた可能性も考慮しておかなければならない」（12頁）と指摘する。

第2章

北海道地券発行条例の実施過程と
アイヌの土地所有

静岡大学名誉教授 **橋本誠一**

はじめに

　開拓使は、明治5年9月（日欠）「北海道地所規則」（以下、「地所規則」という。）[1]を制定し、明治5年9月以前からの永住人・寄留人の拝借地を私有地として地券を発行し、明治5年9月以後のものについては新たに未墾地を「売下」（払下）げるための規則を設けた。そして、土地の種類ごとに除租期間を定めた。

　しかし、地所規則は実際に私有地に地券を発行するための手続規定を欠いていた。そして、地所規則の定める各種土地除租期間のうち、明治5年9月以前開業の漁場昆布場が明治9年をもって除租期間満期を迎えることになっていた。そこで、明治9年9月30日開拓使は丙第191号「漁場昆布場地租創定順序心得」[2]を制定し、漁場昆布場を対象に地券を発行し、地租を徴収することとした（漁場昆布場地租創定事業）。その後、漁場昆布場に限定せず、全道一般に地券を発行することになり、明治10年12月13日開拓使第15号達「北海道地券発行条例」（以下、「地券発行条例」という）[3]が

1）開拓使布令録編輯課編『開拓使布令録』明治5年（開拓使、1883年　国立国会図書館デジタルコレクション）14頁。
2）開拓使布令録編輯課編『開拓使布令録』明治9年（中）（開拓使、1880年　国立国会図書館デジタルコレクション）235頁。

制定された。

　筆者は、すでに地券発行条例の立法過程について——アイヌの土地所有問題を中心に——考察した[4]。本章はその続編として、地券発行条例と地租創定事業の実施過程について考察するものである。その意図について、以下、敷衍して述べたい。

　北海道地租創定事業については、鈴江英一編『海産干場地租創定関係文書』(1980年)[5]が開拓使函館支庁管内松前地方における関係文書を一括掲載することによって研究水準を一気に押し上げた。さらに宮崎美恵子「北海道の地租創定関係文書とその利用について」(1991年)[6]、西野敏雄「地租創定—北海道租税行政史Ⅱ—」(1992年)[7]はそれぞれ諸資料を博捜し、北海道全体の実施状況を概観して、現在の研究水準を示すものとなっている。ただ、これらはもっぱら地租創定事業そのものを考察するもので、アイヌの土地所有についての言及はない。

　地券発行条例は原則としてアイヌの土地を官有地化すると規定したが、実際はどうであったのか、アイヌの民有地は存在しなかったのか。この点について、最近の研究は地租創定事業でもアイヌの民有地が存在していたという事実を明らかにしている[8]。

　そこで本稿はこれらの先行業績に学びながら、おもに開拓使札幌本庁管内における地券発行条例と地租創定事業の実施過程を考察する。そして、その作業を通して、①地租創定事業の実施過程とその内容を確認したうえで、②アイヌに割渡された土地とはどのような土地で、どのような過程を

　3）開拓使布令録編輯課編『開拓使布令録』明治10年（上）（開拓使、1879年　国立国会図書館デジタルコレクション）124頁。

　4）拙稿「北海道地券発行条例の制定過程—アイヌの土地所有を中心に—」（龍谷大学社会科学研究年報第53号（2022年度）、2023年、1-14頁）、本書第1章に再録。

　5）鈴江英一編『海産干場地租創定関係文書（『松前町史』史料編第4巻抜刷）』（松前町、1980年）。

　6）宮崎美恵子「北海道の地租創定関係文書とその利用について」（北海道立文書館研究紀要6号、1991年、49-82頁）。

　7）西野敏雄「地租創定—北海道租税行政史Ⅱ—」（税務大学校論叢第22号、1992年、1-108頁）。

経て官有地化（あるいは民有地化）されたのかを明らかにする。そして、最後に、③地券発行条例と地租創定事業がアイヌの人々とその社会にとってどのような社会的作用を及ぼすものであったのかについて考えたい。

1　漁場昆布場地租創定事業とアイヌの土地所有

　開拓使は明治９年９月21日開拓使乙第10号布達「漁場昆布場ヲ上地セシメ更ニ志望者ニ出願セシム」[9]を定め、①従来の「漁場持」[10]を一切廃し上地とする、②寄留人が借り受けている漁場昆布場等は、地所規則公布以来いまだ正確な調査が行われていないので経界・畝数は判然としない、したがって「全郡又ハ数郡ヲ一手ニ借受居候分」をひとまず上地させる、③漁場持等の旧習を改め明治10年から新たに営業を願い出る者には実地調査の

8）瀧澤正「明治初年におけるアイヌの昆布業—日高地方様似郡の例にみる—」北大史学48号（2008年）、瀧澤正「明治初期開拓使の土地改革とアイヌの土地—おもに北海道地所規則第七条をめぐって—」北大史学51号（2011年）大坂拓「渡島半島のアイヌ社会と民具資料収集者の視野—旧開拓使函館支庁管轄地域を中心として—」北海道博物館アイヌ民族文化研究センター研究紀要５号（2020年）、大坂拓「後志地方の近代アイヌ社会と民具資料収集の射程—旧開拓使札幌本庁管下後志国９郡を対象として—」北海道博物館アイヌ民族文化研究センター研究紀要６号（2021年）、大坂拓「北海道地券発行条例によるアイヌ民族「住居ノ地所」の官有地第三種編入について—札幌県作成「官有地調」の検討を中心として—」北方人文研究16号（2023年）など。

9）開拓使布令録編輯課編『開拓使布令録』明治９年（上）（開拓使、1880年　国立国会図書館デジタルコレクション）55頁。

10）明治４年廃藩置県にともない北海道の分領支配が廃され、開拓使による北海道の統一支配が実現した。このとき開拓使が、明治４年末から５年初めにかけて旧場所請負人などの有力者に一定地域を割り当て、一定の任務（税品の売却、用度品・準備米の仕込み、雑税の徴収、告諭の布達、駅逓業務、土人撫育など）を付与・委託したのが「漁場持」である。「漁場持」については、とくに『新北海道史』第３巻〔通説２〕（北海道、1971年）525頁以下、参照。

11）開拓使乙第10号布達は、割り渡すべき漁場昆布場のある郡数として、千島国（択捉・振別・薬取・紗那・国後各郡）、北見国（斜里・常呂・紋別・枝幸・宗谷・利尻・礼文・網走各郡）、根室国（花咲・根室・野付・標津・目梨各郡）、天塩国（増毛・留萌・苫前・天塩各郡）、胆振国（千歳・白老・幌別各郡）、日高国（沙流・新冠・三石各郡）、釧路国（白糠・釧路・厚岸各郡）を挙げている。

第 2 章　北海道地券発行条例の実施過程とアイヌの土地所有　　39

うえ不都合がない分で相当の場所を割渡す、とした[11]。

　乙第10号布達の実施規定として設けられたのが前述の明治 9 年 9 月30日開拓使丙第191号「漁浜昆布場地租創定順序心得」である。それは、明治 5 年以前開業の漁場昆布場について、①実地丈量・経界確定（各地主より調書差出→派出官員による実地点検→地図製作→地所取調帳作製）、②地価調査（各地主より見込地価を申立→公選評価人の意見申立→人民入札による地価決定→地価表の作製）、③地券下付という手順を定めるとともに、地租額を地価の100分の3[12]とした。ただし、耕宅地類の租額創定はこの条目には掲げられていない。こうしてまず漁場昆布場について実地丈量・地価調査を行い、地券を下付するという事業（漁場昆布場地租創定事業）が開始されることになった。

　同年10月に入ると、札幌本庁と函館支庁は管内各地に官員を派出し、漁場昆布場地租創定事業に着手した。たとえば札幌本庁管内の後志国岩内郡では、10月29日派出官員が到着し、翌30日から路線の丈量を開始した。そして、11月 1 日までの 3 日間で御鉾内通りから稲穂崎を経て野束・敷島内両村まで測量を行った。11月 2 、 3 両日は風雨のため製図作業に従事し、 4 日から御鉾内の「毎戸地割」に開始した。そして、11月 5 日時点で、今後は当郡内近傍 3 ヶ村の「道路丈量」に 3 日間、漁者258戸の漁場 2 、 3 ヶ所の「割渡日数」[13]が40日間、その他雨雪の日で製図と地価公定に充てるのに18日間と見込んでいることが報告されている[14][15]。

　漁場昆布場地租創定事業が開始された時点で、開拓使札幌本庁が地所規

12）その後、明治 9 年12月28日太政官第161号布告により、北海道の地租は当分地価100分の 1 とされた。

13）「割渡」の意味について、本稿では《開拓使が一定の区画を明示して土地を配分し、その利用を認める行政処分》と解しておきたい。つまり、所有権を付与するものではない、というのが本稿の理解である。

14）明治 9 年11月 5 日岩内出張九等出仕中田黙より六等出仕金井信之（札幌本庁）宛「岩内郡地券調査事業期限見込ノ儀上申」（北海道立文書館所蔵『地券発行関渉書類（租税課）』簿書番号2499）。

15）明治13年（月日欠）差出の御鉾内町「地券状請取証」（簿書番号3903）によれば、明治13年に同町内海産干場41箇所19,846坪に地券が交付された。

則の趣旨に基づきアイヌの土地所有を認めるという前提に立っていたことはすでに拙稿[16]で指摘した。そして、実際にも、漁場昆布場地租創定事業がアイヌの土地も対象に開始されたことを確認することができる。たとえば明治10年1月12日地券掛は局長宛に次のような伺を提出した。

「旧来土人居住ノ地、往還際及和人宅地接続ノ地等ハ、這回耕宅地丈量ノ際同一調査仕置、海岸ヨリ数丁ヲ隔テ山間川上等之散在居住ノ類ハ此度調査不仕義ト相心得可然哉、尤実地ニ就キ可成再度ノ手数ニ不相渉様便宜所分可仕候得共此段予テ相伺候也」[17]

「旧来土人居住ノ地」で「往還際及和人宅地接続ノ地等」については今回の耕宅地丈量の際同一の調査を実施したいというのである（指令内容は不明）。

　さて、漁場昆布場地租創定事業は明治10年をもってほぼ完了し、その結果は「漁場地価等級表及海産干場宅地地価査定表」[18]として集約された。そのうち地価表の部分を以下の表1に掲げる。

　表1中の「干場」というのは「海産干場」のことで、それまで「漁場」と呼ばれていたものが明治10年12月13日北海道地券発行条例によって「海産干場」と改称されたのである。

　この地価表が作成される以前の段階で、漁場昆布場地租創定事業が完了した村々は地価調査の結果を承諾するという受（請）書を開拓使に差し出した。この受書を綴じ込んだ簿冊の一部が北海道立文書館に保存されている。「明治九年分地価創定受書（租税課）」（簿書番号1608）、「明治十年分地価創定受書（租税課）」（簿書番号2010）がそれである。その詳細は以下表

　16）拙稿「北海道地券発行条例の制定過程―アイヌの土地所有を中心に―」6頁、本書第1章25頁。

　17）『地券発行関渉書類』（簿書番号2499）。

　18）大蔵省編『開拓使事業報告』第5編（兵備・外事・恩典・警察・裁判・監獄・租税・会計）（北海道出版企画センター、1985年　国立国会図書館デジタルコレクション）363頁。

第2章　北海道地券発行条例の実施過程とアイヌの土地所有　**41**

表1　海産干場宅地地価査定表（明治10年）

国	郡	地類	地坪（坪）	地価（円）	地租（円）	百坪当	
						地価（円）	地租（円）
石狩	石狩	干場	51,780	8,291.684	82.917	16.013	0.160
		宅地	6,939	1,029.342	10.293	14.834	0.148
	厚田	干場	57,803	9,669.292	96.693	16.728	0.167
		宅地	17,705	2,771.832	27.718	15.656	0.157
	浜益	干場	55,154	8,466.668	84.667	15.351	0.154
		宅地	11,136	1,857.300	18.573	16.678	0.167
後志	小樽	干場	61,209	16,883.080	168.831	27.583	0.276
		宅地	28,753	7,454.499	74.545	25.926	0.259
	高島	干場	81,085	27,160.233	271.602	33.496	0.335
		宅地	20,757	7,049.148	70.492	33.960	0.340
	忍路	干場	126,474	39,608.567	396.086	31.318	0.313
		宅地	29,933	6,059.415	60.594	20.243	0.202
	余市	干場	138,026	24,462.121	244.621	17.722	0.177
		宅地	27,809	4,935.057	49.351	17.746	0.177
	古平	干場	109,803	16,507.600	165.076	15.033	0.150
		宅地	28,674	5,668.331	56.683	19.768	0.198
	美国	干場	108,008	14,160.203	141.602	13.110	0.131
		宅地	42,831	4,009.869	40.099	9.362	0.094
	古宇	干場	83,677	17,448.452	174.485	20.852	0.209
		宅地	34,709	6,547.069	65.471	18.863	0.189
	岩内	干場	111,393	27,478.394	274.784	24.668	0.247
		宅地	36,085	8,535.798	85.358	23.655	0.237
胆振	室蘭	干場	2,862	128.031	1.280	4.473	0.045
		宅地	1,387	72.833	0.728	5.251	0.053
	有珠	干場	2,330	145.433	1.454	6.242	0.062
		宅地	807	46.300	0.463	5.737	0.057
	虻田	干場	2,772	162.366	1.624	5.857	0.059
		宅地	1,520	82.067	0.821	5.400	0.054
	幌別	干場	1,249	78.817	0.788	6.413	0.064
		宅地	783	52.583	0.526	6.716	0.067
	白老	干場	6,014	303.983	3.040	5.550	0.056
		宅地	1,104	55.200	0.552	5.000	0.050
	勇払	干場	36,921	2,005.183	20.052	5.431	0.054
		宅地	5,223	281.217	2.812	5.384	0.054

日高	沙流	干場	12,957	2,116.916	21.169	16.338	0.163
		宅地	4,072	657.415	6.574	16.145	0.161
	新冠	干場	8,192	1,463.734	14.637	17.868	0.179
		宅地	1,343	232.750	2.328	17.331	0.173
	静内	干場	58,176	9,711.433	97.114	16.693	0.167
		宅地	19,924	3,251.116	32.511	16.318	0.163
	三石	干場	16,834	4,149.867	41.499	24.652	0.247
		宅地	2,454	608.217	6.082	24.785	0.248
	浦河	干場	48,737	11,402.831	114.028	23.355	0.234
		宅地	8,729	2,090.573	20.906	23.950	0.239
	様似	干場	16,047	3,814.507	38.145	23.771	0.237
		宅地	5,039	1,308.185	13.802	25.961	0.260
	幌泉	干場	17,306	3,326.388	33.264	19.221	0.192
		宅地	20,140	4,039.262	40.393	20.111	0.201
十勝	広尾	干場	5,541	1,359.700	13.597	24.539	0.245
		宅地	2,360	553.667	5.537	23.460	0.235
	十勝	干場	1,242	168.800	1.688	13.591	0.136
		宅地	61	24.400	0.244	40.000	0.400
天塩	苫前	干場	54,261	4,127.215	41.272	7.606	0.076
		宅地	22,045	1,540.279	15.403	6.987	0.067
	留萌	干場	105,976	16,235.379	162.354	15.327	0.153
		宅地	29,013	3,976.493	39.765	13.706	0.137
	増毛	干場	123,615	18,516.829	185.186	14.979	0.150
		宅地	35,332	4,846.032	48.460	13.716	0.137
	天塩	干場	884	81.600	0.816	9.231	0.092
		宅地	661	51.233	0.512	7.751	0.078
北見	宗谷	干場	7,948	503.399	5.034	6.334	0.062
		宅地	2,939	188.966	1.890	6.430	0.064
	枝幸	干場	2,484	229.283	2.293	9.230	0.092
		宅地	593	59.900	0.599	10.101	0.101
	利尻	干場	29,516	2,295.360	22.957	7.779	0.078
		宅地	11,937	811.381	8.114	6.797	0.068
	礼文	干場	13,249	893.883	8.940	6.747	0.067
		宅地	4,991	302.034	3.020	6.052	0.061

注)『開拓使事業報告』第5編、364-370頁より作成。なお、原典中の数字に一部不整合な箇所があるが、原文のまま記載した。

第 2 章　北海道地券発行条例の実施過程とアイヌの土地所有　　43

表 2　漁場昆布場地租創定事業に係る「地価創定受書」の内訳

簿書番号	掲載国郡		受書差出期日	備考
1608	後志国	小樽郡	明治 9 年12月12日、10年 8 月 2 日	
		余市郡	明治 9 年12月16日〜24日	
2010	後志国	忍路郡	明治10年 9 月 2 日	＊古平郡の場合、耕地地価調査と道路敷地測量の資料のみで漁場資料は含まれていない。＊＊積丹郡で居宅・漁舎測量が行われたことは確認できるが、地価調査の資料は残されていない。
		古平郡	明治10年 9 月	
		美国郡	明治10年 8 月〜 9 月	
		積丹郡	明治10年 8 月22日〜10月	
	日高国	様似郡	明治10年 5 月 2 日	
		幌泉郡	明治10年 4 月11日〜25日	
	天塩国	天塩郡	明治10年 6 月19日	
	胆振国	勇払郡	明治10年 2 月26日	
		白老郡	明治10年 2 月26日	

2 の通りである。

　これら資料の中で和人に混じってアイヌが受書を差出している事例があることはすでに知られている[19]。そのうちの一つが日高国様似郡鵜苫村和田八十次外123名・副総代 2 名が明治10年 5 月 2 日地券掛に差し出した「御受書」（簿書番号2010）である。その本文は以下の通りである（読点は筆者が挿入した）。

　　　　　御受書
一漁　　場　　　　　六反九畝弐拾七歩
一昆布場　　　　四町五反九畝弐拾歩
一宅　　地　　　　壱町七反五畝弐拾七歩
　　　合七町五畝拾四歩
　　　此地価五千百四拾壱円三拾五銭弐厘
　　　　　但平均壱反ニ付金七拾弐円八拾七銭八厘七毛三糸七忽余
右者私共拝借之漁場昆布場宅地代価取調奉書上候処、同品位之地所平准

19）前掲・瀧澤正「明治初年におけるアイヌの昆布業」50頁以下。

ヲ以書載之通地価御公定被成下候旨被仰渡承知奉畏候、於此義聊苦情無御座候、依之一同連印御受奉申上候以上

　この後に受書の連署者124名の署名が続く。連署者は様似郡下の各村住民で構成されているが、そのうち53名は「知也有久天」「保農遠加恵」「安之礼古呂」「之古計」「知与久奴安牟」などアイヌ名が記されている。

　同じく日高国幌泉郡では、明治10年4月11日から25日にかけて村ごとに受書が提出されている（簿書番号2010）。そのうち4月20日付歌別村受書を見ると、連署者34名中4名の肩書に「旧土人」の記載がある。また、明治10年4月（日欠）付笛舞村受書には連署者27名中1名に「旧土人」の肩書記載がある。このほか幌泉郡小越村、幌泉村には連署者中に苗字を欠く者が相当数存在する（小越村は連署者59名・副総代1名のうち1名、幌泉村は連署者57名のうち15名）。これらの人々がアイヌであったという蓋然性は高い。このように、限られた資料からではあるが、漁場昆布場地租創定事業ではアイヌの土地所有が容認されていたことを確認することができる。

2　北海道地券発行条例と地租創定事業

(1)　北海道地券発行条例と海産干場——アイヌの土地所有をめぐって

　漁場昆布場地租創定事業がほぼ完了した頃になって、明治10年12月13日地券発行条例が発布された。それは以下のような諸手続を定めた。①土地検査（土地丈量・地所区分・経界区分・官民有区別→地図作製）、②地価査定（各村の地位等級を区分→収穫・売買・入札の三法により地価を概定（サンプル調査の結果を地位等級に従い全体に類推仮定する）→全道一般の地位等級を比較し地価を査定する）、③地券調製（地券調査録の編製→番号順に地券作製→所有者に地券付与→受取証書の差出→証印税取立）。

　後述するように、土地検査の結果は「耕地調書」「耕宅地調書」「宅地書上」などの名称で簿冊にまとめられた。次に地価査定が終わると「地価取調書」が作成され、それを承諾する旨の請書（「地価創定請書」）が各村より差し出された。そして、最後に地券台帳（地券調査録）が編製され、そ

れに基づいて各所有者に地券が付与された。

　地券発行条例は、アイヌの土地に関しては、山林原野（第15条）だけでなく住居地（第16条本文）までも官有地と定め、原則としてアイヌの土地所有を否定した。ただし、状況によっては「成規ノ処分」（アイヌの土地所有容認）を行う余地も残していた（第16条但書）。

　　第十五条　山林川沢原野等ハ当分総テ官有地トシ其差支ナキ場所ハ人民
　　　　ノ望ニ因リ貸渡シ或ハ売渡スコトアルヘシ
　　第十六条　旧蝦夷人住居ノ地所ハ其種類ヲ問ハス当分総テ官有地第三種
　　　　ニ編入スヘシ但地方ノ景況ト旧蝦夷人ノ情態ニ因リ成規ノ処分ヲ為ス
　　　　コトアルヘシ

　漁場昆布場地租創定事業においてアイヌの土地所有が認められたことはすでに述べた通りである。それでは、アイヌの土地所有を原則的に否定するという方針をとる地券発行条例は当該土地をどのように取り扱ったのか。この点について、地券発行条例は別途第54条を設け、海産干場（旧漁場）内に住居している者に限り、かつ一定面積の制限内でアイヌの土地所有を認める、と定めた。つまり、第16条の例外規定を設けたのである。すなわち、

　　第五拾四条　従前該地土着ノ人民ニシテ旧来之（海産干場—筆者注）ヲ
　　　　所有シ干場内ニ住居ノ者ニ限リ其制限ニ過ル壱割 _{千坪ニ付百坪ノ割合} 以下ノ地所
　　　　ハ之ヲ所有セシムヘシ

　さらに、第54条にいう面積制限については、第57条が以下のように規定した。

　　第五拾七条　海産干場坪数ノ制限ハ土地ノ形勢ニ因リ之ヲ増減スルコト
　　　　アルヘシト雖トモ其坪数及ヒ間数大略左ノ如シ（略）

| 鯡鰯建網 | 壱統ニ付　千　坪 | 海面表口　五拾間 |
| | | 奥行　弐拾間 |

			海面表口	奥行
鯡鰯鮭引網	壱統ニ付	千五百坪	六拾五間	弐拾間
鯡差網	拾放ニ付	弐百坪	拾間	弐拾間
鮭建網	壱統ニ付	五百坪	弐拾五間	弐拾間
大房網	壱統ニ付	同	同	同
昆布刈場	壱隻ニ付	四百五拾坪	弐拾五間	拾八間

　要するに、海産干場については、「其制限ニ過ル壱割以下ノ地所」——たとえば第57条の制限面積が1,000坪ならば1,100坪——の所有がアイヌに認められた。地券発行条例は原則としてアイヌの土地を官有地化したが、海産干場（漁場）については例外的にその所有を——一定の制限内ではあるものの——引き続き容認したのである[20]。

(2)　北海道地券発行条例の実施とアイヌの土地所有

　地券発行条例による耕宅地の土地検査（土地丈量）・地価査定は、明治10年から開始され、明治12年までにほぼ完了した[21]。地価査定が完了したところでは、村ごとに請書を作成し、開拓使に差し出した。それを綴じ込んだ簿冊——多くの場合、地価取調書と請書がともに編綴されているが、わずかながら耕地調書（または宅地調書）、地価取調書、そして請書がセットになっている場合もある——が「地価創定請（受）書」などの名称を付して北海道立文書館に所蔵されている。それを一覧にしたものが表3である。

　ここで確認しておきたいのは、地券発行条例によって実際に土地検査・地価査定の対象となったのは宅地と耕地だけであり、広大な山林原野はまったく手つかずの状態であったということである。その意味で、明治10年

20）しかし、アイヌを名宛とする地券が発行されても、和人がそれを預り置き、アイヌに交付しないという事例があった（前掲・瀧澤正「明治初年におけるアイヌの昆布業」53頁）。

21）明治12年5月事業の完了を受けて、札幌本庁管下の「土地丈量地価査定等級表」が作成された。それは宅地・耕地別に郡別等級・地価を記載したものである（『開拓使事業報告』第5編、371頁）。

表3 「地価創定請書」（明治11〜14年）一覧

簿書番号	簿書名	受書記載内容			
		国名	郡名	地目	受書差出期日
2500	「明治十年分地価創定請書（租税課）」	後志国	余市郡	耕宅地	明治11年10月10日〜11月
			忍路郡	耕宅地	明治11年10月
			岩内郡	耕宅地	明治11年11月
			古平郡	耕宅地	明治11年11月
			美国郡	耕宅地	明治11年9月23日
			積丹郡	宅地	明治11年9月30日
		石狩国	浜益郡	耕宅地	明治11年8月26日
2501	「明治十一年分地価創定受書（租税課）」	後志国	小樽郡	耕宅地	明治11年8〜10月 ＊明治10年8月、10月「宅地書上」、明治11年1月「掲示場村社地書上」を含む。
2502	「明治十一年分地価創定請書（租税課）」	後志国	岩内郡	耕宅地	明治11年11月
			古宇郡	耕宅地	明治11年12月
2503	「明治十一年分地価創定受書（租税課）」	石狩国	札幌郡	耕宅地	明治11年3月、12年3月 ＊明治11年3月「耕地調」を含む。
			石狩郡	耕宅地	明治11年11月 ＊明治11年9月「地所開耕明細履歴書付」「地所開墾履歴書付」、11月「官用地其他地租御創定御受請」を含む。
			増毛郡	耕宅地	明治11年8月
			厚田郡	耕宅地	明治11年8月
			浜益郡	耕宅地	明治11年8月26日
		天塩国	苫前郡	耕宅地	明治11年8月
			天塩郡	耕宅地	明治11年9月
			留萌郡	耕宅地	明治11年9月
		北見国	利尻郡	耕宅地	明治11年9月20日
			礼文郡	宅地	明治11年9月20日
			枝幸郡	耕宅地	明治11年9月
			宗谷郡	耕宅地	明治11年9月
		後志国	忍路郡	耕宅地	明治11年10月
3146	「明治十二年分地価創定受書（租税課）」	胆振国	千歳郡	耕宅地	明治12年3月
			白老郡	耕宅地	明治12年3月
			幌別郡	耕宅地	明治12年2月27日
			室蘭郡	耕宅地	明治12年3月
			勇払郡	耕宅地	明治12年3月7日
		石狩国	札幌郡	宅地	明治12年4月
			沙流郡	耕宅地	明治12年3月

3147	「明治十二年分地価創定請書（租税課）」	日高国	静内郡	耕宅地	明治12年2月27日
			新冠郡	耕宅地	明治12年2月
			三石郡	耕宅地	明治12年2月7日 ＊「拝借願済地地所調」を含む。
			様似郡	耕宅地	明治12年2月13〜15日
				海産干場	明治13年10月17日
			浦河郡	耕宅地	明治12年2月
				宅地	明治15年5月
		胆振国	室蘭郡	官舎敷地	＊明治9年8月「官舎敷地調」のみ。
		十勝国	広尾郡	耕宅地	明治12年3月1日
			当縁郡	耕宅地	明治12年3月1日
			十勝郡	耕宅地	明治12年3月1日
3148	「明治十二年分地価創定請書（租税課）」	石狩国	札幌郡	耕宅地	明治12年3月〜11月12日 ＊明治11年3月「耕地調」「耕地明細調書帳」、11年5月「耕宅調」を含む。
3903	「明治十三年分地価創定請書（租税課）」	石狩国	札幌郡	宅地	＊明治13年6月「宅地取調書」（払下耕地を宅地に分割したもの）のみ。
		後志国	岩内郡	海産干場	＊明治13年「地券状請取証」のみ。
4644	「明治十四年分地価創定請書（租税課）」	胆振国	室蘭郡	耕宅地	明治14年
			有珠郡	耕宅地	明治14年5月、12月

代前半における開拓使の土地把握はきわめて限定的なものであった。

さて、前述のように、地券発行条例はアイヌの土地に関して山林原野だけでなく住居地までも官有地と定め、アイヌの土地所有を原則的に否定した。しかし、状況によっては「成規ノ処分」（アイヌの土地所有容認）を行う余地も残していた。それでは、実際に「地価創定請書」にはアイヌの土地はどのように記録されたのか。

「地価創定請書」（簿書番号2503）には石狩国札幌郡発寒村作成の明治11年3月「発寒村耕地調」——これとは別に「宅地調」も同時に作成されたと思われるが、こちらは残存していない——と明治12年3月「発寒村地租御創定御請書」という2種類の資料が収められている。

まず「発寒村耕地調」の記載様式は以下の通りである。

第2章　北海道地券発行条例の実施過程とアイヌの土地所有　49

安政六年八月割渡
壱番地　　　　　　　　　　　　安政六年八月加籍農

一　耕地　　壱ヶ所　　　　　　自移　　　浜田安左衛門
　　此坪数弐千五百四拾三坪　　　明治六年前墾成

　「発寒村耕地調」が地券発行条例に基づく土地検査の結果をまとめたも
のであることから、ここには地価・地租は記載されていない。この資料中
に6名のアイヌの名が記されている[22]。一例を挙げよう。

　　　　　　　　　　　　　　　　土人

一　耕地　　弐ヶ所　　　　　　　　木杣卯七
　　　　　　　　内

　　明治九年六月割渡
　　二十三番地
　　壱ヶ所　此坪数二千坪
　　　　　　　内　六十坪　　　　　明治七年前墾成
　　　　　　　　千九百四十坪　　　未開地
　全上割渡
　全上同地
　　壱ヶ所　此坪数五百十坪　　　　明治九年中墾成

　これを全員分について整理したものが表4である。
　「発寒村耕地調」には、上記6名のアイヌのほかに、和人22名も登載さ
れていた。つまり、発寒村はアイヌと和人の混住村落であった。村内の耕
地は全部で32筆、そのうちアイヌの耕地は7筆であった。全耕地面積は

22）この6名については『新札幌市史』がすでに言及している（札幌市教育委員会編
　　『新札幌市史』第1巻・通史1、札幌市、1989年、958頁）。ただ、本文で後述する
　　ように、彼らの名は「耕地調」には登場するが、「地価創定請書」では削除されて
　　いる。なお、この6名の氏名表記については『新札幌市史』にならってそのまま記
　　載したが、これ以降は姓（氏）の部分については伏字とする。

表4 「発寒村耕地調」（明治11年）におけるアイヌの土地

地番	地目	筆数	坪数	所有者	備考
23	耕地	2	2,000	木杣卯七	明治9年6月割渡。60坪は明治7年前墾成、1940坪は未開地。
			510		明治9年6月割渡。明治9年中墾成。
24	耕地	1	3,000	発寒小紋太	明治9年6月割渡。325坪は明治7年前墾成、2,675坪は未開地。
25	耕地	1	2,300	能登岩治郎	明治9年6月割渡。440坪明治7年前墾成、479坪明治9年中墾成、1381坪未開地。
26	耕地	1	3,000	伴六	明治9年6月割渡。379坪明治7年前墾成、2,621坪未開地。
27	耕地	1	3,700	多気安甫	明治9年6月割渡。316坪明治7年前墾成、535坪明治9年中墾成、2,849坪未開地。
28	耕地	1	2,500	規也里	明治9年6月割渡。130坪明治9年中墾成、2,370坪未開地。
合計		7	17,010		

114,430.5坪〔38町1反4畝10歩〕、そのうちアイヌの土地は17,010坪〔5
町6反7畝歩〕（全体の14.9％）であった。

　「発寒村耕地調」に記載された和人の来歴を見ると、安政4年（1857）
から明治7年（1874）にかけて発寒村に入植し、それと同時に8,000余坪
から1,800余坪の未墾地の割渡を受けている。そして、明治9年までには
開墾をすべて完了させた。

　他方、アイヌがいつから発寒村に居住していたのかは不明である。他所
から移住してきた（させられた）可能性も考えられる。ただ、ほとんどの
者が明治7年以前から開墾作業への従事（狩猟民から農耕民への転換）を求
められていた。そして、明治9年6月に6名全員が――従前の開墾地も含
めて――2,500坪から3,700坪に及ぶ未墾地の割渡を受けていた。しかし、
その結果は和人の場合とは大きく異なった。すなわち、明治11年現在の墾
成地はわずかに3,174坪〔1町5畝24歩〕にとどまり[23]、そのほとんど
――13,836坪〔4町6反1畝6歩〕、アイヌ所有土地の81.3％――は未開
地（未墾地）のままであった。この結果を見れば、アイヌにとって開墾事
業――狩猟民から農耕民への転換――がいかに困難なものであったかが分

かる。

　次に明治12年３月「発寒村地租御創定御請書」を見ると、それは地価調書と請書がセットになっている。地価調書には宅地・耕地ともに地番・面積・地価・地租と所有者名が記載されており、そのうち耕地を見ると地番が22番地で終わっているのが注目される。「発寒村耕地調」でアイヌの耕地とされていた23番地から28番地まで（表４参照）が完全に削除されているのである。それに対応して請書の連署者も和人22名だけとなっている。アイヌの耕地が削除されたのは、地券発行条例の趣旨に即して民有地から官有地に編入されたためと推測されるが、残念ながら実際に官有地へ編入されたことを立証できる資料はまだ見出していない。

　官有地に編入された場合、それはどのように記録されるのか。一例を挙げよう。「地価創定請書」（簿書番号2503）に明治11年11月「石狩郡若生町八幡町宅地々租御創定御受書」が収められている。そこには宅地33筆6,950坪の所有者が記載されている。その末尾にある総坪数の箇所に以下のような朱書の付箋が添付されている。

外ニ	
三千九百四拾八坪	官有地
千五百四拾弐坪	旧土人

　これは民有地として地租を創定した宅地とは別に、官有地3,948坪と「旧土人」宅地1,542坪——これも官有地だが——が存在することを意味している。このような官有地について詳細情報を記録しているのが「官有地地券録」である。幸いにして、若生町については「石狩国石狩郡官有地々

23）明治12年３月「発寒村地租御創定御請書」（簿書番号2503）には「請書ニ無之分」の面積として２町４反12歩と朱書されている。この「請書ニ無之分」とは、官有地化されたアイヌの土地を指している蓋然性が高い。この推測が正しければ、明治11年現在の既墾地は翌年には１町歩近く増加したことになる。

表5　若生町官有地「旧土人墾鉏地」

地番	地目	面積（坪）	地主所籍	地主姓名	備考
西番外地	宅地	434	若生町	シエレップ	付箋朱書「是ヨリ已下四ヶ所共切図ナシ」
西番外地	宅地	293	若生町	リクンケ	
西番外地	宅地	336	若生町	デツタ	
西番外地	宅地	469	若生町	■■■次郎	
合計		1,532			「旧土人墾鉏地」

券録」（簿書番号10425）がある。そこに若生町内の官有地が一筆ごとに記載されている。そこで関係する部分だけを整理したのが表5である。

このようにアイヌの土地で民有地とされたものは「地租創定請書」に登載され、別に官有地に編入されたものは「官有地地券録」に編綴された。したがって、発寒村の場合も、土地検査（「耕地調」）でアイヌの所有とされていた耕地が地価査定後官有地に編入されたか否かは「官有地地券録」によって確認することができる。しかし、発寒村の「官有地地券録」は欠けているため、現状ではその事実を確認することはできない（「官有地地券録」については後述する）。

発寒村と異なり、アイヌが請書を差し出し、その土地所有が認められている事例があることもすでに知られている。大坂拓によれば、石狩国厚田郡古潭村は明治11年8月請書を差し出しているが（「石狩国厚田郡宅耕地価御請書」簿書番号2503）、その中に5名のアイヌが含まれている[24]。それを整理したのが表6である。

発寒村と古潭村の違いがなぜ生まれたのか、その理由を明らかにすることはできないが、古潭村のような事例はやはり少数であったと推測される[25]。

---

24) 前掲・大坂拓「北海道地券発行条例によるアイヌ民族「住居ノ地所」の官有地第三種編入について」27頁。

25) 大坂は、札幌本庁管内に居住するアイヌ民族のうちその土地が私有地とされたのはわずか3％であったとしている（前掲・大坂拓「北海道地券発行条例によるアイヌ民族「住居ノ地所」の官有地第三種編入について」28頁）。

第2章　北海道地券発行条例の実施過程とアイヌの土地所有　　53

表6　「石狩国厚田郡宅耕地価御請書」における古潭村アイヌ土地所有

地番	地目	面積（坪）	地価（円）	地主所籍	地主姓名	備考
40	宅地	66	4.620	古潭村	■■弁吉	代■■忠蘭。 明治3年8月割渡。
41	宅地	74	5.180	古潭村	■■武年登留	代■■忠蘭。 明治3年8月割渡。
44	宅地	145	10.150	古潭村	■■忠蘭	明治3年8月割渡。
45	宅地	88	6.160	古潭村	■■力之助	代■■忠蘭。 明治3年8月割渡。
46	宅地	134	9.380	古潭村	■■保理勢	代■■忠蘭。 明治3年8月割渡。
合計		507				

(3)　「官有地地券録」とアイヌの土地占有

　明治12年までに地券発行条例による地租創定事業がほぼ完了したことを踏まえ、明治14年には官有地に関する土地情報を集約した「官有地地券録」が編製された。現在北海道立文書館には27冊（石狩国4冊、後志国8冊、胆振国6冊、日高国6冊、十勝国3冊）が所蔵されている。

　これら「官有地地券録」は一様に「地券台帳用紙」を用いている。それは一筆ごとの土地について①国郡村名・地番、②地目（宅地）、③面積、④地価、⑤地租、⑥地券授与年月日、⑦地主所籍、⑧地主姓名を記載するという様式になっている。おそらくこの「地券台帳用紙」は、地券調製の段階で編製される「地券調査録」の用紙と考えられる。地券調査録（地券台帳）を編製する際は、民有地だけでなく官有地についても同一様式を用いてその情報が記録されたのであろう。そして、明治14年に至り、官有地の分だけが抽出され、「官有地地券録」として編綴し直されたものと思われる。なお、官有地であることから、「地券台帳用紙」中の④地価、⑤地租、⑥地券授与年月日の項目には何も記載されていない。

　前述のように、官有地化されたアイヌの土地——地券台帳では「旧土人墾鉏地」「旧土人墾成地」などと記載されている——に関する記録は、この「官有地地券録」に登載されている。現在それを確認することができるのは「官有地地券録」27冊のうち6冊である。それを整理したのが表7である。

表7 「官有地地券録」上の「旧土人墾鉏地」

	国郡名	筆数	地目	「地主」数	面積	簿書番号
1	石狩国浜益郡	48	宅地	48	3,446坪	4648
		1	耕地	1	1畝6歩	
2	後志国余市郡	62	宅地	55	9,055坪	10422
3	石狩国石狩郡	4	宅地	4	1,532坪	10425
		9	耕地	6	1町2反9畝24歩	
4	胆振国幌別郡	22	宅地	22	653坪	10431
		21	畑	21	2町8反3畝8歩	
5	十勝国広尾郡	15	宅地	14	329坪	10441
		3	畑	3	1反3畝18歩	
6	十勝国十勝郡	2	宅地	2	145坪	10442
合計		187	宅地	145	15,160坪	
			耕地	31	4町2反7畝26歩	

　大坂拓によれば、官有地化されたアイヌの土地は、表7に掲出したもののほかに天塩国、北見国、胆振国白老郡、石狩国札幌郡などにも存在する[26]が、当該地域の「官有地地券録」を欠いているため、残念ながら本稿では考察の対象とならない。その点を念頭に置きながら、アイヌの土地がどのような来歴を経て官有地とされたのか、以下、可能な限りで考察していきたい。

(i)　石狩国浜益郡

　「官有地地券録」（御所番号4648）は石狩国浜益郡川下村、群別村、茂生村各村の官有地情報を登載している。このうちアイヌの土地について記載しているのは茂生村だけである。同村には和人が宅地14筆1,462坪、耕地8筆1町8畝を所有していた（「地価創定請書」簿書番号2500）。その一方で48名のアイヌが居住し、48筆3,446坪の宅地を占有していた。つまり、こ

---

26) 前掲・大坂拓「北海道地券発行条例によるアイヌ民族「住居ノ地所」の官有地第
　三種編入について」24頁。

第2章　北海道地券発行条例の実施過程とアイヌの土地所有　　55

こもアイヌと和人の混住村落であった。また、1筆あたりの宅地面積は26坪から158坪まで多様であった。彼らは、割渡の時期によって、①明治5年前に宅地の割渡を受けた者46名と、②明治9年4月以降に宅地の割渡を受けた者2名とに区分することができる。①のうち5名については「地価査定を受けていない」という付箋朱書が付されている。また、②の2名については「明治19年（または明治20年）より収税」との付箋朱書が付いている。

　他方、1名のアイヌが1筆1畝6歩の耕地を占有していた[27]。それは明治7年8月に割渡を受け、同年中に「墾成」したと記載されている。前述の発寒村の例を想起するなら、48名のアイヌ全員が一定面積の土地（未墾地）の割渡を受けたと考えられる。しかし、「官有地地券録」には宅地のほかにはわずか耕地1筆しか記載されなかった。その理由として以下のように考えられるのではないか。すなわち、48名全員は一定の面積——たとえば約2000坪（6反6畝）から約3000坪（1町）という程度に——の割渡を受けたものの、不慣れな開墾作業は困難を極め、実際に耕地として墾成したのは1筆1畝6歩だけであった。その後、地券発行条例による土地検査・地価査定の対象とされたのは墾成地のみで、かつて割渡を受けていた土地であっても未墾地は開拓使によって「上地」にされた。そのため、茂生村の場合、アイヌの占有地として「官有地地券録」に登載されたのは宅地を除けば墾成耕地の1筆1畝6歩だけとなった、と。実際、「官有地地券録」はこのようなアイヌの土地を——耕宅地ともに——「旧土人墾鉏地」と記載している。

　「すでにアイヌに割り渡された土地であっても未墾地のままであれば、その後の地租創定事業で上地とされた」——このように推測する根拠として、まず地所規則第15条、地券発行条例第56条をあげることができる。地

---

27) この耕地の「地主」の肩書には「自移」の記載がある。当時、北海道移民は「自移」（自らの意思での移住）と「応募」（募集に応じての移住）の2種類に区別されていたが、この「自移」の記載が誤記でなければ、このアイヌは自らの意思で北海道に移住してきたことになる。この点の正否については後考を待ちたい。

所規則第15条は「従来永住ノ者及ヒ募移当壬申年ヨリ挙家限リヲ以テ三ヶ年間ニ開墾スル土地ハ年々墾成ノ分點撿ノ上地券相渡シ地代上納ニ不及事」と定め[28]、地券交付の対象を墾成地に限定していた。そして、この規定に基づき、実際にも、毎年墾成地の点検が行われていた。次に地券発行条例第56条は、海産干場所有者が地所の割渡を受けてから1年間経っても営業に着手しなければ（着手後に中止した者も含めて）当該土地の上地を申し付ける、というものであった。これら両規定から、開拓使は、海産干場であれ耕宅地であれ、墾成地となったものだけを民有地と認め、割渡を受けても未墾地のままであれば一律に没収（上地）するという方針であったと考えてよいのではないか。

　上記推測を補強するために、和人の未墾地について検討することも意味があるだろう。考察対象となるのは「耕地調」と「地租御創定御請書」の両資料が揃っている村落である。その要件を満たすのは、前述の発寒村（「地価創定請書」簿書番号2503）のほかに、後志国小樽郡開運町ほか（「地価創定請書」簿書番号2501）、石狩国札幌郡下稲手村、苗穂村（「地価創定請書」簿書番号3148）などである。

　このうち石狩国札幌郡苗穂村を見ると、たとえば和人・高田春吉は、明治3年5月5,970坪、明治9年7月10,000坪、合計15,970坪〔5町3反2畝10歩〕の割渡を受けている。このうち実際に墾成地となったのは5,970坪だけで、10,000坪は明治11年3月現在未開地（未墾地）のままであった。そして、翌12年3月地価創定請書を差し出したときの面積は1町8反4畝15歩〔5,535坪〕であった。厳密な数字の一致は見られないが、このなかに未墾地10,000坪が含まれていないと断定しても大過はないであろう。

　もう一例挙げよう。同じく苗穂村の大坂六右衛門は、明治7年2月7,000坪、明治9年10,000坪、合計17,000坪の割渡を受けた。しかし、明治11年3月耕地として墾成したのは3,802坪だけであった。そして、明治12年3月地価創定請書を差し出したときの面積は1町2反7畝19歩〔3,829坪〕

28）『開拓使布令録』明治5年、18頁。

であった。こちらも未墾地が所有面積に含まれていなかったのは明らかである。こうした事例をもとに判断すれば、いったん割渡を受けた土地であっても未墾地のままであれば、和人もアイヌも同様に上地されたと考えてよいだろう。

　こうして見てくると、地券発行条例は法形式的にはアイヌも和人も平等に適用されていたことになる。しかし、すでに指摘したように、狩猟民から農耕民への転換を強いる未開地開墾はアイヌにとってきわめて困難かつ苛酷なものであった。それゆえ彼らの手許にはわずかな墾成地しか残らなかった。最悪の場合まったく土地を得られなかった。その意味で、地券発行条例は実質的不平等をアイヌに強いるものであったといってよい。

　以上の考察を念頭に置きながら、次に他郡村の事例についても見てみよう。

(ii)　後志国余市郡

　「官有地地券録」（簿書番号10422）は、後志国余市郡浜中町（旧浜中村）、川村、山道村、沖村、沢町、富沢町、黒川村、山田村各村の官有地情報を収録している。それによれば、アイヌの土地があるのは浜中町と川村である。

　まず浜中町では、7名のアイヌが「旧土人墾鉏地」として宅地8筆740坪を占有していた（1筆平均92.5坪）。彼らは、①明治5年以前に土地の割渡を受けた者4名と、②明治7年8月に家屋を「営構」（建築）した者3名に分かれる。その詳細は表8の通りである。

　他方、耕地は1筆も記載されていない。(i)で示した筆者の認識に従えば、全7戸は耕地の開墾にまったく成功しなかったことになる。なお、浜中町における和人の所有宅地は125筆12,603坪、同じく耕地は58筆19町9反1畝26歩であった（簿書番号2500）。ここもアイヌと和人の混住村落であった。

　次に川村の場合、48名のアイヌが「旧土人墾鉏地」として宅地54筆8,315坪を占有していた（1筆平均154坪）。ここも、①明治5年以前に土地の割渡を受けた者35名と、②明治6年6月から明治9年9月にかけて家屋を「営構」（建築）した者13名とに分かれる。1筆あたりの宅地面積は50坪か

表8　後志国余市郡浜中町におけるアイヌ占有地

番号	地目	面積（坪）	地主所籍	地主姓名	備考
1	宅地	58	浜中町	■■次郎	明治5年前の分
2	宅地	103	浜中町	幸助	明治5年前の分
3	宅地	102	浜中町	志得	明治5年前の分
4	宅地	88			明治5年前の分
5	宅地	106	浜中町	庵作	明治5年前の分
6	宅地	115	浜中町	志久	明治7年8月営構
7	宅地	106	浜中町	今助	明治7年8月営構
8	宅地	62	浜中町	志久麻	明治7年8月営構
合計		740			「旧土人墾鉏地」

ら335坪までと幅広い。川村でも耕地は1筆も記載されていない。なお、和人の所有地が宅地16筆2588坪、耕地1筆3反6畝11歩であることから（「地価創定請書」簿書番号2500）、この村もアイヌと和人の混住部落であったことが分かる。

(iii)　石狩国石狩郡

　「官有地地券録」（簿書番号10425）は、石狩国石狩郡若生町、生振村、親船町、船場町、八幡町、横町、弁天町、当別村、川口、幌向太、字ヤウシハ、茨戸などの官有地情報を収録している。このうちアイヌの土地があるのは若生町と生振村である。

　若生町については、すでに表5で示したように、4名のアイヌが「旧土人墾鉏地」として宅地4筆1,532坪を占有していた。しかし、耕地は記載されていない。ちなみに、和人の所有地も宅地33筆6,950坪のみである（簿書番号2503）。

　次に生振村では、若生町とは逆にアイヌ6名が「旧土人墾鉏地」として耕地9筆1町2反9畝24歩（1戸当たり平均2反1畝19歩）を占有していた。しかし、宅地はまったく記載されていない。詳細は表9の通りである。なぜ宅地の記載がないのか、その理由は不明だが、実際の宅地は耕地の中に含まれていたのかもしれない。その点に関する検討は今後の課題としたい。なお、生振村における和人所有地は宅地30筆1888坪、耕地97筆51町2反6

畝であった（「地価創定請書」簿書番号2503）。ここもアイヌと和人の混住部落であった。

表9　石狩国石狩郡生振村におけるアイヌ占有地

番号	地目	面積（反畝歩）		地主所籍	地主姓名	備考
1	耕地	22	10		シツタクウエン	付箋朱書「以下九ヶ所共切図ナシ」
2	耕地	11	3		ヲクヌカル	
3	耕地	13	19		クソマウシ	
4	耕地	40	20		アンノラン	
5	耕地	2	24		アンノラン	
6	耕地	9	11		ヤンテ	
7	耕地	6	0		ヤンテ	
8	耕地	13	2		シルコヌカル	
9	耕地	10	25		シルコヌカル	
合計		129	24			「旧土人墾鉏地」

(iv)　胆振国幌別郡

　「官有地地券録」（簿書番号10431）は、胆振国幌別郡幌別村、鷲別村、登別村三ヶ村の官有地情報を収録している。このうちアイヌの土地があるのは幌別村である。同村では22名のアイヌが宅地22筆653坪を占有していた（1筆平均29.7坪）。そして、そのうち21名が耕地（畑）21筆2町8反3畝8歩〔8,498坪〕も占有していた（1筆平均404.3坪）。これらの土地がいつ割渡を受けたのかは不明だが、地価査定が行われたことは確実である。その詳細は表10の通りである。なお、幌別村における和人所有地は宅地40筆3209坪、耕地89筆24町7反5畝19歩で（「地価創定請書」簿書番号3146）、ここもアイヌと和人の混住村落であった。

(v)　十勝国広尾郡

　「官有地地券録」（簿書番号10441）は、十勝国広尾郡茂寄村のみを登載している。それによれば、茂寄村では14名のアイヌが宅地15筆329坪を占有していた。そのうち3名は耕地3筆1反3畝18歩も占有していた。これら

表10　胆振国幌別郡幌別村におけるアイヌ占有地

番号	宅地（坪）	耕地（反畝歩）		地主所籍	地主姓名	備考
1	7	18	5		ウエンカリ	＊ウエンカリの宅地部分に付箋
2	28	10	19		シケランケ	「是ゟ以下調帙焼失ニ付図ゟ掲ク、
3	17	18	4		サケレ	等級者〔各郡〕地価調査調ゟ、
4	35	9	14		パケレ	図ハ耕地ノ内ニアリ、以下同シ」。
5	29	6	0		エカシトロバ	＊＊同じく耕地部分に付箋「之
6	41	9	12		カモイヤンケ	ゟ以下図ゟ掲ク」「調帳之年度ナシ」
7	47	14	26		バウンデ	「ウエンカリ其他共一人別ニ
8	40	17	18		アベトル	同ナシ、又割渡之年度ナシ」。
9	22	26	14		チヤナヌウク	
10	28	13	24		カンナリキ	
11	28	8	3		ハブエリ	
12	41	16	11		トサンバリ	
13	38	13	12		カネハ	
14	41	8	24		トレラノ	
15	8	3	27		コバカシ	
16	26	18	9		アヲコ	
17	20	15	1		コノソ	
18	14	6	11		シロクロ	
19	23	14	21		ニウバウク	
20	29	21	0		エカシバク	
21	27	12	23		シクビク	
22	64	0	0		ボロセカチ	
合計	653	283	8			「土人墾鉏地」「旧土人墾鉏地」

　の土地はすべて明治５年以前に開拓使から「貸下」を受けたもので、明治
５年には家屋を「営構」した。そして、そのうち３名は明治５年耕地の開
墾を完了した。これらの土地は土地検査・地価査定を受けたが、請書は差
し出していない。その詳細は表11の通りである。なお、茂寄村における和
人所有地は宅地11筆1,341坪、耕地４筆６反９畝22歩にすぎないが（「地価
創定請書」簿書番号3147）、やはりアイヌと和人の混住村落であった。

表11　十勝国広尾郡茂寄村におけるアイヌ占有地

番号	宅地（坪）	耕地（反畝歩）		地主所籍	地主姓名	備考
1	16	0	0	茂寄村	伊加摩申志	付箋「旧土人之分地価査定請書ナシ以下全シ」。明治5年前貸下、明治5年家屋営構。
2	17	0	0	茂寄村	曽良加安以農	明治5年前貸下、明治5年家屋営構。
3	17	0	0	茂寄村	恵加左峯天幾	明治5年前貸下、明治5年家屋営構。
4	32	3	11	茂寄村	伊不仁礼	明治5年前貸下、明治5年家屋営構，明治5年耕地墾成。
5	39	2	29	茂寄村	三次郎	明治5年前貸下、明治5年家屋営構、明治5年耕地墾成。
6	12	0	0	茂寄村	恵加左峯天幾	明治5年前貸下、明治5年家屋営構。
7	7	0	0	茂寄村	幾峯加良安以農	明治5年前貸下、明治5年家屋営構。
8	58	0	0	茂寄村	万吉	明治5年前貸下、明治5年家屋営構。
9	12	0	0	茂寄村	農登幾礼	明治5年前貸下、明治5年家屋営構。
10	24	7	8	茂寄村	戍松	明治5年前貸下、明治5年家屋営構、明治5年耕地墾成。
11	9	0	0	茂寄村	伊佐奈安以農	明治5年前貸下、明治5年家屋営構。
12	23	0	0	茂寄村	恵々加波良	明治5年前貸下、明治5年家屋営構。
13	29	0	0	茂寄村	志巨志由巨不	明治5年前貸下、明治5年家屋営構。
14	12	0	0	茂寄村	遠志良巨津	明治5年前貸下、明治5年家屋営構。
15	22	0	0	茂寄村	恵加志巨知也	明治5年前貸下、明治5年家屋営構。
合計	329	13	18			「旧土人墾成宅地」「旧土人墾成畑地」

⑹　十勝国十勝郡

　「官有地地券録」（簿書番号10442）は十勝国十勝郡大津村のみを登載している。それによれば、大津村では2名のアイヌが宅地2筆145坪を占有していた。いずれの宅地も明治5年以前に「貸下」げられ、その後「墾成」

されたものである。耕地に関する記載はない。なお、大津村には和人所有地として宅地6筆669坪、耕地3筆1反6畝8歩があり（「地価創定請書」簿書番号3147）、アイヌと和人が混住していた。

表12　十勝国十勝郡大津村におけるアイヌ占有地

番号	宅地（坪）	地主所籍	地主姓名	備考
1	27	大津村	登奈波不	明治5年前貸下。
2	118	大津村	知也奴左牟	明治5年前貸下。
合計	145			「旧土人墾成宅地」

(vii) 「官有地地券録」に記載されていないアイヌ占有地

前述のように、北海道立文書館に所蔵されている「官有地地券録」27冊（石狩国4冊、後志国8冊、胆振国6冊、日高国6冊、十勝国3冊）は一部であって、全部ではない。したがって、これまで紹介してきた事例以外にもアイヌの土地占有が存在したはずである。それを推測する手がかりとなるものが「地価創定請書」の中に残されている。たとえば明治12年3月作成・差出の石狩国札幌郡白石村「地租御創定御請」（「地価創定請書」簿書番号3148）を見ると、宅耕地の面積合計欄は次のように記載されている。

宅地合計
　　　　　　　　　　　　　　（朱書）
　　~~千八百拾七坪五合三勺~~「千七百九十九坪」㊞
　　　（朱書）「外五千九拾坪㊞　官用地及学校地社地空地」

　　　　　　　　　（㊞）　　　（㊞）
耕地合計　「八拾七町六〔六〕反六〔三〕畝歩㊞」
　　　（朱書）「外弐拾三町七反壱畝拾九歩　受書無之分㊞」
　　　八拾七町三段六畝九歩壱合四勺

この朱書部分は、「地価創定請書」作成後、明治14年「官有地地券録」編製までに書き足されたものである。ここに民有地面積の外数として官有地面積が記載された。そして、耕地について「受書無之分」とあるのは、当該耕地が土地検査・地価査定を受けたものの、官有地であるため受書を

差し出していないものを意味している。

このように「地価創定請書」に官有地が外数として朱書きされている場合、そのなかに官有地化されたアイヌ占有地が含まれている蓋然性が高い。たとえば「地価創定請書」（簿書番号2503）により石狩国浜益郡茂生村を見ると、次のように付箋に朱書きされている。

```
通計  耕地  壱町八畝歩
      外  六畝廿三歩        受書無之分
      宅地  千四百六拾弐坪
          内  百四拾四坪    十一年已後払下
      外  三千四百四十六坪  旧土人
          八百八拾坪        官有地社地
          八拾四坪          受書無之分
```

ここに記された「外　三千四百四十六坪　旧土人」がアイヌの占有宅地48筆3,446坪であることは「官有地地券録」（簿書番号4648）によって確認することができる。このほか「地価創定請書」（簿書番号3146）にも、以下のような「旧土人」「旧土人耕地」などと朱書きされた土地がある。

表13　胆振国におけるアイヌ占有地

	宅地（坪）	耕地（反畝歩）		備考
胆振国白老郡敷生村	4,497	148	2	対応する「官有地地券録」なし[29]。
胆振国白老郡白老村	4,947	331	24	
胆振国白老郡社台村	520	260	22	
胆振国幌別郡幌別村	653	283	8	「官有地地券録」（簿書番号10431）によりその詳細を確認できる。→（ⅳ）参照

---

29) 前掲・大坂拓「北海道地券発行条例によるアイヌ民族「住居ノ地所」の官有地第三種編入について」25頁の表2を参照。

おわりに

　最後に、これまで考察してきたことを簡潔に要約・整理し、残された課題を確認したい。

　明治9年末から明治10年までに行われた漁場昆布場地租創定事業は、おもに海産干場（旧漁場）とその周辺宅地を中心に土地検査・地価査定・地券下付を行った。その後、明治10年12月地券発行条例により全道一般に地租創定事業が実施され、海産干場以外の土地──そして民有地だけでなく官有地も含めて──にも土地検査・地価査定・地券調製が行われた。そして、それぞれの作業段階ごとに、①耕宅地調（明治11年編製）、②地価調書（明治11～12年編製）、③地券調査録（地券台帳）などの簿冊が編製された。

　地価査定が終わると、②の内容を承諾したことを示すため各村民に請書を差し出させた（官有地には請書はない）。北海道立文書館に所蔵されている簿書「地価創定請書」は、おもに②地価調書と請書のセットから成るものであった（明治10年までの漁場昆布場地租創定事業の場合は請書だけであった）。地租創定事業は明治12年までにほぼ完了したが、その後、明治14年になると、地租創定事業の成果をもとに官有地情報を抽出して④簿書「官有地地券録」が編製された。アイヌの土地は、①耕宅地調、②地価調書、④官有地地券録にそれぞれ記録された。これらの資料から、以下のような事実を読みとることができる（図1もあわせて参照されたい）。

　第一に、漁場昆布場地租創定事業（明治9年末～10年）は、海産干場（旧漁場）についてアイヌの土地所有を容認した。その後制定された地券発行条例はアイヌに係る居住地・山林原野の官有地化を原則としたが、海産干場はその例外とし一定の制限下でアイヌの所有を容認した。（1、2(1)）

　第二に、地券発行条例に基づく地租創定事業（明治11～12年）はもっぱら耕宅地を対象に実施され、山林原野にはまったく手をつけなかった。しかも、その実施地域はもっぱら海岸沿いや札幌など和人の開拓の手が届いたところであり、そこで把握されているアイヌは和人との混住村落[30]に生活する人々であった。その意味で、地租創定事業による土地把握は、面積的にも土地種類の点でもきわめて限定的なものであった[31]。（2(2)、3

（i）～(vi)）

　第三に、地租創定事業で把握されたアイヌの占有地はすべて「墾鉏地」
（開墾地）であった。早いところでは明治３年頃あるいはそれ以前に割渡
（または貸下）が行われ、アイヌが当該土地の開墾に従事させられた。なお、
ここにいう割渡は、開墾させることを目的に一定面積の未開地（未墾地）
を入植者やアイヌに配分・交付する行政処分であって、決して土地所有権
を付与するものではなかった。（3（i）～(vi)）

　第四に、割渡は明らかにアイヌの定住化と農耕民化を目的としていた。

30）明治11年（1878）８月北海道に足を踏み入れたイザベラ・バードは、当時のアイ
　ヌ村落を次のように記録していた。「わたしは幌別（胆振国幌別郡幌別村—筆者
　注）に着きました。海辺の砂地にある日本人とアイヌ混住の村です。このような混
　住の村々では、アイヌは日本人集落から少し離れて暮らすよう強いられ、またアイ
　ヌが四七に対して日本人の戸数はたった一八である幌別のように、住民数では日本
　人をしのいでいることが多いのです」（イザベラ・バード著／時岡敬子訳『イザベ
　ラ・バードの日本紀行』下、講談社、2008年、58頁）、「白老（胆振国白老郡白老村
　—筆者注）は一一戸の日本人村と五一戸のアイヌ村で成り、海辺にあります」（同
　62頁）、「（胆振国勇払郡勇払村には）ふたつの高い見張り台、魚油を採るのに使う
　小屋数軒、日本家屋四、五軒、アイヌの住居——浜の上の川を渡ったところ——、
　灰色の大きな宿舎があります」（同67頁）、「砂利の河原を少しいくと、いまわたし
　のいる戸数六三のこの日本人村（日高国沙流郡佐瑠太村—筆者注）に来ました。…
　アイヌの人口は内陸へ一二マイル［約一九キロ］入った山間に多く、この村の付近
　にはわずかしか住んでおらず、村の住民からはとてもさげすまれています」（同72
　頁）、「わたしはアイヌの少年を呼び止め、丸木舟で川（沙流川—筆者注）を溯って
　もらいました。そのあと平賀、去場、荷菜を通りすぎましたが、すべて純粋にアイ
　ヌの村で稗、たばこ、かぼちゃの小さな畑のなかにあります。畑は草だらけで、育
　っているのが作物かどうかは怪しいところです」（同77頁）、「このあたりで最も大
　きいアイヌの開拓集落である平取（日高国沙流郡平取村—筆者注）は森と山のあい
　だの非常に美しいところにあり、高台になっていて、その下にはひどく蛇行する川
　（沙流川—筆者注）が流れ、また上には林に覆われた山があります。これほど孤立
　した場所はそうありません」（同78頁）。
31）この点に関連して、大坂は「官有地第三種への編入、及び私有地としての割渡に
　関するいずれの記録も残されていない地域は、地租創定の段階で当面の留保の対象
　となったものとみられる。こうした地域は極めて広大で……規模の大きな河川の流
　域に展開した地域社会の大部分がここに含まれ（る）」と指摘している（前掲・大
　坂拓「北海道地券発行条例によるアイヌ民族「住居ノ地所」の官有地第三種編入に
　ついて」28頁）。

しかし、未開地の開墾は本来的に狩猟民であるアイヌにとってきわめて困難な作業であった。その結果、彼らは和人に比べわずかな墾成地しか得ることができず、最悪の場合何も得られなかった。（2(2)、3(i)〜(v)）

　第五に、地券発行条例に基づく地租創定事業が実施されることによって初めて墾成地の所有権が確認された。その際、かつて割渡された土地であっても未開地（未墾地）のままであれば「上地」（没収）とされた。この点はアイヌも和人も同様の取り扱いを受けており、その限りで地券発行条例は形式的平等を担保していた。しかし、狩猟民から農耕民への転換を目的に不慣れで困難な開墾作業を強いたという意味でアイヌは実質的不平等を押しつけられた。それにとどまらず、地券発行条例はアイヌの墾成地（耕宅地）を原則として官有地に編入し、その所有権を否定したのである。（3(i)）

　このように地券発行条例は、一定の区画に限られた土地――しかも開墾で耕宅地化された土地――において農業民としての労働と生活をアイヌに強いるものであった。その点では、当該土地が民有地であれ官有地であれ、事の本質は同じであった。いずれも《一定の区画に限られた土地で農業労働を行い、農業民としての生活様式を営む》という理念をアイヌに押しつけるものであった。このような理念は、単一の権利主体が一定範囲の土地を――その上空と地下を含めて――排他的・独占的に支配するという近代的土地所有権に適合的なものであった。近代的土地所有権という土地支配のあり方は、それに相応する農耕民としての生活様式と密接に結び付いていたのである。

　しかし、アイヌは狩猟採集民であった。彼らは伝統的に多層的な「領域」支配を形成・維持し、それを基盤とする伝統的生活様式を長年にわたって営んできた[32]。それゆえ、アイヌ社会に近代的土地所有権を持ち込むことは、単にアイヌの伝統的「領域」支配を否定するだけでなく、アイヌの伝統的生活様式ひいてはその生存基盤を破壊するものであった。

　このような近代的所有権の社会的作用としての「暴力性」は、とくに明治19年6月29日閣令第16号「北海道土地払下規則」の制定によってより本格的に発揮されることになる。その点に関する考察は今後の課題である。

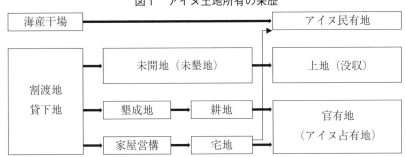

図1　アイヌ土地所有の来歴

32) 渡辺仁によれば、アイヌは多層的な領域群（territorial grouping）を形成していた。もっとも下位の領域単位は、①家族（household）すなわち定住型の家屋で生活する単一家族である。次に②村落（コタン）。村落は1から10未満の家族で構成され、鮭の産卵地近くに存在し、産卵地や共有地を共同で利用する単位集団（unit group）であった。村落間は平均で4‐8km離れていた。狩猟シーズンになると男性は山へ狩猟にでかけるため、村落の人口は季節的に変化した。次は③地域集団（local group）。これは政治的に自立した集団で、いくつかの村落（コタン）が集まり、通常5‐10家族で構成された（最少で3家族という場合もあった）。この集団には共通の首長（headman）がおり、集団として鮭の産卵地を所有し、家屋を建築するときは協力し、鮭祭りなどの集団儀礼に参加した。また、共通の男性祖先を有する父系同族集団であった。次は④Shine itokpa集団。川沿いに隣接するいくつかの地域集団によって構成された。これも共通の男性祖先を有する父系同族集団であるが、Shine itokpa集団全体を統括する首長あるいは共有財産というものは存在せず、熊祭りがこの集団唯一の集団活動であった。最後に⑤河川集団（river group）。これは一つの河川流域に居住するすべての④Shine itokpa集団が集合したものである。河川集団は当該流域を自分たちの領域と見なし、その構成員は流域のあらゆる資源を自由に利用できる権利を有していた。ただし、これにはサブ・テリトリー（狩猟・漁撈サイト）という例外があり、これらは③地域集団などの下位グループによって維持されていた。河川集団全体を統括する単一の権威は存在しないが、同じ宇宙観を共有することで強い集団意識を持っていた。河川流域はアイヌにとって完全な自給自足が可能な単位で、その意味で資源配分のユニット・エリアであった（Hitoshi Watanabe,*The Ainu ecosystem: environment and group Structure*, University of Tokyo Press, 1972.）。なお、渡辺仁氏の著書については大坂拓氏（北海道博物館）よりご教示を得た。ここに記して謝意を表したい。

　このようにアイヌは河川集団とその下位グループによって河川流域という領域を多層的かつ集団的に支配し、自らの生活と自然環境を維持してきた。本稿では、このようなアイヌと自然との多層的な関わり方を《アイヌの伝統的な「領域」支配》と表現したのである。

　この「領域」支配の特徴として、以下の諸点を指摘することができる。第一に、河川流域およびサブ・テリトリー（狩猟・漁撈サイト）の支配（土地に対する物的

利用）という点では、一定程度の排他性——他の河川集団に対するものと、他の地域集団に対するもの——を有している。しかし、第二に、自給自足の完結体である河川集団は全体を統括する権威を欠いているという点で、その団体性は稀薄であるといわざるをえない。その下位グループである地域集団は政治的に独立しているが、それ自体は河川集団の一部にとどまり、河川流域全体を支配する主体とはいいがたい。同様の意味で、村落（コタン）も領域支配の主体ではない。

　このようなアイヌの「領域」支配を概念化するためには、ローマ法由来の個人的所有権概念（個人を主体とする絶対的排他的な物に対する法律上の支配）はいうまでもなく、ゲルマン法的な総有概念（村落団体とその成員を主体とする森林牧場草地等の総有地の共同支配）をもってしても不適当である。それらとは異なる法的概念構成が必要であろう。なお、総有概念については、とくに平野義太郎『民法に於けるローマ思想とゲルマン思想』（有斐閣、1924年）、石田文次郎『土地総有権史論』（岩波書店、1927年）、石田文次郎『ギールケの団体法論』（ロゴス書院、1929年）などを参照。また、民法上の入会権解釈への総有概念の適用については、とくに川島武宜「入会権の基礎理論」（『注釈民法』（7）、有斐閣、1968年、のち『川島武宜著作集』第8巻（慣習法上の権利1）、岩波書店、1983年、に再録）を参照。

　なお、土地所有権概念が定着農耕社会において発生することを指摘するものとして加藤雅信「所有権法の歴史と理論—所有権発生の社会構造—」（法社会学80号、2014年、49〜85頁）がある。

第3章

伝統的なワナを主とした危険猟法
に関する考察

富山大学教授　**高橋満彦**

東北芸術工科大学名誉教授

北海道大学アイヌ・先住民族研究センター客員研究員　**田口洋美**

はじめに

　鳥獣保護及び管理並びに狩猟の適正化に関する法律（以下「鳥獣法」）第
36条は、「爆発物、劇薬、毒薬を使用する猟法その他環境省令で定める猟
法（以下「危険猟法」という。）により鳥獣の捕獲等をしてはならない」と
定め、同法施行規則（以下「施行規則」又は「施規」）は、「法第三十六条の
環境省令で定める猟法は、据銃、陥穽その他人の生命又は身体に重大な危
害を及ぼすおそれがあるわなを使用する猟法とする」（第45条）と定めて
いる。違反への罰則は、「一年以下の拘禁刑又は百万円以下の罰金」であ
る（第83条）。

　本稿は、法令が規定している危険猟法のうちでも、他人の生命又は身体
に重大な危害を及ぼすおそれがある装置を用いる伝統的な危険猟法の規制
を考察するものである。取り上げるのは、クマ、シカ、カモシカなど大型
の獣類の猟を中心に伝統的に用いられながらも、危険猟法の代表的なもの
とされる陥し穴、発射型ワナ（アマッポ、機槍）、オシ（圧殺ワナ）である。
これらの危険猟具（危険猟法に用いる猟具。）は一般的には罠と目されるが、
法令では従来、陥穽（陥し穴）や据銃は、「わな」には含まれずに「わな」
と並列に規定されてきた[1]。しかし、本稿では一般語法に準じて、鳥獣を

捕獲する仕掛け（ただし、網又は鳥黐を用いるものなどを除く。）を「ワナ」
とし、陥穽、据銃、アマッポ等も含めて「危険なるワナ」として論じる[2]。
なお、吊り上げ式のくくりワナもよく知られた危険猟具だが[3]、本稿では
割愛する。「くくりわな」は法定猟具であり、錯誤捕獲問題[4]などそれ自
身多くの課題を抱えるため、他日を期して論じたい。

　ワナ猟法、特に危険猟法としてのワナ猟に関する研究は少ないため、こ
の小論は狩猟研究や実務に有益であると信じるが、なぜこれらの危険なる
ワナ猟法を考察することが、土地と自然資源の関係の研究に繋がるのか。
それは、ワナは土地に定着させて行うため、他の土地利用や土地所有権な
どの権利との衝突が、特に危険なものであればあるほど、顕在化しやすい

1）現行の条文では、「据銃、陥穽その他人の生命又は身体に重大な危害を及ぼすお
　それがあるわな」（施規第45条）と並列にされており、据銃と陥穽は「わな」には
　含まれていない。法令では「わな」は定義されていないが、行政解釈においては、
　「「わな」とは鳥獣捕獲の目的をもって、自動的、他動的に鳥獣の脚、頸部等を挟み
　若しくはくくり又は鳥獣を圧殺若しくは閉じ込めるように作製された器具をいう」
　とされている（環境省自然環境局野生生物課鳥獣保護管理室2017：30）。遡ると、
　昭和31年6月5日付林野庁長官より香川県知事あて「わなの定義について」におい
　ても、「鳥獣捕獲の目的をもって、自、他動的に鳥獣の脚、頸部等をはさみ、くく
　り又は鳥獣を圧殺するように作製された器具をいう」とし、ほぼ同様（当時は囲い
　ワナが法定猟具ではないゆえの違いのみ。）の定義だが、「わな」を「かんせい（お
　としあな）」を含めて6種類としており（鳥獣行政研究会1965：86）、実務レベルで
　は一般語法的な理解だったことがうかがえる。
2）ただし、法令に即するときは、当該法令で用いられる表記（「わな」又は「罠」）
　を用いる。
3）環境省自然環境局野生生物課鳥獣保護管理室（2017：211-212）。昭和40年9月14
　日40林野造第942号林野庁長官より広島県知事あて「危険なくくりわなについて」
　（鳥獣行政研究会1965：93-94）。また、直径12センチメートル以上又は鋸歯のある
　トラバサミも危険猟具である（環境省自然環境局野生生物課鳥獣保護管理室2017：
　211）。歴史も比較的浅いため、本稿では取り上げないが、1919年頃には問題となっ
　ていたようだ（大正8年12月24日8農第13574号農商務省農務局長より各地方長官
　あて「猟具に関する疑義の件」では、直径4寸以下のものを除いて取締対象。鳥獣
　行政研究会1965：98-99）。
4）狙う獲物以外の種の動物（狩猟では狩猟鳥獣以外、駆除等の許可捕獲では、許可
　対象種以外）が捕獲されてしまう問題。特にシカやイノシシの駆除目的のわなにク
　マがかかり、放獣ができず殺処分となる事例が多発している。

と思われるからである。また後述することになるが、その捕獲対象となる野生動物の希少性ゆえにある限られた人々からなる小グループが占有的に仕掛け場所の利用権を有するなど、資源性と市場価値の変動といった特殊な事情から権利が共同体内部において金銭で売買されるといった構造を生み出してきた過去があるからである。加えて、危険猟法は先住民や地域住民が歴史的に醸成してきた民俗知に依るところが大きいが、それらの民俗知は為政者に看過されるばかりか、それらの民俗知の否定と規制を通じて、狩猟採集に依存する山の民や先住民族等の権利を制限してきた事実があるからである。したがって、この小論を通じて、今後の土地と自然資源を巡る法的考察に必要な材料を提供したい。

1　考古学、民俗学に見る危険なるワナ猟法

(1)　陥穽、陥し穴

　陥穽は、地面に穴を掘り、獣が落ちるのを捕獲するものである。殺傷力を高めるために、穴の底には竹槍や木杭、逆茂木などを埋めたことも確認されている。陥穽は施行規則にもあがっている危険猟法の代表例であるが、1892年に狩猟規則が制定されて以降規制されており、そもそもあまり効率的な猟法ではなかったようで、現代では実際の狩猟において使用した狩猟者を訪ねることは困難である。しかし、先史時代からの長い歴史を持つ猟法である。

　考古学では陥穽は陥し穴又はＴピットといわれ、遺跡は日本では後期旧石器時代から見られ、縄文時代にピークを迎え、推定100万基以上の陥し穴が、全国各地から報告されている（佐藤2002）。その後は後述する律令にも規定され、例は減るが、中世（桜井2021）、近世（佐藤・田口2001）の遺跡も確認されている。近世にはオオカミ駆除に使われ[5]、明治期の狩猟書などにもシカの捕獲方法として紹介されている（農商務省1892：149-150）。さらに、太平洋戦争直前には、柵内に陥し穴を設けた「猪捕獲柵」が農林省から推奨されている[6]。終戦後の食糧難の時代にも、サツマイモなどを栽培する野畑の周辺などに掘られていたようである（田口1993）。

陥し穴は危険であり、特にその土地の狩猟事情に通じていない他者が猟場に立ち入ればより危険である。また、地面に陥し穴を掘るのは相応の労力を要する事業であり、そこに落下した獲物は他者に掠められることなく、設置者が確実に回収できる保証がなければならない。それらのことから、陥し穴が設けられた猟場は排他的に利用されていたことが推測される。さらに、陥し穴は単独ではなく複数人で組織的に堀り、維持されてきたものと考えられているため、それらの猟場は個人ではなく、集落構成員等からなる大小の集団により占有されてきたものと考えられる。農耕が始まってからは、集落共有による耕地の運営とセットで陥し穴の設置がなされたのであろう。

　これらの陥し穴が完全に待ちの猟であったのか、追い込み猟であったのか、地域差を含めて議論（足立2016）のあるところであるが、多くの遺跡では複数の陥し穴が斜面を利用して列状に分布しているため、全てではないにしても、追い込み猟があったものと考えられる[7]。追い込み猟を行う場合には、狩猟集団がより広範囲の猟場を占有していた可能性が強まる。

(2)　オシ、オソ（圧殺ワナ）

　オシ、オッシ、オソ、ヒラオトシ、ヒラ、シラ、シャー、ヤマなどと呼ばれ、北海道アイヌ民族においてはホイヌアクゥペ（中小型獣用）と称し、ほぼ島礁半島部を除く日本列島全土に分布していた吊り天井型重力式圧殺ワナである。獣類の通り道（ケモノ道）にしかけ、獣が通る際にトリガーを踏む（踏み落とし）、あるいは紐などのトリガーに獣が触れる（掛け落とし）ことにより、上部にセットされた天井部と重しが落下し、獣を圧殺す

5）岩手県勧業課 明治18年 本回議綴 甲号（岩手県公文書センター蔵、東北歴史博物館（2017：53）に写真あり。）によれば、「陥穴七尺以上ニ堀リ口径四尺位洞内廣ク造リ底ニ狼児ヲ入置親狼ヲ獲殺（略）又牛馬死肉ヲ入置キ捕殺ノ法アリ」。

6）昭和16年5月16日付農林省農政局農産課長より、愛知県額田郡豊富村に於ける猪捕獲に関し参考通知（鳥獣行政研究会1965：91）。

7）足立は待ちの猟を「罠猟」とし、「追い込み猟」を「罠猟」と区別しているが、本稿ではワナに追い込むものも、ワナ猟として扱う。

第3章　伝統的なワナを主とした危険猟法に関する考察　73

宮城県大和町で復元した「シャー」(圧殺ワナ) が作動した瞬間
2006年10月田口洋美撮影

るといった仕組みである (田口1996など)。イタチやテンを対象にした小型のものから、ツキノワグマ、カモシカを狙う大型のものまで各種のものが存在したが、後述するように、大型のものは1960年代には「危険ナル罠」として用いられなくなっていったが、地域によっては山中でその後もしばらく散発的に実猟で用いられ、筆者らも実猟経験者と復元をしたこともある (写真1. 参照)。管見では考古学的遺構はないものの、古事記に東征中の神武天皇が、大和国宇陀で押機によって謀殺されそうになった記述があるなど (倉野・武田1958：154-155)、古くからあることが知られる。重力式のワナ猟具は、鉄砲や弓矢のように毛皮を傷めないため、極東ロシアの沿海州や東シベリアの先住民族のテン猟 (田口1998a) など、世界各地で毛皮獣の捕獲に使用する。

　陥し穴と同様に、圧殺ワナを用いる猟法も設置者が確実に捕らえた獲物を回収できる保証が必要であり、かつ、大型のものは他者には危険な障碍物であるので[8]、設置場所の排他的占有という意識は、少なくとも当該ワナが設置された地域を基盤とする集団内では共有されていた。実際に、羽越国境地帯の朝日連峰を猟場とした新潟県三面や山形県小国などのマタギ

---

　8)「猪おそ」で他国者が圧死した報告 (江戸後期、年不明) が、会津の桧枝岐村文書にある (村上2019)。

集落では、圧殺ワナの仕掛け場所はヒラ場やオソ場などと称して、3から4人の小グループ（山形県小国町長者原）、あるいは個人ないし家単位の権利（新潟県村上市三面）として確保し相続された（「山に生かされた日々」刊行委員会1984：112-113、池谷1988、田口1994：152、田口1998bなど）。

(3) 発射型ワナ（アマッポなど）

　狩猟動物の通過する獣道に据え付けて、対象動物が通過する際に固体（矢、槍、小石、弾丸など）を発射し、獲物を殺傷するワナ猟具を本稿では発射型ワナとする。そのうち、据銃の使用が1892年に狩猟規則（明治25年勅令第84号）に禁止される危険猟法として明示されて以降、現行の鳥獣法施行規則にも例示されているが、歴史的により使用が長い発射型ワナは弓矢を利用したものと考えられる。これはアイヌのアマッポ（クワリとも）が代表例である。アマッポは、獣道に仕掛け弓を設置し[9]、トリカブトなどから作った秘中の毒薬を塗った矢をつがえて獲物の出現を待つというワナ猟法である。弓矢は鉄砲などに比較して殺傷力では劣るが、矢毒により捕獲を確実にしていた。毒の使用自体も現行法では危険猟法である。アイヌはアマッポに限らず、通常のヒグマを対象とした弓矢猟でも毒矢を使用していたことが知られている。なお、アマッポの弓の構造に比べて、用いられる矢の構造はあまり知られていないようなので解説する[10]。矢は鏃を矢柄（箆、シャフト）に直接接合するのではない。鏃はエゾシカの腓骨で作った細く短い矢骨に接合される。カヤなどの空洞の素材で作られた矢柄に矢骨が挿入されることにより、矢の形を成す。毒は単に鏃に塗布するのではなく、ゲル状の毒が鏃と矢骨に付着される。アマッポの装置には矢の先端が濡れないように覆いを設けることが多いが、矢の二重構造により、さらに毒の流失を減らすことができる。なお、鏃は鉄よりもネマガリタケが好んで用いられた。

　9）Watanabe（1972：31-32）によれば、柵とあわせて設置されることもあった。
　10）アイヌ矢の構造が実測図で示されている貴重な文献として、武蔵野美術大学生活文化研究会（2013）。

また、後で検討する律令では機槍が規制されている。機槍の詳細は伝わっていないが、発射型ワナである可能性が高い。明治初期の岩手県文書には、近世のオオカミ駆除に使用されていた「槍陥」という装置が紹介されている[11]。

　発射型ワナも設置者が確実に回収できる保証が必要であり、かつ、他者には危険な構造物（特に毒矢を使用する場合）であるので、設置場所の排他的占有が望まれる。アイヌの例では、アマッポはどこに仕掛けてもよいものではなく、集団的統率の下に行われ（Watanabe1972：31）、仕掛けた山野には、他者は立入らないものとされ（砂沢1983：22）、アマッポをかけた狩猟者による一種の占有下にあったと考えられる。アマッポを巡る法規制については後述するが、ヒグマを対象にした猟具として、1940年ごろまで密かに使用されていたことが伝えられている[12]。

2　法制史からみる危険なるワナ猟法

⑴　律令による檻穽・機槍の規制

　日本書紀によれば、天武天皇4年夏四月甲戌朔庚寅（675年、当時の和暦で4月17日）に詔が発せられ、「詔諸国曰、自今以後、制諸漁猟者、莫造檻穽、及施機槍等之類（以下略）」と、諸国の狩猟者に檻穽、機槍の設置を禁じた（小島ほか1998：362-363）。

　さらに時代が下って、養老令では雑令の中で、「凡作檻穽、及機槍者、不得妨径及害人」と定め（作檻穽条）（井上ほか1994：484）、檻穽及び機槍を設置する者は、道を妨げたり、人に危害を加えたりしてはならないとされた。ここで注目されるのは、天武天皇4年の詔と異なり、檻穽、機槍の

11）北閉伊郡、中閉伊郡において、高さ5〜6尺の土盛りを築き、隘路を設けて馬肉を置き、狼が肉を引くと、約3間の長木でこしらえた弓の弦に番えた槍（穂7寸、柄4尺、5〜6寸）が発射するように仕掛けた（岩手県勧業課　注5参照）。
12）聞き取り調査において、特に法規制に照らして疑義のある猟法に関しては、具体的な実施時期の確定は容易ではない。

設置そのものを禁じるのではなく、あくまで交通を支障することや他者に危害を与えることを禁じている点である。同じく養老雑令の中で「山川藪沢利、公私共之」（国内条）と定めたこととの関連も考えうるが、檻穽・機槍の規制が、旅人など、公衆の安全を守る趣旨であることが読み取れる。

檻穽は、陥穽（陥し穴）のことを指すと解釈される。令義解では「謂檻者、圏、穽者、坎、並所以捕獣者也」とされており、檻は圏（囲うの意）、穽は坎（穴）と、別物のようにもとれるが、江戸末期の標注令義解校本では唐律を参照しながら、「穽なり」と解している（近藤1931：546）。やはり檻と穽を全く別のものとした場合には、囲いワナのようなものが考えられるが、往来の危険を予防するという規制趣旨に合わないこともあり、檻と穽が別のものを指している可能性は低いと考えられる。唐律の対応条文も「施機槍作坑穽」である。ただし、戦時期に農林省が紹介したイノシシ捕獲柵のように、陥し穴を囲う誘導柵のようなものが併設されていた可能性はある。また、機槍も往来への危険性が問われ、唐律釈文で「暗弩」とあり（長孫1975：358）、「ふみはなち」という訓みも伝わっているため（小島ほか1994：363）、本稿では鋭利物（槍）を発射するワナと想定したが、踏めば堕ちて槍に刺さる装置とする説もある（近藤1931：546）。詳細は、校本などからでも判然としないが、檻穽も機槍も危険なるワナ等であることは確かである。

唐律で対応する規定では[13]、機槍と坑穽が一般的に禁止され、杖一百が罰則として用意されているが、他人の殺傷を惹起した場合にはより重き罪（闘殺傷罪から減一等）にて裁かれる。ただし、機槍や坑穽に標幟が付されていた場合には、罪が一等軽減される。そのほか、深山迴沢、猛獣暴犯之処では、機槍と坑穽の設置を聴すとし、その際には標幟を付すこととしている（律令研究会1975：731-732）。唐律の公式コンメンタールである疏義によれば、深山迴沢は人が通常は行かない所をいい、深山迴沢及び山沢に非ずと雖も猛獣暴犯之処では、機槍・坑穽を設けても罪に問わないとさ

---

13) 唐令も養老律も散逸し、伝わる逸文に対応条文はない。

れている（律令研究会1975：732）。標幟は現行の鳥獣法によるわな網猟具への標識の義務付け（第62条第3項、施規第70条）を、猛獣暴犯之処における機槍・坑穽の許容は、現行鳥獣法でクマの有害鳥獣駆除に、通常の登録狩猟では許されないわなの使用が許されること（第12条第5項）を想起させる。

(2)　北海道における開拓使による規制──アマッポ（アイヌ民族の仕掛け弓）

　北海道の開拓がはじまった明治期前半において、開拓使はアイヌによる仕掛け弓であるアマッポを禁じ、そのことが河川におけるサケ漁の規制と相まって、アイヌ民族の生存に大きな負の影響を与えたことは、山田伸一をはじめ、多くの研究によって指摘されているところである。

　山田（2011：26-32）によれば、開拓使は、はやくにアマッポの規制とシカの保護の必要性を覚え、出先機関に調査を命じたり、お雇い外国人ケプロンに諮問をしたりしていた。ケプロンは狩猟を規制することの必要性を論じ、そのうちでも毒矢の使用を禁ずべきと回答した。その理由は、wasteful（狩猟資源の浪費）であることと、barbarous practice（野蛮な慣習）であることであった。このほか、開拓使側では、和人の往来者がアマッポによって負傷することへの懸念を有していた。開拓使部内では、アマッポを使用した鹿猟に依存するアイヌへの対応を意識しつつも、「旧習洗除」を断行すべきという方針を固めた。

　このような背景から、開拓使は1875年9月30日に「胆振日高両州方面鹿猟仮規則」（明治8年9月30日開拓使本庁達[14]）を発出した。同仮規則では、「矢猟俗語アマツポト唱エル機械」には、「遠方ヨリ見分得ヘキ目標ヲ相立置ヘシ」（第2条）と定めた。また同仮規則第7条では、銃猟禁止の場所

14）開拓使布令録明治8年618-623頁（国会図書館デジタルコレクション公開（以下「DL」）。開拓使の発した法規類は、事項別に大蔵省が編集した開拓使事業報告附録布令類聚が引用されることが多いが、一定の取捨選択や図表の省略があるため、本稿では開拓使布令録を優先して用いた。開拓使布令録はほとんど省略がなく、編年体で見やすいことや、開拓使自身の編集によることからである。ただし、開拓使布令録の収録は明治10年までである。

に「矢猟機械設置之場所」が含まれているのも興味深い。

　しかし、仮規則制定の1年後1876年に開拓使本庁は、「毒矢ヲ以テ獣類ヲ射殺スル風習今後堅ク相禁候」としたうえで、「営業ヲ失ヒ目下困難」となるアイヌに「他ノ新業ニ移ルベキハ之ヲ移シ、又ハ猟銃ヲ貸与シ、年々（中略）代価ヲ償還」させる方針を布達した（明治9年9月24日開拓使本庁第甲第26号布達[15]）。さらに、本庁布達の直後の同年11月11日に、開拓使は北海道鹿猟規則（明治9年開拓使乙第11号布達[16]）を制定し、北海道全道において、鹿を「免許鑑札ヲ受ケタル者ト雖モ毒矢ヲ以テ猟殺スルヲ禁ス」（第5条）と定めた。ただし、北海道鹿猟規則の対象は鹿猟に限られる一方で、札幌本庁の布達類は、当時併存した函館支庁と根室支庁の管内には適用されないため、支庁管内における鹿以外の鳥獣類を対象にするアマッポは規制対象外であることは、当時の行政当局者にも認識されていた（山田2011：48-52）。そのため函館支庁は、アマッポをみだりに設置してはならないとしつつも、猛獣対策のためにやむを得ずアマッポを設置するときには、「目印ヲ立テ、又ハ縄張等ヲ為シ」、注意喚起するよう求める布達（明治14年11月29日函館支庁第72号布達[17]）を発し、一定の条件の下でのアマッポの使用を認めている。アマッポがヒグマ対策に有効であったことも背景にあったはずである。

(3) 近代国家法による規制
(i) 総論
　明治以降の国の法律等における危険猟法に関する条文は、以下のとおりである（年は制定年で施行ではない。）。

　・1892年　狩猟規則制定

---

15) 開拓使布令録明治9年甲197頁（DL）。
16) 太政類典第2編第125巻、開拓使布令録明治9年甲58-62頁（いずれもDL）。
17) 開拓使事業報告附録布令類聚上編683-684頁（国立公文書館デジタルアーカイブ公開（以下「NA」））。

「爆発物、据銃若クハ危険ナル罠及陥穽ヲ以テ狩猟ヲ為スコトヲ得ス」（第2条）

・1895年　狩猟法制定〔明治28年狩猟法〕

「爆発物、据銃若ハ危険ナル罠及陥穽ヲ以テ鳥獣ヲ捕獲スルコトヲ得ス」（第2条）

・1901年　全部改正

「爆発物、劇薬、毒薬、据銃又ハ危険ナル罠若ハ陥穽ヲ以テ鳥獣ヲ捕獲スルコトヲ得ス」（第2条第1項）

・1918年　全部改正〔大正7年狩猟法〕

「爆発物、劇薬、毒薬、据銃又ハ危険ナル罠若ハ陥穽ヲ使用シテ鳥獣ヲ捕獲スルコトヲ得ス」（第15条）

（1963年　一部改正　題名「鳥獣保護及狩猟ニ関スル法律」）

・1978年　一部改正

第15条に次のただし書きが加えられた。

「但シ総理府令ノ定ムル所ニ依リ環境庁長官ノ許可ヲ受ケタルトキハ此ノ限ニ在ラズ」

・2002年　全部改正　題名「鳥獣の保護及び狩猟の適正化に関する法律」〔鳥獣法〕

「爆発物、劇薬、毒薬を使用する猟法その他環境省令で定める猟法（次条において「危険猟法」という。）により鳥獣の捕獲等をしてはならない。ただし、第十三条第一項の規定により鳥獣の捕獲等をする場合又は次条第一項の許可を受けてその許可に係る鳥獣の捕獲等をする場合は、この限りでない。」（第36条）

「法第三十六条の環境省令で定める猟法は、据銃、陥穽その他人の生命又は身体に重大な危害を及ぼすおそれがあるわなを使用する猟法とする。」（施規第45条）

・2014年（題名「鳥獣の保護及び管理並びに狩猟の適正化に関する法律」）

第36条中の「次条において」を「以下」に改めた。

明治維新後の近代日本は、法令の整備を急いだ。その原動力は不平等条

約の解消など、国際的な圧力によるところも大きいが、狩猟法令もその例に漏れないばかりか、その最先端として、幕末期からその整備と成文化が急務とされた。それは、開国後の日本が、外国人銃猟問題を抱えていたからである。外国人銃猟問題と法令の整備については、森田（2008）の研究を参照されたいが、新政府は幾何かの検討を経て、1873年1月20日に鳥獣猟規則（明治6年太政官布告第25号）を制定した。これは鳥獣猟と題しているが、規制対象は基本的に銃猟のみである。そのことからも外国人銃猟問題を意識していることが読み取れる。ただし、最初に布達された際には、毒餌等の使用を禁じる条項（第23条）があったが、翌1874年11月10日の改正（明治7年太政官布告第122号）では削除されている。

このため、危険猟法の規制は1892年の狩猟規則制定まで待つこととなる。狩猟規則は帝国議会の審議を経ない勅令であったため、野党から違憲であるとの批判が強く（高橋2025）、1895年にほぼ同内容で法律（明治28年法律第20号。以下「明治28年狩猟法」）として制定された。当時は、狩猟と土地所有権を巡る議論があり、ドイツを参考にした土地所有者に排他的な狩猟を認める考え（地主狩猟権主義）に基づく提案もなされ、政府内ではこれを推す勢力もあったが支持は拡がらず、明治28年狩猟法の成立により採用されないことが決定的となった（高橋2008、2025）。仮に地主狩猟主義が採用されていたならば、ワナ猟を巡る環境も大きく変わっていたであろう。現行の鳥獣法では、「垣、さくその他これに類するもので囲まれた土地又は作物のある土地において、鳥獣の捕獲等又は鳥類の卵の採取等をしようとする者は、あらかじめ、その土地の占有者の承諾を得なければならない」（第17条）と定めているのみで、該当しない土地での捕獲については、地域の慣習に委ねられていると解される（高橋2025）。

狩猟規則では「爆発物、据銃若クハ危険ナル罠及陥穽ヲ以テ狩猟ヲ為スコトヲ得ス」（第2条）と定められたが、これは枢密院に諮られた原案に該当条項はなく、枢密院の審議の中で加えられたものである[18]。ただし、ここで「狩猟」とあるのは「捕獲」の誤りであり、明治28年狩猟法ではほぼ同内容で「捕獲ヲ為スコトヲ得ス」（第2条）と改められている。なぜならば、狩猟規則や明治28年狩猟法では、「狩猟」とは「銃器、各種ノ網、

放鷹、黐縄又ハ撲ヲ以テ鳥獣ヲ捕獲スルヲ謂フ」と定義されており（第1条）、そもそも爆発物、罠、陥穽を用いた猟法は「狩猟」には当たらなかったからである。決して罠が禁止されていたわけではない。現行法に至るまで、狩猟に用いるとして法で定められた猟具（法定猟具）を用いる猟法（法定猟法）は狩猟免許の取得や狩猟税の納税が必要であるのに対して、法定猟具を用いない猟法は法令で禁止されていない限り、いわゆる自由猟法となり、狩猟免許の取得や狩猟税の納税をせずに実施できるのである。このため、「危険ナル罠及陥穽」などは禁止されたものの、それらにも法定猟具にも該当しない罠等を使用する猟法は自由猟法として許容されたのである。そして、罠猟が法定猟法となるのは、1918年の狩猟法の全部改正（大正7年法律第32号、以下「狩猟法」）を待たなければならない。法定猟具に主務大臣が定める罠が加えられたのである（第3条）。

　さて、危険猟法に関する条文は、上に掲げたように幾つかの小改正を経つつ、2002年の全部改正で口語化されると共に内容が整理され、現在に至っている。現行法の「人の生命又は身体に重大な危害を及ぼすおそれがあるわな」というのは、旧法時代の「危ナル罠」の定義に関する行政解釈であった[19]。

　類似の概念として鳥獣法第12条により環境大臣又は知事は、「対象狩猟鳥獣の保護に支障を及ぼすものとして禁止すべき猟法」（以下「禁止猟法」）を定めることができ、施行規則第10条第3項に列挙されている。この禁止猟法と危険猟法では、禁止されているという意味では同じだが、危険猟法は人身の保護なのに対して禁止猟法は鳥獣の保護と規制目的が異なり、法定刑も禁止猟法は危険猟法の2分の1である（第83条、84条）。

18）1892年1月に内閣から上奏された勅令案（明治25年御下付案第34号）には記載はなく、明治25年7月5日枢密院狩猟規則審査報告書に「爆発物、毒剤ヲ以テ狩猟ヲ為スコトヲ得ス。据銃、危険ナル罠及陥穽モ亦之ヲ用ヒルコトヲ得ス」と加筆されている。（いずれも NA）

19）昭和40年9月14日40林野造第942号（注3参照）。

(ii) **各論**

さて、陥穽は狩猟規則（1892年）以降規制されているので、その使用は密猟ということになりそうであるが、先述したように、戦時期には農林省が設置を推奨している。総力戦の中では違法性が阻却されたのだろうか、そうではないようである。実は、農林省が参考通知を発してほどなく、愛媛県知事から法的疑義の照会がなされている。これに対して林野庁山林局長は、「柵内の陥罠は柵に依り危険を防止し得べきを以て、狩猟法第15条に規定する陥穽には該当せざる儀に付」と回答するとともに、「捕獲柵」は箱罠ではなく法定猟具ではないと回答している[20]（鳥獣行政研究会1965：91-92）。実は2002年以前の旧法の規定は、「爆発物、劇薬、毒薬、据銃又ハ危険ナル罠若ハ陥穽」というように、「危険ナル罠若ハ陥穽」でひとくくりであり、「危険ナル」は罠のみならず陥穽にもかかっていた（島田1892：29-30）。であるので、本件のように危険ではない陥穽は禁止の対象ではなく、さらに法定猟具ではないいわゆる自由猟具なので、柵（囲いワナ）とともに狩猟免許がなくとも使用でき、食糧難時代の有害獣駆除には好都合であったことだろう。（なお、現行法令では囲いわなは法定猟具であり、陥穽は全て危険猟具である。）

アマッポについては、山田伸一が函館、根室の両支庁管内では鹿猟以外には禁止されていなかったアマッポが、狩猟規則制定（1892年）により禁止されることとなったと解説しているが（山田2011：52）、毒物は狩猟規則の条文に上がっていないため[21]、第2条の「据銃若シクハ危険ナル罠」に該当したとしている。しかし、罪刑法定主義に照らせば「銃」を弓に類推適用するのは失当であるし（旧刑法第2条）、罠は法で定義されていなかったとはいえ、据銃が罠に含まれないことに照らせば、アマッポを「危険

20）昭和16年7月16日16山第4789号山林局長より愛媛県知事あて「狩猟法疑義に関する件」（鳥獣行政研究会1965：91-92）。柵内に鳥獣を閉じ込める装置であれば囲いワナだが、当時は自由猟具。

21）審査報告書に記載のあった「毒剤」（注17参照）は、枢密院第一読会の前の委員会で削除された（明治25年9月26日枢密院会議筆記「狩猟規則」。NA）。

ナル罠」とするのにも疑義は残る。当時実際の法適用状況が知りたいところだが[22]、いずれにしても1901年の狩猟法全部改正（明治34年法律第33号）により「劇薬、毒薬」が危険猟法に加えられたため、毒矢を使用するアマッポは確実に禁止となった。ただし、弓矢猟そのものは、1971年に禁止されるまでは許容されていた。弓矢猟の禁止根拠は、危険猟法としてではなく、禁止猟法に指定されたことによるものである（昭和46年農林省令第51号による施行規則改正）。その理由は、「命中精度及び威力からみて、これを鳥獣の捕獲に用いるときは、負傷鳥獣を生じさせる等鳥獣保護上悪影響があるので、これらの弊害の発生を未然に防止する観点から禁止されたもの」である（鳥獣行政制度研究会1979：51）。（なお、施行規則の改正に合わせて農林事務次官が発出した通達には「弓矢は、（中略）負傷鳥獣を生じさせる等鳥獣保護上悪影響があるのみならず人身に対し危険である」（昭和46年6月46林野造702号）とされていたが、その後主務官庁となった環境庁の解説書では、「人身に対し危険」は削られ（鳥獣行政制度研究会1979：51）、現在の解説書も同様である。農林事務次官通達は根拠条文を逸脱していたのである。）

　オシなどの圧殺ワナについてはどうであろうか。結論から言えば、人が誤ってかかって負傷したり死んだりするおそれのあるものであれば危険ナル罠に該当しうるが、一般的には危険猟具とは言えず、1970年代に禁止されるまで使用されていたのである。大正7年狩猟法により、主務大臣が定める罠が法定猟具に加えられた際の施行規則（大正8年農商務省令第28号）において「狩猟法第三条ノ規定ニ依ル猟具」としての「罠」は、「鶉罠、兎罠、其ノ他ノ括罠」と定められ（第4条）、オシの類は含まれていなかったが、禁止されたのではなく、自由猟具のままだったのである。その後1925年の施行規則改正（大正14年農林省令第24号）で、法定猟具としての「罠」は「括罠、箱罠、箱落、圧及虎挟」に改められ、オシも法定猟具に含まれた（第4条第6号）。オシは戦時体制の毛皮増産にも貢献したことが

22）狩猟規則及び明治28年狩猟法では、同規則又は法で規制されていない猟法も、地方長官が「農商務大臣ノ認可ヲ経テ便宜取締規則ヲ設クルコトヲ得」（第2条）とあったが、アマッポに関する規則制定は確認できない。

予想され、戦後の占領下に連合国軍総司令部の意向を受けた一連の狩猟法令改正の中で、かすみ網、はご、釣り針、もちなわ、キジ笛、鳥類へのわなの使用などが禁止猟法に加えられた際にも、「おし」は法定猟法に規定されたままとなっている（1950年改正の施行規則（昭和25年農林省令第108号）第3条、第6条第1項を参照）。1960年代末の「鳥獣行政のあゆみ」の中でも「最近では熊本県で10数人が使用し、テン、オスイタチを捕獲しているほか、他の12県で計20人が捕獲している」とある（林野庁1969：293）。

　しかし、大型のオシを用いる猟法は危険であるため、筆者田口による東北のマタギ集落での聞き取りからは、1960年代からは廃れていった傾向が認められるが、明確な時期を示すことは難しい。1892年の狩猟規則から「危険ナル罠」は規制されているものの、危険か否かの区別は曖昧であり、いつから何を契機として、大型のオシが危険猟法として規制対象となっていったのかを明確に示すのは難しいが、筆者田口の東北地方における聞き取りでは、昭和30年代末期から規制もあって、大型のオシの設置が途絶えていったということである。1956年に林野庁長官が発した刑事裁判に関連した「わなの定義」に関する回答の中では、「おし（圧し）」は「普通熊、狐等の大きな獣類を捕獲するのに使用される」と述べられており[23]、まだ大型のオシを用いる猟法を是認しているが、昭和38年に林野庁監修で発行された狩猟法の解説書において、「危険なおしは、装置されることが禁止されている」と明記されているので（鳥獣行政研究会1965：410）、筆者の聞き取りと時期はおおよそ合致する。

　その後、1971年の施行規則改正でオシを用いる猟法全般が禁止された。ただし、先述の弓矢猟と同じく「獣類を無差別に捕獲する等鳥獣保護上好ましくない」として、禁止猟法に加えられたものである（鳥獣行政制度研究会1979：51）。即ち、オシ自体は禁止猟法で、そのうちでも危険なオシは危険猟法と禁止猟法の規制の観念的競合となり、より法定刑の重い危険猟法で処罰されることになる（刑法第54条）。

　23）昭和31年6月5日付林野庁長官より香川県知事あて（注1参照）。

3 考察

　冒頭述べたように、ワナは土地に付着して設置されるものであり、土地に関する諸権利との関係が、社会が複雑化するほど顕在化することが懸念される。土地の諸権利との調整は、ワナ猟に限らず、狩猟全般に通用することであろうが、ワナ、それも危険なるワナでは一層、問題が先鋭化するおそれがある。東日本を中心に狩猟免許所持者2.2万人を対象とした大規模アンケート（高橋2016）では、多くの狩猟者が、狩猟に当たって地権者の承諾を得ていないことが示唆されている。狩猟者の多くが地元の通い慣れた猟場に通っているにもかかわらず、相当数の者が猟場の土地所有者を知らないと回答しているのだが、銃猟者とわな猟者を比較すると、わな猟者の場合は銃猟者ほど顕著ではない。一方で、狩猟者相互間では、狩猟者（又は狩猟集団）は縄張りを設け、他の狩猟者を排して狩猟を行う傾向があるが、その傾向はわな猟者により強くあらわれた。

　従来、狩猟採集に依存する先史時代には、狩猟採集は自由に行われ、土地に絡む権利関係も存在しなかったとの認識がなされている。しかし、考古学遺跡の発掘現場で、山中に帯状に穿たれた土坑の遺跡を見ると、そのような一種牧歌的な想像は疑わざるを得ない。先史時代の狩猟採集民は、時に大規模な、時に危険なワナ猟法を展開しており、農耕社会型の土地所有とは異なるとしても、何らかの土地の占有支配を行っていた可能性が強いと、筆者らは考えている。

　農耕社会になったのちも、山野河海が住民集団により管理可能な状況であれば、為政者による法的介入の必要性は低い。中国の律令を参考に律令を編纂した我が国において、当初は唐律のように、檻穽・機槍の一般的禁止を定めた詔が出されたものの、養老令では往来を妨げたり、他人を傷害したりしてはならないという規定になっているのは、当時の我が国の実情に合わせたものであろう。即ち、当時整備が始まった官道をはじめ、域外の往来者を保護しつつも、在地の論理が通用する世界では危険なるワナといえども、その設置自体に国家は介入しないということではないだろうか。中世近世の武家法において狩猟関連の規制は放鷹関連のものが多く、熊胆

などの猟獲物の統制に関するものはあるものの、ワナに関する規制が少ないのも、為政者はクマなど希少性と価値が高い猟獲物には関心を示すものの、ワナそのものには介入せず、地域の論理に委ねる傾向であったと推測される。

比較的近年まで狩猟採集活動を生業に取り込んでいた社会に先住民族の社会がある。特に西欧植民国家が先住民族社会を植民地化する際に、先住民族の土地を収奪する根拠には、発見と先占の法理や条約による割譲などがあげられる。いずれも先住民族が居住する土地に関して、少なくとも私法上の所有権は存在せず、ニュージーランドや北米のように、先住民の集団に土地に対する一定の支配権ないし占有権が認められた場合もあるが、多くの場合に、植民者側は先住民族の集団的権利すら認知しなかった。集団的権利の認知の有無は、時代的な違いや、ヨーロッパ側の国情の違いなど各種の要素があるが、北米やニュージーランドで先住民族に一定の集団的権利を認めた英国が、豪州のアボリジニには同様の権利を認めなかったように、狩猟採集に依存度が高い先住民族ほど土地への権利が認められない傾向があったと思われる。

アイヌ民族の土地への権利も、尊重されてこなかったことは歴史が示すとおりである。しかし、アイヌ民族が行っていたアマッポなどを利用して行う狩猟は、一定の土地の占有が必要であることは既に見たとおりである。アイヌは河川流域でくくられる大きな単位から、コタン（集落）などの小単位まで、各々複層的な空間支配を行っていたことが知られ（Watanabe 1972：7-18 など）、近代的な個人単位の排他的所有権とは異なるが、土地について複雑な権利関係を構築していたのであり、それにより狩猟採集による生業が維持できたのであろう。また、こうした慣習的占有に関する考え方の共有がなければ、生存戦略上絶えず相戦う状況を生じたであろうことは想像に難くない。

危険なるワナを巡っては長い歴史と、様々な社会的な対応がなされてきたことがわかった。危険な猟具は禁じたほうがいいという素朴な意見は一見正論である。しかし、猟具というものは、多かれ少なかれ危険性を有している。それは動物に対してのみならず、人に対してでもある。したがっ

て、狩猟を廃止すべきであるという意見もあろうが、狩猟にはたんぱく質の確保、スポーツ、有害鳥獣の駆除など様々な社会的有用性もある。狩猟を巡っては、リスクとベネフィットを衡量して規制等を考慮することになろうが、社会のあり方によってその衡量は変化する。山田伸一が、開拓使が和人のような「闖入者」「往来者が〔先住民族の〕既存の秩序の側につくべきだという発想に立たず」と指摘したように（山田2011：29-30〔　〕筆者）、そのリスク衡量が本当に公平なのかを省みる必要があるであろう。ともすれば現代は、地域の山林田野と関わってきた者たちよりも、登記簿上の土地所有者の権限や市民団体の発言が強い時代であるので、地域で長く受け継がれた狩猟方法や駆除方法について何らかの検討をする際には、社会的にも深い洞察が必要である。

　特に現代社会における資源管理では、所有権に代表される個人的利益や権利の強化という方向性がある一方で、先住民や地域住民が受け継いできた融和的共同体的な志向も見直されている。単に「自然はみんなのもの」という牧歌的自然論ではなく、公共性を有した空間としての自然への生活者として介入と、介入を統制する国家規範について、我々は詳細に検討する必要があるのではないだろうか。例えば、欧米では自然資源管理において、先住民や地域住民が歴史的に醸成されてきた民俗知を見直す動きがあり、日本においても注意深く見てゆく必要があるだろう。

　野生鳥獣をはじめとする天然資源の保全管理に関して、法や制度が果たす役割は大きいが、法や制度は為政者の意思に大きく影響されている。危険猟法を巡る法政策にも、安全（特に為政者側の人間を中核とするよそ者の安全）の確保を求める為政者の意思が見て取れる。一方で危険猟法は、地域住民や先住民族の経験と知恵の詰まった効率的な猟法である。古典的な野生動物法制においては、権力と科学に裏打ちされた国家が、法の制定を通じて地域住民や先住民族による濫獲や「野蛮な」猟法を規制するのが正論であった。しかし、野生動物と日常生活の中で深く関わってきた地域住民や先住民の歴史や文化を無視しては有効な野生動物の保全管理は構築できない。大地と直接的に向かい合った生活を実現し、土地とその上の野生鳥獣資源を持続的に利用し、維持してきた地域住民や先住民族の生き方や

生活文化を肯定的に捉え、法や制度にも取り込まなければならない。地域にある自然は、地域の住民や民族の生活の歴史とともにあり、その時間的蓄積の中で醸成されてきた民俗知と、普遍的な利益（往々にして外来概念に強く依拠するのだが）の実現を志向する国家法をどのように折り合わせるのか、といった命題に向き合ってこそ、自然を巡る有効な合意形成と政策形成は可能となるのである。

謝辞
　本稿執筆にあたり、村上一馬氏による岩手県史料の御教示、徳永洋介教授による唐律の法源等に関する御指導及び龍谷大学社研共同研究「地域特性に基づく地域・森林資源管理の法理論研究」の諸賢との議論並びに科研費助成（23K25065,17K03503）に感謝する。

文献

足立拓朗（2016）「石川県内の縄文時代陥し穴猟―関東地方との比較から―」北陸史学65：59-70.

池谷和信（1988）「朝日連峰の山村・三面におけるクマの罠猟の変遷」東北地理40(1)：1-14.

井上貞光ほか（校注）（1994）『律令（新装版）』岩波書店.

環境省自然環境局野生生物課鳥獣保護管理室（2017）『鳥獣保護管理法の解説（第5版）』大成出版社.

倉野憲司・武田祐吉（校注）（1958）『古事記　祝詞』岩波書店.

小島憲之ほか（校注）（1994）『日本書紀③』小学館.

近藤芳樹（1931）『標注令義解校本　坤（故実叢書）』吉川弘文館.

桜井秀雄（2021）「中世陥し穴の再検討―八ヶ岳東麓における新事例―」金沢大学考古学紀要42：29-36.

佐藤宏之（2002）「日本列島旧石器時代の陥し穴猟」国立民族学博物館調査報告33：83-108.

佐藤宏之・田口洋美（2001）「信州・秋山郷のクマの陥し穴」法政考古学

27：1-17.

島田剛太郎（1892）『狩猟規則詳解』八尾書店.

砂沢クラ（1983）『クスクップ オルシペ 私の一代の話』北海道新聞社.

高橋満彦（2008）「「狩猟の場」の議論を巡って―土地所有権にとらわれない「共」的な資源利用管理の可能性―」法学研究81（12）：291-322.

高橋満彦（2016）「野生動物法とは―人と自然の多様な関係性を託されて―」法律時報88（3）：66-70.

高橋満彦（2025）「狩猟と山野における土地所有権」法社会学研究91：116-126.

田口洋美（1993）「山と暮らし（第5章）」小山町史編さん専門委員会『小山町史第9巻』231-416.小山町.

田口洋美（1994）『マタギ―森と狩人の記録―』慶友社.

田口洋美（1996）「オソとヒラ―罠の構造と地域性について―」民具研究112：33-54.

田口洋美（1998a）「ロシア沿海州少数民族ウデへの狩猟と暮らし」佐藤宏之編『ロシア狩猟文化誌』81-161.慶友社.

田口洋美（1998b）「罠の構造に見られる地域性―環境に対する狩猟の技術的適応をめぐって―」安斎正人編『縄文式生活構造』93-128.同成社.

田口洋美（1999）「近代とマタギ―毛皮市場の動向とマタギ文化の変容過程―」旅の文化研究所研究報告8：1-19.

田口洋美（2000）「生業伝承における近代―軍部の毛皮収集と狩猟の変容をとおして―」赤田光男ほか編『民俗研究の課題』32-52.雄山閣.

鳥獣行政研究会（1963）『鳥獣保護と狩猟』林野弘済会.

鳥獣行政研究会（1965）『鳥獣保護と狩猟に関する通達集1965年版』林野弘済会.

鳥獣行政制度研究会（1979）『鳥獣保護法の解説』林野弘済会.

長孫無忌（1975）『官版 唐律疏義』律令研究会.

東北歴史博物館（2017）『熊と狼―人と獣の交流史―』東北歴史博物館.

農商務省（1892）『狩猟図説』東京博文館.

武蔵野美術大学生活文化研究会（2013）『アイヌの民具実測図集』ゆいでく.

村上一馬（2019）「各地に入り込む秋田猟師―八戸、弘前、会津の近世史料から―」北の歴史から1：36-62.

森田朋子（2005）『開国と治外法権―領事裁判制度の運用とマリア・ルス号事件―』吉川弘文館.

山田伸一（2011）『近代北海道とアイヌ民族―狩猟規制と土地問題―』北海道大学出版会.

「山に生かされた日々」刊行委員会（1984）『山に生かされた日々―新潟県奥三面の生活誌―』民俗文化映像研究所.

律令研究会（1975）『譯註日本律令三　律本文篇下巻』東京堂出版.

Watanabe, Hitoshi（1972）*The Ainu Ecosystem: Environment and Group Structure*, University of Tokyo Press.

第4章

中田薫・近世土地所有権論の論理と意味

──近代的土地法の形成と境内山林下戻問題

龍谷大学名誉教授　吉岡祥充

はじめに

　中田薫は、明治期から昭和期に渡って活躍した、我が国における日本法制史学を確立したと評価される研究者である。その研究領域は、本稿で対象とする土地法に関するものだけではなく、刑事法、家族法、さらに中国や西欧の法制など広範囲にわたり、対象年代も古代から近代に及んでいる。これらの研究は、言うまでもなく、法及び法制に関する歴史研究として行われたものである。ただ、本稿は、中田薫の法制史学の成果を法に関する歴史研究としてその歴史認識そのものの妥当性を検討するものではなく、むしろその実践的な法理論としての側面を検討の対象としている。すなわち、中田の研究は、明治期後半のいわば我が国の近代的土地法の形成・確立期において、行政あるいは裁判で問題となっていた「実際問題」[1]に対する法学的解答を日本固有法の歴史研究に求めるという方法を採用してお

---

1 ）たとえば、中田は、論文「徳川時代に於ける寺社境内の私法的性質」（大正5年〔1926〕）（『法制史論集 第二巻』所収）の緒言において、「本論文の主題は、人も知るが如く実際問題と関連す。予の嘗て『御朱印寺社領の性質』を公けにせるも、実は此実際問題の解決に資するが為めなりき。」と述べているように、主題は中田自身が当時の裁判やそれに関連して裁判所から鑑定を依頼されたことが一つの契機となっていた。

り、そのような意味で実践的法理論としての性格を強く帯びているといえる。本稿では、このようなものとして中田の土地法研究の内容とその歴史的意味を検討する。

　以上のような問題関心からすれば、筆者のような民法研究者にとっては、オットー・フォン・ギールケの「実在的総合人」の理論を参照した中田の「総有論」やその展開としての入会権論が中田を代表する研究として思い浮かぶ[2]。確かに入会林野に関する法的問題は、明治期はもちろん戦前戦後を通して重要な社会的かつ法的問題であっただけでなく、現代においても森林のガバナンスや山村問題にも関係する現実的問題である。また理論レベルでも、中田の入会権論は、一方で、町村制による村の公法人化により村の総有であった林野が公有財産となり村民の入会権は公法上の旧慣使用権に転化したとする入会権公権論として批判されながらも、他方では、中田の提起した「総有」概念はその内容が論者によって大きく異なりつつも、多くの入会理論に継承されてきている[3]。たとえば、戒能通孝は、明治初期の大審院判決を素材として近世の「所持」がどのような実態を表していたのかを分析することによって中田の理解を批判しつつも、中田の総有論を徳川期の村を把握するものとしてこれを肯定している[4]。しかしながら、筆者は、中田総有論の本体は中田の近世土地所有論さらには土地私有権史という日本固有法の歴史把握にあると考えており、そうであるとすれば、中田の総有論の歴史的実践的意味を理解するためにもまずその近世土地所有権論を検討しその理解を踏まえることが必要ではないかと思われる。中田は、有名な「徳川時代に於ける村の人格」を大正9年（1920）に発表し、その後「明治初年に於ける村の人格」と「明治初年の入会権」を

　2）中田の総有論については、拙稿「法学的入会権論の「源流」─中田総有論ノート─」（鈴木龍也・富野暉一郎編『コモンズ論再考』（晃洋書房、2006年））を参照（以下では拙稿①として引用）。

　3）そのなかでも中田の総有概念を全く異なる方向に、いわば個人主義的に再構成したのは川島武宜である。川島の総有論の内容と歴史的意味については、別項で論じる予定である。

　4）戒能通孝『入会の研究』（1958年）282頁。

それぞれ昭和2年（1927）および昭和3年（1928）に発表している。これらの研究は、土地官民有区分によって国有化された村持林野について国有森林原野下戻法による下戻裁判を契機に行われたものであるが、同様の問題は社寺領上地によって国有化された境内山林についても生じていた。これを意識した中田は「御朱印寺社領の性質」（明治40年〔1907〕）「徳川時代に於ける寺社境内の私法的性質」（大正5年〔1916〕）という研究において境内山林の国有化を批判する境内私有説を展開し、さらに「徳川時代に於ける不動産担保法」（大正7年〔1918〕）「徳川時代に於ける土地私有権」（大正8年〔1919〕）という近世の「土地所有権」に関する問題を論じている。つまり中田は近世の村に関する実在的総合人の概念や入会に関する総有論を展開するよりもまえに、寺社境内の下戻問題と近世の「土地所有権」に関する研究を公にしていることから、中田の総有論を理解するためにも、まずは寺社境内下戻問題と近世土地所有権論に迂回してみることが有効ではないかと思われる。

　以上のような問題関心から、本稿では、明治期における近代的土地所有権を基礎とした土地制度の形成過程で問題となった国有森林原野下戻法による境内山林の所有問題を素材にして、その問題に法学的解答を示そうとした中田の土地所有権論とくに近世における「土地所有権」の把握やその背景にある実践的立場を分析することによって中田理論の歴史的意味を考えるということを課題としたい。

　ただ、筆者は、不十分ながら、かつてこの問題に取り組んだことがある。それは、「明治期における社寺境内下戻問題と境内私有説の論理―中田薫・土地所有権史論への序論的考察‐」と題する論考であるが[5]、副題に「序論的考察」としているように、内容的には、社寺境内地の下戻が問題となった経緯、その問題に関する一連の行政裁判所判決、代表的な境内官有説の内容、中田の境内私有説の内容等を検討し、それを通してこの問題

───────────

　5）鈴木龍也編『宗教法と民事法の交錯』（晃洋書房、2008年）に第2章として所収（以下では拙稿②として引用）。

に関する中田の本体的な論点は近世の土地所有権論にあることを提起した。しかし、その近世土地所有権論の内容やその基礎にある中田の日本近代に関する課題意識などについては、準備不足のため展開できなかった。本稿はこの点を補完するものである。次章では、近代的土地法の形成とりわけ近代的土地所有権制度の導入における山林原野の取り扱いとそこで生じた境内山林下戻問題の内容、その問題への対応として展開された行政裁判所宣告と学説上の境内官有説の展開、それらへの批判として提示された中田の境内私有説について、前稿の内容を整理した上で、第二章では彼の近世土地所有権の内容とその意味について検討することとしたい。

1　近代的土地法の形成と境内山林下戻問題

(1)　近世における境内山林の二面性

　明治維新後の近代的土地所有権制度の導入と土地官民有区分など一連の土地所有権の認定区分手続による土地所有権主体の確定については複雑なプロセスと問題があることは周知のところであるが、ここではとくに社寺地の中でも、後に見る下戻法による裁判でしばしば争われた境内山林について、特有な問題があったことを確認しておこう。

　近世において社寺はその境内に山林が存在していたものも多数あり、有力な社寺においては封建領主にも匹敵するような広大な山林を所持するところもあった。この境内山林は、社寺境内の構成部分として宗教的幽玄性を醸成する役割を果たすだけではなく、幕府・領主あるいは農民が支配していた山林と同様、建築材料としての自己使用はもちろん、木材の商品化が進行した段階にあっては貨幣収入の手段として経済的価値を有していた。近世において、山林の利用は、農民による自然物採取を中心とした入会利用を除けば、立木の保育・伐採がもっとも経済的価値をもつものであったから、その主体が社寺であれ幕府や領主であれ、山林支配の主要な目的は立木の経済的価値を形成・支配することにあり、基本的にこれと離れて山林地盤それ自体が独立に経済的価値を帯びる段階には至っていなかった。したがって、法的側面においても、いまだ山林に対する用益を内容とする

山林支配権は、いまだ自立化していない潜在的な地盤所有をも包摂した権利であったと考えられる。にもかかわらず、それは、山林の経済的価値を排他的に支配するものとして、田畑に対する〈所持〉と同様、排他的な占有支配や立木の伐採処分が幕府や領主という政治権力によって社寺に対して承認されていた場合も多く、その意味で当時の用益を中心とする山林支配権もまた、なお不完全ではあるものの私的財産権としての性格をすでに持っていたとみることができよう。

　他方、境内山林は社寺の〈領地〉としての側面を持っていた。当時、社寺は幕藩体制において一定の政治的・宗教的機能を担わされていた反面、幕府や領主から社寺地を領主として支配する権限を与えられていた。これは朱印状や黒印状によって行われたことから朱印地・黒印地と呼ばれていた。

　このように、境内山林は、社寺の「所持地」という側面と社寺の「領地」という側面との二面性を有しており、このことが明治期において境内山林を土地所有権制度へ組み込む過程にある種の複雑さを生み出したのである。

　なお、境内山林が社寺の領地であれば、領主の領地と同様に農民による入会利用の対象となっていた林野もあったと考えられるので、その場合には村持林野と同様に、実質的には村あるいは農民によって所持されていたのではないかと推測されるが、このあたりの実態については先行研究が少なく、また筆者自身も準備不足であることから現時点では本稿の対象から外さざるを得ない。

(2)　社寺領上地と上地処分

　周知のように、明治維新は幕藩体制による封建的領有関係の廃棄を伴うものであったから、幕府や諸藩の領地が収公されるのにともない、領地としての性質を有する社寺領も廃止・没収された。これが社寺領上地である[6]（なお、法令名は「上知令」であるが、上知令によって最終的に社寺地が官有化されたという意味で以下では法令名として以外は「上地」と表記する）。

　上知令は、少なくとも建前上は封建的領有制の廃止を趣旨としたもので

あり、社寺の所持そのものを没収しようとするものではなかった[7]。しかし、上知令の実際の実施過程は本来の趣旨とは異なったものとなっていった。すなわち、上知令は、その付帯条件に社寺が百姓と同様に貢租を収めて所持している田畑（実際には、百姓の名受地を寺社が買得・流質・寄附などによって譲り受けた場合に限定されていた）については上地しないこととしていたが、それ以外は「現在ノ境内」を除いて一般上地するとしていた。問題はこの「現在ノ境内」がいかなる範囲か、境内外区別はいかなる基準で行われたかである。

　当時、この問題を所管していた民部省は〈本社、末社、本道、庫裏、その他の建物の四方の余地を見計らって境内と定め、その他を上知する〉と指令し、これは「従前ノ坪数反別ニ拘ワラズ」したがって広大な山林を旧境内に有している場合でも適用されると通達している（太政官達第258号）。その後、地租改正の実施において旧境内についても各地種を決定する必要があることから「社寺境内外区画取調規則」において「祭典法用ニ必需之場所ヲ区画シ更ニ新境内ト定」め、現境内は相当に限定されたものとなり、旧境内山林はほとんど上地されたのである。当然にも、これに対しては社寺側からの強い反発があったが、政府は、あくまで境内山林が官有であることを前提に私有性を確認できる場合に下戻するという方向で調整を進めた。その第一段階は行政的な上地処分であった。上地処分の実態は複雑であったが、田畑、社寺や神官僧侶による私墾地については、比較的柔軟に下戻しが認められた一方で、旧境内山林については厳しく下戻しが制限された。

　社寺領上地の趣旨からすれば、社寺の名受や買得があれば所有が認められたはずであるが、社寺地については建前上売買や質入れが禁止されてい

　6）社寺領上地と上地処分の事実経過について、最も詳しい分析をしているのは、五味高介「社寺領上知令と社寺上地処分の理論と実際（1）〜（14）」（『みんけん』1995〜98年）であり、本節も基礎的事実はこれに依拠し、併せて福島正夫「地租改正」157-161頁、「明治初年の地租改正における土地改革について」495-498頁（いずれも『福島正夫著作集 第三巻』1993年所収）を参照した。
　7）福島・前掲「地租改正」158頁。福島・前掲「土地改革」495-498頁。

たから、田畑と異なり境内山林についてはこのような要件を満たさない場合が多かった。また入会地については、名受・買得の確証がない場合でも、樹木を自費植栽した場合にはその労費を民有の成跡として民有地に編入する規定（明治八年地租改正事務局達乙第三号及び第十一号）があったが、これは官民有区分の対象でない境内山林には適用されなかった。また境内山林は、当初は入会林野とともに公有地とされ、払い下げによって民有化できるものとされていたが、その後、幕府・諸藩の直轄山林とともに政府が管理する「官林」と位置づけられ、原則として払い下げは禁止された（明治6年7月20日太政官布告第二百五十七号）。寺院の境内山林については、還禄士族への払い下げは行われた（明治6年12月27日太政官達第四百二十六号）が、それ以外の者には認められず、当該寺院に対する払い下げも当該山林が小畝歩で良材を産出しない場合に例外的に認められたに過ぎない[8]。

　以上のように、社寺上地の中で旧境内山林についてのみ下戻しに厳しい制限が課せられていたが、それは、宗教政策的な要因だけではなく、その後、官民有区分によって官有化が進められていた入会林野などとともに、境内山林が官林として明治政府がその展開を意図していた国有林野事業の基盤として位置づけられていたことの影響が大きいと思われる。しかし、いずれにしろ、近世の社寺境内に成立していた私的な所持と上地による官有化との矛盾は、境内山林の場合に最も厳しいものであり、この調整は、入会林野とともに明治中頃に展開される下戻処分政策に持ち越されることとなった。

(3)　国有森林原野下戻法と行政裁判所宣告

(i)　国有森林原野下戻法とその政府解釈

　明治の中期から、政府は、逼迫する国家財政の充実という観点から国有林野事業を本格的に展開するための基盤整備を進めていた。国有林経営を発足させるためには、事業の対象となる国有林の範囲とそれに対する政府

8）五味・前掲482号30-34頁。

の管理権を確立することが基礎条件であり、そのために政府は、境内山林についても、入会地のように、社寺領上地と官民有区分によって官有化された林野に対して絶えない下戻の申請を終結させる必要に迫られた。そこで、政府は、それまでの行政的レベルで行ってきた上地処分ではなく、立法府の承認を得た制定法の形式を採用し、一方では下戻申請を法的権利として公認しつつ、他方では実質的に下戻申請を制限的に決着させる方向をとった[9]。

国有森林原野下戻法（明治32年、以下では「下戻法」と記載）は、その第1条において、申請期限を明治33年6月30日までとして期間を制限しており、また下戻しの本質的要件として「所有または分収の事実」（以下では「所有の事実」と記載）のあることをあげている。しかし、①その制定過程において、衆議院が加えようとした「収益権」という文言が政府案では削除されていること[10]、②同法第2条において、「所有の事実」に関する証明責任を申請者に負わせ、その証明は書面によることを要求していること、③さらに同法第3条は、①②の要件が満たされているかどうかを判断する権限が主務大臣にあることを明示していることなど、同法の内容は「所有の事実」の認定を実質的に制限する方向で構成されていた。

とはいえ、同法第2条が「木竹又は其の売却代金を分収したる証あるもの」また「私費を以て木竹を植付けたる証あるもの」などと立木の植栽やその伐採・売却などが所有の事実の具体例として規定していたことから、山林に関する用益事実が所有の事実として認定される余地はなお残されていたといえよう。

ところが、同法に関する政府解釈を示した明治35年5月農商務省訓令第12号は、この残された可能性をも否定するものであった。この訓令は第4項において「所有の事実」として15の具体的な事実をあげている。それを見ると、内容的には入会林野に関する事実が多いが、境内山林に関わる規

9）渡辺洋三「下戻施策をめぐる諸研究」（『法社会学研究 第2巻』1972年所収）34頁、この論文の初出は林野庁『森林所有権の法的構造』〔プリント版〕1955年。
10）渡辺・前掲36頁以下。

定として（二）、（八）、（一二）がある。そこでは、（二）支配進退が土地用
益ではなく「地盤所有」を示すものであること、（八）立木などの主産物
の伐採売却が用益権や管理権とは区別される「所有権」（土地所有権の意味
で使用されている）の効果であること、（一二）幕府・領主が単なる土地の
用益や貢租免除ではなく「所有権」を認めたこと、などが「所有の事実」
とされている。つまり、この訓令において「所有の事実」とは、①その対
象が山林の立木ではなく「地盤」であり、②その内容は支配の事実ではな
く所有権という「権限」とされており、それは一言で言えば、「地盤所有
権」と理解されているのである。訓令の上位にある下戻法ではなお「所有
の事実」と認定される可能性が残されていた立木の植栽・伐採・売却など
の山林の用益事実は排除されて、〈所有の事実とは山林地盤の土地所有権
を証明する事実である〉という解釈が示されているのである。

　以上のような「所有の事実」を証明することは、近世において山林の地
盤所有権が十分に成熟していなかったことから、事実上困難であった。実
際にも、このような下戻法の政府解釈によって、行政レベルの下戻申請の
多くは不許可とされた。その結果、境内山林の下戻問題は、下戻法第6条
に基づいて行政裁判所でその不許可処分の妥当性が争われることとなった
のである。

(ii)　行政裁判所宣告の展開と中田・朱印状論

　(ア)　行政裁判所において下戻法との関係で重要な争点となったのは、提
出された書面から認定できる立木の植栽・伐採・売却などの山林用益事実
や実効的な山林占有支配が境内山林に関する「所有の事実」といえるかど
うかであった。またその裁判過程では有力な社寺による訴えが多かったこ
ともあり、幕府が社寺に交付した朱印状が「所有の事実」を証明するもの
かどうかという点も争われた。

　行政裁判所の宣告は明治34年から次第に増加していった。社寺の下戻請
求を承認する宣告もあったが[11]、これは少数であり、多くの宣告はこれ
を否定していた。

　たとえば、明治36年11月24日宣告（明治35年第254号）は、原告が除地で

ある境内山林を「従前自由ニ処置行使シタル」ことを主張したのに対して、「原告等カ係争林ヨリ収益シ若ハ他人ニ之ヲ使用セシメタル等ノ形跡アルヲ認メ得ヘキモノモ之ノミヲ以テ直ニ係争林ニ対シテ所有権ヲ有シタルモノト断定スルヲ得ス」と判示しているように、立木の伐採・売却による収益や他人への使用許可は用益権や管理権に基づいて行いうる事項であるから、そのことのみによって所有権を証明することはできないとしている。この見解は、さらに立木の植栽・伐採・売却・担保化あるいは山林に対する貢祖徴収や利用料の徴収などが地盤所有権を証明するものではないという宣告例を積み上げながら[12]、明治38年頃には〈山林の使用収益は管理権を意味するに過ぎず、所有権の証明とはいえない〉（明治38年6月28日第1部宣告（明治36年441号））という定式として確立され、この見解がその後に引き継がれていった[13]。

　また境内地に対して交付された朱印状の効力については、次のような考え方が示された。たとえば、朱印状は、「境内地ニ対シ諸役ヲ免除シタルニ止マリ土地ノ処分権ヲ附与シタルモノト認ムルヲ得ス」（明治37年5月12日第二部宣告（明治36年第43号））、提出された証拠は、「原告カ旧藩主ヨリ寄附ヲ受ケタル事実ヲ示シ従テ公領権取得ノ事蹟ヲ推測スルニ足レトモ私有権原ノ証左トシテハ何等ノ価値ナク」（明治40年6月29日第1部宣告（明治36年第614号））との裁判例が示しているように、朱印状は、社寺に諸役免除などの公権的な領地権を賦与したものに過ぎず社寺に土地所有権を賦与するものではないとしている。言い換えれば、行政裁判所は、近代的な公法と私法の区別を前提に、領地権を公法的な権利として位置づけ、土地所有権を私法的な権利として分離することによって、朱印状は公法的領地

11）行政裁判所宣告明治34年12月14日（明治33年第162号）、また同宣告明治36年11月24日（明治35年第355号）などがある。これらの内容については、拙稿①85-86頁を参照。

12）たとえば、明治37年4月19日第2部宣告（明治36年第70号）、明治37年5月12日第2部宣告（明治36年第43号）、明治37年6月30日第2部宣告（明治35年第345号）、明治38年2月21日第2部宣告（明治36年第112号）等の例がある。

13）たとえば、明治38年12月28日宣告（明治36年第279号）。

権を附与するものにすぎず私法的土地所有権を与えるものではないという見解を構成したといえる。

　こうして行政裁判所が明治38年頃に確立した〈山林の用益事実は管理権・使用収益権を意味するに過ぎず地盤所有権を証明しない〉、また〈朱印状は領地権を附与するに過ぎず土地所有権を附与するものではない〉という考え方によって、行政裁判所は、山林の用益事実も朱印状も下戻法の「所有の事実」とはいえないと結論づけたのである。

　(イ)　このような行政裁判所の見解に対して、中田は、明治40年（1907）に公刊された論文「御朱印寺社領の性質」の冒頭において「御朱印寺社領は、寺社の所有に属するものなりや否やとの疑問は、国有土地森林原野下戻法の適用として、従来縷々起りし処にして、今日猶未決の問題たるに似たり、本論は聊か此疑問の解決に資する処あらんが為めに草したるものなり。」[14]と述べて、朱印状の法的意味が寺社に対して土地所有権を附与する意味を有するかどうかという問題について論じている。中田は朱印状の文言を類型化して論じているが、ここはその論理を確認するため若干の例を紹介しておきたい。

　まず「其村之内何石寄附」という表現が見られる「寺社領寄附文言」について、「その寄附される目的物は高何石の土地の所有権なりや、若くはその土地より収納すべき物成、即ち租税なりやと云うことなり」[15]として、寺社領寄附文言の対象が土地所有権か租税徴収権かという問いを立てる。これに対して、寺社領寄附文言は寺社に対して租税徴収権を附与するものにすぎないとし、その理由として、すでに寺社の「所有地」であるところに寄附文言が発せられている場合があることを指摘する。たとえば、明治7年6月内務大蔵両省乙第43号達は、明治政府が、上地された社寺領のなかで、社寺が百姓地を譲り受けあるいは自ら購入した土地がそのまま幕府・領主によって寄附された場合には、貢祖だけを寄附したものであり、

―――――――――――
　14）　中田「御朱印寺社領の性質」（明治40年〔1907〕）（『法制史論集　第二巻』1937年　所収）393頁（以下では、中田「寺社領」として引用する）。
　15）　中田「寺社領」413頁。

土地の「所持」自体はもともと社寺に存したものであるから、その土地は
そのまま払い下げるとした規定である。この規定について、中田は、寺社
が百姓の所持地を譲り受け又は購入した場合、それは社寺の所有地である
とした上で、この所有地にも寄附文言のある朱印状が附与されているとい
うことは、所有地に対して所有権を附与することはありえないから、それ
は所有地に対して課されている貢租を免除する意味と解されるとしてい
る16)。

　また境内山林の下戻問題に関連の深い「山林竹木免除文を含んだ朱印
状」については次のように解釈している。中田によれば、徳川期の山林に
おいては「山林竹木保護主義」がとられ、「当時の山林竹木は私有たると
公有たるとを問わず、総て皆な恰も保安林の如き状態にあり」原則として
その伐採は禁止されていたことから、山林竹木免除文言は、寺社に対して
領内の竹木を伐採できる特権を附与したもの、つまり「竹木伐採禁止法に
対する解除令」と理解できるとする。なぜなら、このような免除文言を含
んだ朱印状は「独り所有地の竹木のみならず、知行渡に際して新たに引き
渡されたる土地の竹木を含むもの」であり、故に、寺社が伐採する特権を
得た山林竹木は、寺社の所有地にあるものだけではなく、租税徴収権の客
体として引き渡しを受けた村方の山林をも含んでいた。したがって、山林
竹木免除文言を含む朱印状は、山林の所有権を附与する意味を持つもので
はなく、それが社寺の所有地である境内山林に交付されている場合は、公
法的な伐採禁止が「解除」され土地所有権に基づく伐採が可能となるので
あり、また境内山林が所有地でない場合には、竹木の伐採権という「特
権」を附与する趣旨と解されるというのである17)。

　これらの例に見られるように、中田の議論は、朱印状の法的意味を論じ
る際に、近世の社寺地について、すでに土地所有権を含む私法的権利関係
が存在していることを前提とし、それとの関係を分析することによって朱

---

16) 中田「寺社領」415-416頁。
17) 中田「寺社領」427-434頁。

印状の意味を公法的関係に限定するという構成となっている。したがって、それは、朱印状が公法的特権を附与するものにすぎず私法的土地所有権を附与するものではないという結論において行政裁判所と同様ではあっても、私法的権利関係の前提性を承認した構成となっている点で、その論理構造はまったく異なっているのである。

　㈦　上記のような中田・朱印状論が提示された後、明治42年あたりから、行政裁判所が社寺境内の私有を承認する方向に転換していく。その考え方を確立したのは、栃木県西明寺を原告とした行政裁判所宣告明治43年2月28日（明治37年第1172号）である[18]。その争点も、原告側が提出した朱印状の「山林諸役免除」という文言がどのような意味を持っているかという点であった。この点について、行政裁判所は「境内即土地ニ対スル租税ヲ免除セラルルハ該土地カ租税ヲ賦課セラレ得ヘキ性質ノモノナルコトヲ示スノミナラス右租税カ土地ニ対スルモノナル以上ハ其種類名称ノ如何ヲ問ハスシテ毛上税ト云フヘカラサルヲ以テ該土地カ官有ニアラスシテ私有ナル事実ヲ推定セシムルニ十分ナリ」として境内山林が西明寺の所有であることを認めた。この宣告は、これ以後、多数の行政裁判所判決に引用されることになった。

　たしかに西明寺事件宣告は、結論的には境内私有へ従来の考え方を大きく転換したのであるが、その基本的な論理はそれほど変化していない。すなわち、従来の行政裁判所宣告は、近代的土地所有権の観念を前提に、①山林の用益事実は管理権・使用収益権を意味するに過ぎず地盤所有権を証明するものではない、また②朱印状は領地権を附与するに過ぎず土地所有権を附与するものではない、という見解を確立していた。これに対して、本宣告は、①を維持することによって私法的なレベルでの土地所有権の成立を否定し、したがって上地による境内山林の官有という原則を踏まえつつ、②のさらなる展開として〈朱印状は原則として公法的機能を附与する

────────────

18）時期的には、西明寺事件より早く行政裁判所宣告明治42年7月17日も境内の私有を承認している。

ものにすぎず私的土地所有権に関するものではないが、諸役免除の文言を
有する朱印状はその対象となる土地に私的土地所有権が存在することを論
理的な前提としている〉という、いわば〈朱印状の所有権推定機能〉とい
う考え方を追加したものといえる。

この朱印状の所有権推定機能ともいえる論理は、近世の封建的領有関係
のもとで行われた貢祖の賦課と朱印状による貢祖免除を、あたかも土地の
経済的価値に対して課税する近代的不動産課税の論理とオーバーラップさ
せることによって成り立っている。つまり、土地に対する租税が免除され
るということは、その土地が課税対象であることを意味し、課税対象であ
ることは、さらにその土地の経済的価値を支配する土地所有権が存在する
ことが前提となるはずである、という論理で朱印状の「諸役免除」と「土
地私有」とを結びつけているのである。しかし、このような考え方は、そ
もそも近世の貢祖制度を、土地の収益に課税するものではなく土地所有そ
のものへの課税であると理解する点で疑問があるだけでなく、近代的土地
税制の論理としても、本来は、私法的レベルでの土地所有権が認定された
場合にそれを前提として土地に対する公法的課税がなされるのであるから、
土地所有権の存在そのものが問題となっている局面において、公法的な課
税対象であることから逆に私法的な土地所有権を推定することは転倒した
論理であるといえよう。

(4) 設立論的境内官有説と中田・境内私有説

(i)『社寺領性質の研究』と設立論的境内官有論

(ア) 以上のような行政裁判所の朱印状論を批判し、新たな境内官有説
を提起したのが三上参次・辻善之助・芝葛盛『社寺領性質の研究』(東京
帝国大学、1914年)(以下では『研究』として引用する)である。この研究は、
当時の農商務省からの委託研究であり、従来、境内官有説に立つものと理
解されている[19]。もちろん結論的にはそうなのであるが、その展開する
論理を辿れば、それが単純な官有説でないことが分かる。

『研究』は、朱印状解釈の問題を諸役免除文言の解釈に集約して独自な
観点から検討を加えたうえで[20]、結論としては「朱印状は、単に社寺の

収益権（租税徴収権の意味—筆者）を保証したるに止まり、土地の地盤に対する権利を定めたものにあらず」[21]とし、基本的には行政裁判所の見解を追認している。しかし、行政裁判所のように朱印状の所有権推定機能によって境内私有を認めているわけではなく、また社寺領上地による境内官有の原則を確認するのでもないところに『研究』の独自性がある。

　(イ)　まず『研究』は、その「例言」において「そもそも社寺領下戻問題たるや、明治3年12月、太政官達を以て、神社寺院をして、現在の境内地を除く外、尽く其領地を上地せしめられしに端を発せり、翌4年7月、更に、従来境内地と称せしものと雖も、社寺建造物のある周囲、その接近の地所及び道敷、其他社寺に必要なるものを除くの外は、総べて上地せしむるとの布告あり、是れより、社寺は従来享受せし恩典の大部分を失ひ、甚だしきは其私有の証明文明なるものを、無差別に陥没せられたるも少なからず、尋で7年11月に至り、太政官布告を以て、寺院堂宇の敷地等も官有地に編入せられしかば、之が為に、盆不幸なる状況に陥りたる社寺あり」[22]と述べているように、社寺領上地によって相当の私有地が官有化されてしまったという事実に社寺領下戻問題の淵源を見ていた。

　このように『研究』は、近世の社寺地における私有権の存在を肯定するという前提を置いていることからすれば、たとえ朱印状の機能を境内の私権問題から切り離したとしても、境内所有の問題の解決を、ただちに境内の上地による官有に求めることはできない。事実、『研究』は、「朱印状に

---

19) たとえば、豊田武は「御朱印寺領の性質」について、「申すまでもなくこの問題については、従来から二様の見解が行政当局と寺院当事者の側に行われている。前者が、三上・辻・芝氏の『社寺領性質の研究』を楯にとって境内地官有説を主張するに対し、後者は、「徳川時代に於ける寺社境内の私法的性質」を金科玉条として互いに譲らず、両者何れが是であり、非であるか、判断に迷うものがある」と指摘している（豊田武「日本宗教制度史」（『豊田武著作集 第5巻』1982年、初出は『日本宗教制度史の研究』1938年に所収）。

20) 拙稿②99-101頁を参照。三上参次・辻善之助・芝葛盛『社寺領性質の研究』（東京帝国大学、1914年）以下では三上他『研究』として引用する。

21) 三上他『研究』250頁。

22) 三上他『研究』 1-2頁。

して、社寺が其の境内の土地地盤に対する権利関係を定むるに足らずとせば、外にその権利関係を定むるに足るべきものなきか」[23]が問われざるをえないとし、地盤所有権の認定に関する独自な検討が必要であるとしている。

　(ウ)　この問題について、『研究』は、「この権利関係を定むるに足るべき一般の通則なるもの無し、社寺が境内の土地地盤に対する関係は、一概に論ずるを得ず、各社寺個々別々にして、その成立の上より精密に考察するを要す」として、各社寺の「成立の経緯」から分析することが必要であると提起し、この観点から、朝廷・幕府・領主のいずれかによって建立された官公社寺と私社寺を区分する。そして、官公社寺の場合、「その社寺は、国家の一つの機関として設立され、官庁と同じく看做さる、されば其行為も、亦一個の官庁の職務を履行したるものにして、一つの公法人格を有したるものとす、故に其社寺の境内の土地は、官有地なりしこと論を俟たす」、また「私に建立せられたる社寺の境内土地は、固より私有の性質を有するものとす」として、官公社寺の境内＝官有、私社寺の境内＝私有であると主張するのである[24]。

　『研究』は、私設社寺の境内が私有である場合として、①地盤所有権の観念が未確立の時代における建立者の境内地占有継続が歴史的経過の中で所有権に変化した場合、②個人の所有地が寄附された場合、③社寺が買得もしくは開墾した場合、という類型をあげているように[25]、社寺が土地所有権を承継取得したか、あらたに原始取得した場合に境内が私有であるとしている。したがって、そこでいう土地所有権がどのようなものであるかという問題を別とすれば、私設社寺の境内が私有である理由は、土地所有権が私人である社寺に取得されていることと理解できる。この意味で、私設社寺の場合には、私法的権利関係のレベルで境内所有の問題が把握されているといえる。

---

　23)　三上他『研究』250頁。
　24)　三上他『研究』213-214頁。
　25)　三上他『研究』214-215頁。

ところが、官公社寺の境内が官有であることの説明は土地所有権論としては明確でない。たとえば、『研究』は、東大寺が「聖武天皇の勅願によって建立せられたもの」であることや、常陸国分寺が国土安穏などを目的として「詔勅により、各国に建立せられたるもの」であることを官社寺の例としてあげるだけでなく[26]、「固より建立の当時には、其建立者の資格が、公人なりや将た私人なりや、甚明らかならずと雖も、多くは政府の事業として造営せしものの如し」[27]と述べているように、あたかも建立者の公人たる資格が、官設社寺であることを経由して、境内地が官有であることの根拠であるかのように説明されているのである。設立主体の性格と官有との論理的つながりは今一つ明確でないといえよう。

　㈢　では、『研究』が提示した見解の意味はどこにあったのであろうか。

　一つは、従来、「官有」とは、明治維新後の上知令などによって近世の所持地が「官有地」に編入されたことを意味していた。したがって、それは、政治的な土地制度変革によって実現された官有であり法的にその正当性が確認されたものではなかった。しかし、『研究』は、社寺設立の経緯を問い、官設社寺の境内は官有であるとすることによって、境内の官有が近世あるいはそれ以前から存在していたものとして構成した。言い換えれば、それは、境内官有の根拠を、明治維新による社寺領上地という政治権力的な土地制度変革ではなく、歴史に求めることを意味していたといえよう。

　もう一つは、『研究』が、境内全体を一つの単位として官有と私有を区別していることである。すなわち、行政裁判所における社寺境内下戻訴訟では、多くの事案において、上地によって官有化された境内に存在している私有地（旧境内山林など）の下戻が問題とされていた。しかし、『研究』においては、「設立の経緯」という観点から、その問題を、境内全体が官有である場合（官公社寺）と境内全体が私有である場合（私社寺）に組み

---

26)　三上他『研究』215-216頁。
27)　三上他『研究』214頁。

替えられ、官有とされた境内の中での私有という問題は消去されているのである。さらに社寺の「多くは政府の事業として造営せしものの如し」としているように、近世において多くの社寺が官設社寺であるとするならば、結局それらの境内はすべて官有と判断される構成となっている。

　さらに『研究』は、私設社寺の境内が私有である場合として、一方では社寺が土地所有権を承継取得もしくは原始取得したといえる類型を認めつつ[28]、他方ではその私有性は証拠によって証明されなければならないとし、あたかも社寺境内は官有であることが原則であるかのように、私設社寺についてのみその証明を要求している。そして、そのような証明が実際には困難であることを承認しているにもかかわらず、結局のところ、「是れ其社寺にとりては洵に不幸なるも、亦已むを得ざるなり」としてその私有性証明の困難を許容しているのである[29]。

　このようにして、『研究』は、近世における官設社寺の境内は官有であるとすることによって官有化された境内の私有という問題を消去し、さらに私設社寺の境内は私有であるという命題の証明要求とその困難性を許容することによって、近世の段階で多くの社寺境内が官有であるとする結論を導き、いわば境内官有説を歴史的に基礎づける結果となった。それは、『研究』が、明治42年以降の行政裁判所が朱印状の所有権推定機能を認めることによって境内の私有を承認したのに対して、近世における私法的権利関係や土地所有権の存在を前提とした論理を展開していたにもかかわらず、境内所有論ではその私法的権利関係に定位した論理構成を徹底させなかったことによるものである。法的構成の面からみれば、それは、下戻法の規範構造によって固定された官有原則に対する私有の証明という構図を、「設立の経緯」という観点を導入することによって、近世における官設社寺原則に対する私設社寺の証明という構図にパラフレーズしたものといえよう。

28）三上他『研究』214-215頁。
29）三上他『研究』251頁

(ii) 中田・境内私有説——政治的土地変革から私法的構成へ

(ア) 『研究』が公刊された五年後、中田は論文「徳川時代に於ける寺社境内の私法的性質」において本格的に境内私有説を展開した。その序論において、中田は、寺社境内に対して交付された朱印状は公法的特権を附与したものに過ぎず、それは境内の私権問題には関係しないものであること、したがって寺社の境内が誰の所有に属しているかという問題は朱印状の問題と区別して論じる必要があると従来の主張を整理し、これらは『研究』も認めているところであることを確認している[30]。しかし、中田は、『研究』とは異なり、公法的関係に対する私法的権利関係の前提性を徹底する方向で境内所有問題を論じている。

まず中田は、本論文第一節冒頭において、「徳川時代に於いて寺社の境内が、その所有地なりや否やの問題を論ずるに当ては、先づ第一に当時の寺社は、果して法律上の独立の人格を有せしや否やの、前提問題を決せざる可らず」（傍点原文）と述べて[31]、社寺の法人格の有無が境内所有地論の「前提問題」であると指摘し、『研究』の議論を次のように批判している。

すなわち、「『社寺領性質の研究』の著者は、国家が社寺を設立せる場合には、その境内は官有地にして、私人が建立せる場合には、社寺の私有地なりと解するものの如し。然れども法理論は、斯の如く単純簡明ならず、假令国家が建立者たる場合に於いても、建立社寺の境内が、その所有地なるや否やは、第一に国家が建立社寺に対して、人格を認めたるや否やに依てこれを決すべし、若し人格を認めざりしならば、其社寺の境内は著者の言の如く官有地なり、然れども、此場合に於ては前述の如く、独り境内のみならず、その保管に係る一切の財産は、総て悉く国家の所有ならざる可

---

30) 中田「徳川時代に於ける寺社境内の私法的性質」（大正5年〔1916〕）（『法制史論集 第二巻』1938年所収）479頁（以下では「私法的性質」として引用する）。なお、中田論文の原文は旧字体の漢字とカタカナで書かれているが、読みやすさに配慮して、新字体とひらがなに変更した。ただ送りがなの表記は原文のままとしている。

31) 中田「私法的性質」447頁。

らず。反之国家が建立せる社寺に対して、人格を認めたりとせんか、第二に国家が境内を寺院に引渡せるは、寄附贈与等の行為に依て、所有権を寺院に移転せるものなりや、若くは貸与預入等の行為に依て、単に境内の使用収益権を附与せしに止まりしやの、事実に依てこれを決すべし」という[32]。

　確かに、近代法的な論理としては、中田が指摘しているように、国家が設立主体である場合も、社寺が単なる国家の一機関にすぎないか、あるいは独立の法人格を有するかは区別しうる問題である。この点について、中田は、近世の社寺が、①動産の寄附贈与を受ける能力を有していたこと、②不動産の寄附や譲受ができたこと、③不動産の貸借をなしえたこと、④寺院の債務と住職の個人債務とが区別されていたことなど、経済取引の側面でも財産関係における構成員と社寺との区別という側面でも、すでに「独立の人格者」であったとし、さらに「此人格は徳川時代に於ては、総ての寺社に対して、一般的に承認されたるものにして、官設の寺社に対してもまだ同一」[33]であったという。このように、中田は、総ての社寺を独自の権利主体として私法的な権利関係のレベルに位置づけ、さらにその社寺の相手方である国家（幕府や領主）もまた私法的な権利の帰属主体と想定することによって、社寺に法人格が認められる場合には、国家による「寄附贈与等の行為」によって社寺に対して所有権が移転されたか、あるいは「貸与預入等の行為」によって使用収益権が設定されたか、のいずれかであると述べているように、〈国家と社寺との関係は法人格者間の私法的行為によって形成される権利関係である〉と理解しているのである。

　⑷　それでは、このような論理を基礎に、中田は社寺境内地の所有問題をどのように構成したのであろうか。

　中田は、徳川時代の社寺境内について、土地の私法的性質は、①社寺が使用収益権のみを有する土地（借地・預り地・拝借地・御預り地）であるか、

32）中田「私法的性質」450頁。
33）中田「私法的性質」451-454頁。

②社寺が自ら所有する土地（求地・貫地・寄進地・拝領地）であるかのどちらかに区分できるとする[34]。この中で、土地権利関係の相手方が幕府（国家）である場合は、拝借地・御預り地・拝領地であるとしてこれらの場合を検討している。

　まず、拝借地について、中田は、私人間の借地とパラレルに構成する。それは「寺院中境内の全部亦は一部を、他の寺院又は一個人と借地せるものなり」、つまり私法的権利主体である他の社寺や個人の所有地に社寺が使用収益権を設定した場合であるとし、これと同様に「幕府よりその所有地を、境内として借地せるものあり、即ち借地の境内これなり」とする[35]。すなわち、ここでは、他の寺院や個人と同様に、幕府も土地所有権の帰属主体と考えられ、その幕府所有地に対して社寺が使用収益権を設定した場合が拝借地であるとされている。

　また、「御預り地」についても拝借地と同様に把握している。すなわち、「時として寺院の境内中、一私人又は国家（幕府）よりの預り地なるものあり」として、拝借地を含む「借地及び預り地の両者は、寺院が単に使用収益の権利を有する土地にして、その所有権は他人（地主）に属するもの」であるという[36]。ここでも、土地所有権が帰属していた地主には私人と国家（幕府）が想定されていることから、国家が私人と同様に土地所有権の帰属主体として位置づけられているといえる。「元来御預り地は、幕府所有の土地にして」という表現も同様のことを示していると考えられる[37]。拝領地と預り地との違いについて言及はないが、ともに幕府が権利主体として所有する土地について社寺が使用収益権を設定した場合として把握されている。

　さらに「拝領地」は求地・貫地・寄進地と同様に、「寺院自身の所有に属する境内」である。求地とは「寺院が自ら買得せる境内なり」、貫地と

34）中田「私法的性質」486頁。
35）中田「私法的性質」456-458頁。
36）中田「私法的性質」459-460頁
37）中田「私法的性質」476頁。

は「寺院が他人に申請けて、無償に譲受けたる境内なり」、寄進地とは「寺院が、他人より寄進されたる境内なり」とあるように、それらはすべて他人から土地所有権を承継取得した場合をさすが、その一形態としての「拝領地」について、中田は次のように述べている。

すなわち、「徳川時代の用語に於ては、拝領は、時服拝領、金子拝領などの例がある如く、将軍（幕府）より物の所有権を下附されたることを意味す。従て拝領地も亦、幕府より寺院に対して、その所有地として下賜されたる境内に外ならず」[38]という。この記述にあるように、拝領地が幕府から所有権が社寺に譲渡された土地であるということは、譲渡以前は土地所有権が幕府に帰属していたことを前提にしているのである。

こうして中田は、幕府に土地所有権が留保されている「拝借地」と「御預かり地」のみが官有にすぎず、その他の境内地はすべて土地所有権が社寺に承継されているから私有であると結論づけることとなった。また下戻裁判の対象であった境内山林を含む朱印境内地についても、「非常なる光栄と特典とを意味する将軍の御朱印状」が、期間を限定された「拝借地」や、例外に属する「御預り地」に対して附与されえたとは考えられず、またそのような実例も確認できないことから、朱印境内地内に官有地は存在しないとして、境内は社寺の私有であると結論づけたのである[39]。

以上のような議論で、中田は、徳川時代の幕府を「国家」という表現で把握している。この国家の意味について具体的な説明はないが、近代法における国家の観念を基礎にしているのではないかと思われる。また法的構成の面でも、特に国家について寺院と同様な法人格や権利主体という概念で説明されてはいないが、寺院がその境内の土地所有権を取得した場合も使用収益権を設定した場合も、それらの権利を私法的な取引行為を媒介にして取得したものと構成されていることから、その前提として幕府（国家）も私人（社寺）と同様に私法的取引行為の対象である権利の帰属主体

38）中田「私法的性質」463頁。
39）中田「私法的性質」482頁。

として位置づけられているといえる。

したがって、国家の土地所有を「官有」と表現するならば、それは土地所有権が国家に帰属している状態と解されるのであるから、いわば官有は土地所有権帰属の一形態を指すことになる。より正確に言えば、境内地に関する土地所有権が私人に帰属する場合が私有であり、国家に帰属する場合が官有であると把握されているのである。つまり、中田においては、社寺境内が官有であるか私有であるかという問題は、私法的行為を媒介にした土地所有権の帰属によって決定されると考えられているのである。

それは、社寺領上地による政治的官有化を原則として措定したうえで、例外としての私有性の証明を要求するという境内官有説の論理を、土地所有権の帰属という私法的権利関係を基礎とする構成に転換したものといえる。言い換えれば、それまでの官有説が前提としてきた社寺領上地による「官有」は私法的な土地所有権の帰属関係を基礎に成立するものとして相対化され、いわば官有はより近代的な意味での国有として再構成されているのである。このような意味で、中田の境内私有説は、境内所有問題の法的構成を政治的土地変革が優位する論理から私法的権利関係の前提性を基礎とする法的論理に転換させたと見ることができよう。

㈡　しかし、中田がその境内私有説によって境内官有説を批判し得たかといえば、そこにはなお論ずべき問題が残されているといわざるを得ない。

すでに見たように、中田が、この論争において批判対象としていた境内官有説は、処分権能を本質とする近代的土地所有権の観念を前提に土地所有権と使用収益権とを区分した上で、徳川時代においてその処分が厳しく制限され用益利用がほとんどであった境内山林について、用益利用の事実は使用収益権の証明となりうるにすぎず土地所有権の証明とはいえないという論理で、境内山林に対する社寺の土地所有権を否定していた。つまり、そこでは、処分権限を本質とする近代的土地所有権の観念こそが結果として上地による境内官有を正当化する機能を果たしていたのである。したがって、これを批判するためには、境内官有説の基礎にある処分権能を本質とする土地所有権の観念を徳川時代の境内山林に対して適用することの不合理を指摘するとともに、それに代わりうる論理を対置する必要があろう。

つまり、中田の境内私有説が本当の意味で境内官有説に取って代わるためには、単に土地所有問題における私法的権利関係の前提性を主張するだけではなく、土地所有権論のレベルで境内官有説とは異なる論理を展開しなければならないはずである。しかし、中田の境内私有説は、法的構成という点では、批判対象である境内官有説が官有の法的正当性を論じることなく政治的官有化を当然の前提として措定していたと同様、その論理の基礎となる近世における土地所有権の内容や存在については何等論証することなく、それが存在することを前提に構成されていたにすぎず、なおその私有そのものは論証されていなかった。したがって、境内官有説が近代的土地所有権の観念を梃子として逆説的に正当化した官有に対して、中田はいかなる土地所有権概念を対置することによって私有を論証するのかという問題は、土地国有主義批判を展開する中田にとって回避できない課題として残されていたといえよう。次章では、この問題について検討する。

2 近世的所持の所有権的構成とその意味
—— 土地国有主義批判の方法

(1) 所持と所有の等値

中田は、先に見た「徳川時代に於ける寺社境内の私法的性質」（明治40年〔1907〕）において寺社が支配している境内を所有地と非所有地（使用収益権のみを有する土地）に区分していたが、後の「徳川時代の所持及び寺領に就て」（昭和14年〔1939〕）という論文の中でも、「所謂寺領とは朱黒印状除地免状に依て幕府から寺院に対して、租税収納権を寄附（或は免除）した寺院の領地であつて、その土地の所持権が百姓に在るか寺院に属するかの、所持権帰属問題とは関係なき地域であること、及び寺領内に於ても寺院が譲渡売買寄附等の私法的行為に因て取得した所持地が存在し得た」[40]と述べて、寺領内には、寺院の所持地と非所持地が存在していると

---

40) 中田「徳川時代の所持及び寺領に就て」（昭和14年〔1939〕）（『法制史論集 第二巻』所収）480頁。

記述している。上記の論文の記述内容から見て、寺院境内地について所持という用語と所有という用語が同じような意味で用いられているのではないかと推測されるが、さらに、この点について、中田は、別の論文で、「徳川時代には動産不動産に通じて「所有」のことを「所持」と云ひ、「所有者」のことを「持主」と云ひ、従て又「所有地」のことを「持地」と云った」[41]とも、また「今日の法律語にては所持は所有とは別種の観念にして、単に detentio の意味を有するに過ぎずと雖も、これ近代の訳語なり。徳川時代には所持は動産不動産に通じて、所有の意義を示す普通語として用いらる（所有なる語は当時殆ど使用されず）」[42]と明確に述べていることからすると、先の社寺境内に関する議論で、中田が近世においてすでに存在することを前提に論じていた土地所有権とは当時の表現では「所持」のことであることがわかる。つまり、中田は、近世における土地の「所持」を土地の「所有」ないし土地「所有権」と理解しているのである。

　しかしながら、中田が近世の所持について論じていた当時においても、土地所有権を含む所有権は一般に対象の使用・収益・処分の権限を含む包括的な支配権原であると観念され、また明治29年（1896）に制定された民法典もそのような所有権の定義を採用していることからすれば、当然、中田もこのような土地所有権概念を認識していたはずである。また、彼は日本法制史学者として徳川期の土地所持について売買の制限などの制約が課されていたことも当然に認識していた。それにもかかわらず、なぜ中田は、近世の土地「所持」と「所持権」を土地「所有」と「所有権」と読み替えることが出来るというのであろうか。中田は、この「所持」と「所有」の等値をどのように説明しているのであろうか。

　この問題について、中田は、「所持」および「所有」の概念がそれぞれにいかなる社会的事実を内容としているのかという観点からその共通性を

---

41) 中田「徳川時代の物権法雑考」（昭和4年〔1929〕）（『法制史論集第二巻』所収）808頁（以下では、中田「物権法雑考」として引用する）。

42) 中田「徳川時代に於ける土地私有権」（大正8年〔1919〕）（『法制史論集第二巻』所収）498頁（以下では、中田「土地私有権」として引用する）。

論証するのではなく、所持や所有という法概念の内容というレベルで、①
土地所有権と処分権限との関係および②土地の所持権に対する譲渡制限な
どの法的性格について分析しつつ、所持と所有が同じ内容の概念であると
の見解を展開している。以下では、①②について順に検討しよう。

(2) 所持と所有権における処分権限

(ア) 中田は、「社寺境内の私法的性質」から3年後の大正8年（1919）
に発表した論文「徳川時代に於ける土地私有権」において、近代的土地所
有権において本質的な処分権限の問題を論じている。すなわち、大正7年
5月24日大審院判決に現れている「徳川時代に於いては、土地は永代売買
を禁止されたるが故に、私人の所有に属せずとの説」、つまり徳川期にお
いては法令により土地の処分が厳しく制限されていることから、土地所持
権は自由な土地処分権限を含むものではなく、それは土地所有権とはいえ
ないとする見解に対してつぎのような批判を展開している。

まず、中田は、徳川期における土地の所持に対する永代売買の禁止つま
り譲渡制限について、①徳川時代には総ての土地が永代売買を禁止されて
いたわけではなく、いわゆる「町屋敷」は、その権利移転が帳簿によって
公示される沽券地とよばれ、売買譲渡の自由が前提となっていたこと、ま
た②永代売買禁止令の対象であった百姓地についても、それは「高請有る
百姓所持の田畑」のみが対象であって開発新田畑や浪人侍所持の田畑は禁
止の対象ではなく永代売買が可能であり、また百姓所持の田畑であっても
年季売・本物返（買戻特約附売買）・質流・相対替（交換）等の方法によっ
て実質的譲渡は可能であったことからすると、「百姓地（高請地）と雖、
単に譲渡の一方法たる永代売買が禁止されたるに止まり、絶対に譲渡若く
は処分の自由が奪われたる土地」ではなかったこと[43]、さらに③水戸藩
のように土地の永代売買を認めていた藩も存在したことを指摘して[44]、徳

---

43) 中田「土地私有権」494-507頁。
44) 中田「土地私有権」517頁。

川期における土地処分の制限が〈限定的〉なものに過ぎなかったと主張している。

　(イ)　他方、土地所有権の観念については、逆に、処分権限がその本質ではないと主張する。すなわち、中田は、たとえば、諸外国において、夫が所有する妻の持参不動産の譲渡・質入の禁止、国王が臣下に贈与した土地所有権の相続制限、世襲財産などの例があり、また日本においても、旧華族世襲財産法による譲渡制限などの例があるように、歴史的に見て譲渡を制限された所有権は多様に存在しており、これらは「制限的所有権」あるいは「不可譲的所有権」として認識されていたと指摘する[45]。そして、これらの例は、いずれも目的物の譲渡が法律上絶対に禁止されている場合であるが、古今の法律において、私人の所有権が成立することが認められていたことからすれば、「譲渡の自由は所有権概念の常素なれども、之に缺く可らざるの要素にあらざることを知るべし。已に譲渡の自由は所有権概念の要素にあらずとせば、単に譲渡の一形式に過ぎざる永代売買が禁止さるゝとするも、之が為に所有権が所有権たる性質を失うことなかるべきは多言を要せず。」[46]と主張する。すなわち、中田は、通常所有権は処分権限を含むものではあるが、それは必ずしも所有権の本質的要件ではなく、したがって処分権限がなくともそれを所有権と把握することが可能であるというのである。

　このように、中田は、一方で、近世における「所持権」については、その処分権限に対する制限が限定的なものに過ぎないとし、他方、「所有権」については、そこに含まれる処分権限が通常有する性質（常素）であってもその不可欠の性質（要素）ではないとして、処分権限の有無によって所持と所有を区別する見解を批判するとともに、所持と所有を等値するための障害を除去しようとしたのである。

　(ウ)　その上で、中田は、近世における土地の所持を所有権的に構成して

---

45)　中田「土地私有権」519-520頁。
46)　中田「土地私有権」521頁。

いる。上に見たように、中田は、所有権における処分権限をその要素では
なく常素にすぎないというのであるが、そこでいう要素と常素の意味につ
いてはとくに説明されていない。とはいえ、その論旨からすれば、処分権
原が制限されていても所有権としての本質が失われていないので所有権と
把握することができるということであろう。しかし、処分権限が所有権の
通常有する性質（常素）である以上、現実的にそれが法令によって制限さ
れているとすれば、それを含み込んだ法律構成がなされる必要がある。そ
こで、中田は、上にも述べたように、近世の百姓地など譲渡性を制限され
た所持を「不可譲的所有権」あるいは「制限的所有権」と構成したのであ
る[47]。

　しかし、さらに重要な点は、中田が、田畑永代売買禁止令のような土地
譲渡制限を土地所有権の本質から切り離す論理を展開していることである。
中田は、この点を、田畑永代売買禁止令のような譲渡制限の法的性質とい
う観点から論じている。次に、この点を検討する。

(3)　土地譲渡制限の法的性格と私法・公法の二元論

　すでに本稿1(4)(ii)で検討したように、幕府や領主から社寺に附与された
〈朱印状の法的意味〉について、中田は、次のように結論付けていた。すなわち
「寺社領に関して発せられたる御朱印状なるものは、寺社に対して、或は特定
の土地より租税を徴収し、或は特定の地域内より人足を徴発し、或は特定の山林
竹木を或る目的の為に伐採し、或は特定の土地に課すべき租税を免除する等、
諸種の公法上の特権を附与し、若くは既に附与した此等の特権を確保するもの
にして、その特権の客体たる土地山林竹木が、何人の所有に属するや等の私権
問題とは、些も相渉る所なきものなることを知り得べし。」（傍点原文）[48]
これは、朱印状を社寺に与えられた境内地に関する徴税権附与や貢租免除

---

47)　本稿では論述できなかったが、徳川期に永小作権や質権が所持の一形態とされて
　　いたことから、これらを上地所持権および解除条件付所持権と把握し、それぞれ部
　　分所有権および条件付所有権と構成している（中田「物権法雑考」806-827頁。
48)　中田「御朱印寺社領」440頁。

などの「公法的特権」を与えるものに過ぎず、私法的な土地所有権の帰属問題とは次元の異なるものであるという見解を主張したものであるが、そこで中田はわざわざ「公法上の特権」と「私権問題」に傍点を付して強調している。これは朱印状は公法的特権を附与する機能を有するものにすぎず、それが土地所有権の存否や所在に関わらないことを、公法と私法との区分という論理を踏まえて構成したものといえる。

また後の論文では、「寺社領（広義）は、寺社が地主として所有する土地と、地頭（領主）として知行する地域との、両種より成るを普通とす。一は地主権（所有権）の客体たる私法上の土地にして、他は地頭権（領主権）の客体たる公法上の地域なり、一は寺社が自己に属する私法的支配を加ふる土地にして、他は公法的支配即ち徴税権、及びこれに附帯せる或る程度の行政司法権、若くは各種の公法的特権を行使する地域なり。此両者はもとより観念上に於ては、全然別種の地域にして、性質上相混同すべからざるものなり」（傍点原文）49)と述べており、これは同一の土地に地主権と地頭権が行使される場合があるとしても、私法的な地主権と公法的な地頭権は全く異なるものであることを論じた文章であるが、そこでも私法と公法の二元的構成が前提とされている。この二元的構成の意味については後に検討するが、中田は、徴税権等に関するこの論理を土地の所持に対する譲渡制限などの法的性質という問題にも適用していくのである。

まず、田畑の永代売買の禁令の趣旨について、それは、土地国有主義に基づくものではなく、むしろそれは「百姓をして容易に恒産たる田畑より離れざらしめんが為めにして、全く農民保護の目的に出でたるもの」に過ぎず、したがって、それは田畑が私有かどうかとは関係のないものであるという50)。歴史的にこれを農民保護と評価することが適切かどうかは議論があると思われるが、中田は、これを農民保護という政策的な観点からの制限と把握している。このような考え方は、具体的な土地の類型に応じ

---

49) 中田「私法的性質」487頁。
50) 中田「土地私有権」516〜517頁。

た分析にも見られる。以下、寺領、百姓地、屋敷地について見てみよう。

当時、寺領内外の寺院所持地が売買質入などの処分を制限されていた点について、中田は、寺院所持地の場合には、「将軍家の有難き御朱印状が附いて居る、即ち御朱印状附所持地であると云ふ特別の由緒に基因するもの」であり、また寺領外所持地の場合には、「寺院の永続と繁栄とを企図した寺院保護の公益の目的に出たるもの」であるから、このような寺財処分の制限は「その所持権の本質と関係なき」ものであるとしている[51]。ここでも、処分制限を寺領の由緒や寺院保護という「公益」目的から来る私権にとっての外在的制約に過ぎないと捉えている。

次に、徳川時代に永代売買を禁止されていた百姓地の場合についても、以下のように述べている。すなわち、「それは（一）百姓持（二）高請ある田畑（三）永代売買と云う三様の条件にかかって居るのである。従て高請ある田畑でも浪人侍持の分、及び百姓持と雖も高請なき新田山林等は、此禁制の外にあるのみならず、百姓持高請田畑と雖も永代売買以外の譲渡行為、即ち由緒譲・年季売・質流等の方法に依る場合には譲渡の自由が認められて居るのである。されば此禁制は持ち主が百姓であるが為めでもなく、土地が高請田畑である為めでもなく、又絶対に譲渡を禁止する意味ではない。その土地が高請けである限り、その持主が百姓である限り、而してその譲渡方法が永代売買である限りと云う、何れも相対的な三条件に係る所の相対的制限である。されば此制限たるや全く外部から課せられた法令の制限であって、田畑所持権の本質に内在しそれより発生する絶対的制限でないことは、多言を要しないであろう」[52]という。

また、当時最も処分の自由を認められていた町屋敷（沽券地）であっても、百姓への譲渡が制限されていた事実、また武士の拝領屋敷を町人に貸与禁止、本田畑へ甘蔗の植え付け制限、寺社境内での芝居等の興行禁止など、譲渡制限以外の土地利用制限が存在した事も承認しつつ、以上のよう

---

51) 中田「徳川時代の所持及び寺領に就て」（昭和14年〔1935〕）（『法制史論集 第三巻上』）485-486頁（以下では、中田「所持・寺領」として引用する）。

52) 中田「所持・寺領」487頁。

な様々の「徳川時代に於ける土地所持権の作用に対する制限は、甚だ複雑であり煩瑣であったけれども、何れも当時の経済的社会的必要より余儀なくされた法令の上の制限であって、所持権そのものに固有なる内在的本質的制限ではない。」[53]と指摘する。

　以上のように、中田は、徳川時代における土地所持権を、本質的には土地処分権限を有する私的権利であり、それに対する譲渡制限は、「公益」を目的とした「法令」による「外在的制限」、いわば公法的制限に過ぎず、所持権に内在する本質的制限ではないと考えているのである。こうして中田は、近世における土地所持＝土地所有権の存在を肯定するのであるが、この際、中田による所持の所有権的構成を可能としている論理として、私法と公法との峻別といえるものが前提とされていることがわかる。土地所持＝土地所有権を私法上の権利関係ととらえ、譲渡制限を公益目的による公法的制限と理解することによって、後者は前者の存否や権利内容に関係しない外在的なものとされている。このような中田の整理には私法と公法の二元的構成が分析の前提とされているといえる。

　管見の限りでは、中田は、この分析道具としての私法と公法の概念について自ら説明していないが、この二元的構成は、本稿で対象とした近世の土地所持についてのみでなく、中世や古代の法制の分析にも適用されていることからすると、歴史観通的な概念として想定されていると考えられる。たとえば、中田による「日本法制史の全般的体系的記述」である『日本法制史講義』をみると、全体を「日本公法法制史」と「日本私法法制史」に分けて、それぞれ古代から近世まで叙述されている。この書物を取りまとめた石井良助によれば、中田は、東京帝国大学において大正10年から公法史と私法史を隔年で講義しており、「本書が資料としたのは、文信社の「中田博士述 日本公法法制史 完 大正10年東大講義」（非売品）および「中田博士述 日本私法法制史 完 大正11年東大講義」（非売品）である。両者とも、中田先生の承諾を得ないで、学生の受験用に出版された謄写版刷の

53）中田「所持・寺領」488頁。

ものであるが、実際に点検してみると、数人のノートを利用したものと覚しく、思った以上によくできていることがわかった。本書の刊行にこれら両書を利用したことは不当ではなかったと考える。」[54]とされていることからも、本稿が分析対象としている近世土地所有論においてもこのような私法・公法の二元的構成が基本的な構図として設定されていたといってよいであろう。このような私法と公法の二元的構成は、歴史的には市民社会と国家の二元性という近代社会の基本構造を前提とするものであるが、中田の場合には、その二元的構成が日本法制史全体を貫く分析の枠組として設定されているのである。

(4) 近世的土地所持の近代的所有権観念への包摂

冒頭でも述べたように、近世の境内地や土地の所持に関する中田の研究は日本法制史に関する歴史研究として行われたものである。したがって、近世の土地所持に関する中田の歴史認識をそのようなものとして検討の対象とするのであれば、当然その認識について批判もあると思われるが[55]、ここでは、明治期における社寺境内下戻問題を想定した法理論として実践的側面からその意味を考えておきたい。

結論からいえば、筆者は、中田は近代法における私法と公法の峻別および近代的土地所有権の観念を方法的な前提として近世の土地所持秩序を法解釈の手法を駆使することによって所有権的に再構成したと考える。

中田は、本稿で対象とした近世だけではなく、古代や中世の土地制度についても論じており[56]、日本における土地法の歴史を土地私有権の歴史

---

54) 中田薫述（石井良助校訂）『日本法制史講義』（1983年　創文社）427-428頁。
55) たとえば、渡辺洋三「近代的所有権の成立」（推定1962年）および「徳川期の土地所有制度について」（1964年）（同（北條・村田編）『慣習的権利と所有権』2009年に所収）。これらはいずれも「三田用水事件」に関連して裁判所に提出された鑑定書であり、中田の近世土地所有権論の批判を意図したものではないが、ここで示されている封建的土地所有の規範的表現に関する分析は中田のそれとは根本的に異なるものである。
56) たとえば中田「律令時代の土地私有権」（昭和3年〔1928〕）（『法制史論集 第二巻』所収）など。

として描こうとした[57]。徳川期における永代売買を禁止された百姓地の所持を「不可譲的所有権」「制限的所有権」と構成したのはその歴史の一コマであるが、このような構成を可能とするためには、まず、土地所有権の概念を使用・収益・処分の権限を備えた全面的土地支配権と定義したのでは困難であり、それを歴史的経済的状況に対応して変化する柔軟な概念とする必要があった。そこで、彼は、「所有権も亦歴史的範疇にして論理的範疇にあらず」という Gierke の言葉を引き所有権は歴史的に変化する概念であるとしつつ[58]、さらにドイツ法学の議論を参照して「他物権は必然的に制限的の権利であるに反し、所有権は然らざる権利で、『無制限であり能ふ所の物上権』である」（傍点原文）という Maschke の定義を「最実際に適した包括的な所有権の概念」として採用したのである[59]。これによって、無制限の権利たろうとする土地所有権の本質は歴史貫通的なものとして存在することになり、加えて、そのような土地所有権に対する政治権力による譲渡制限などの諸制限は公法と私法の峻別を前提にすべて公法上のものと位置づけられることによってそれらは土地所有権にとって外在的非本質的な制限に過ぎないという法的性格を与えられ、その反面に無制限であることを本質とする私法的な土地所有権を抽出したのである。言うまでもなく、「土地所有権」についてその近代性をどのように理解するかは議論のある所であるが、民法典にも規定される使用収益処分権を有する所有権概念を近代的所有権とするならば、中田は、近世の土地所持秩序を近代的所有権の世界に包摂したといえよう。

　それでは、当時の歴史的文脈の中で、このような近世土地所有論を前提とする社寺境内地私有説はいかなる意味をもっていたと理解するべきであろうか。

　まず重要な点は、中田が、寺社境内の土地所有問題について政府が主張

---

57) 中田法制史学全体の概説と性格については、井ヶ田良治「中田薫」潮見・利谷編『日本の法学者』（1975年）219頁以下を参照。
58) 中田「土地私有権」494頁。
59) 中田「律令時代の土地私有権」（『法制史論集 第二巻』所収）18頁。

していた官有説に対するアンチテーゼを出したことは、それが当時の行政
裁判所の判決に一定の影響を与えたということだけではなく、寺社が支配
していた土地に関する権利関係を土地所有権を基礎とする私法的権利関係
の問題として把握されるべきこと、つまり社寺地をめぐる権利関係が政治
的あるいは宗教的問題と関連しない純粋に私法的な問題として把握され構
成されるべきことを主張したことである。言い換えれば、中田の議論は、
当時、国有林野経営の条件整備を意図する明治政府の政策を反映していた
境内地官有説によって政治的論理の背景に押しやられていた私法的土地所
有権関係の前提性を確立しようとしたという意味で、我が国における近代
的な土地法の形成を目指したものであったといえよう。

むすびに代えて——土地官有主義批判と国民経済の発展

　それでは、中田は、なぜ日本固有法における土地支配秩序の歴史を土地
私有権（土地所有権）の変化として描くことによって私法的権利関係を前
提とした近代的土地法の確立をめざしたのであろうか。本稿1で分析した
社寺境内の所有問題の経緯を見ても明らかなように、中田の直接の目的は
当時の土地国有（公有）主義を批判するためであったが、それは如何なる
理由によるのであろうか。最後に、この点を検討して本稿の結びとしたい。
　これは、中田法制史学の基礎にある課題意識や政策的立場にかかわる問
題であるが、中田は、そのアカデミックな姿勢からか、ほとんど自らの実
践的立場や政策的主張を語ることはなかった。しかし、彼が本格的な研究
活動を開始した明治30年代後半、若き中田の代表作といえる荘園に関する
研究の中に、彼の土地法論全体を貫く基本的問題意識を読み取ることがで
きるように思われる。この中で、中田は、古代中国と日本の両国において、
ともに土地公有主義に基づいた制度が崩壊し土地私有制が生成したことの
歴史的必然性について次のように述べている。
　まず、中田によれば、土地公有主義や財産平等主義は「太古の各民族に
通有なる村落共産制に発したるもの」であり、これが古代中国の道徳主義
に基づく国家思想のもとで展開されたのであるが、その後の国家を取り巻

く政治情勢はこのような道徳主義による国家思想の変化を余儀なくした。すなわち、「所謂春秋戦国なる時代は幾多の小国家の生存競争の時代なり。激烈なる国際的生存競争は各国家をして其全力を自己の生存問題に傾注せしめたるの結果、国家生存の基礎は一に実力の充実に在ることを自覚せしめ、所謂富国強兵なる実力主義は古来の道徳主義を排して諸国の普く認むる所の国是となれり。」[60] として、厳しい国際的生存競争の時代に国家が生き残るためには「富国強兵」が国家の目標とならざるを得なかったと指摘する。そして、「此の如き国家の状態と時代の要求との下に於て、土地公有主義や財産平等の原則が其存在を保障し得ざりしは、もとより見易きの理ならずんばあらず。蓋し国力の充実は国民経済的発達に俟つ所多く、而して国民経済の発展は個人の経済上に於ける自由競争を容認するにあらずんば、其充分なる効果を収むること能はずとせば、極めて個人の経済的活動を束縛することの大なる共産制の如きは、全然富国強兵なる実力主義と相容れざるものと云うべきなり。炯眼にして果断なる秦の政治家商鞅は最も早く此点に着目したるものなり。彼が富国強兵の一策として断然周以来の阡陌制を廃棄し、人民に許すに土地私有の絶対的自由を以てしたることは、曾て齊の管仲が行いたる財政政策と共に、最時勢に適切なる良政策と云うはざる可らず。」[61] として、国の実力を充実させるためには「国民経済的発達」が必要であり、そのためには個人の経済的自由競争が容認されなければならず、「土地私有の絶対的自由」はそのための不可欠な政策であったと評価しているのである。

またさらに、以上のような古代中国における土地公有主義の変化と同時期に生じた日本古代における土地私有制への転換についても、「凡そ個人の経済上に於ける各般の活動は、皆其根源を個人の利己心（自己の需要を満足せしめんが為に外界を支配せんとする思想）に発せざるものなし。而して此利己心なるものは、自己の経営に係わる一切の結果を挙げて、自己自

---

60) 中田「日本荘園の系統」（明治39年〔1906〕）（『法制史論集 第二巻』所収）20-21
　　頁（以下では、中田「荘園」として引用する）。
61) 中田「荘園」21頁。

ら絶対に取得し、及びこれを処分するの自由を得るに至て、始めて円満な
る満足を見るものなるが故に、所有権の公認と取得自由の公認とは、個人
経済活動の二大要件を成すものにして、其根底は深く人の性情に存するも
のと云はざる可らず。是を以て見れば土地の所有権を殆ど否認し、取得自
由を極度に束縛する均田法や班田制の如きは、人の性情に戻り、経済上の
進歩発達を阻害すること甚だしきものなること論を俟たず、晋の占田制が
破れたる所以、後魏以来歴代の均田法が失敗に了したる所以、一に此にあ
つて存す。我班田制のみ豈独り長へに其命脈を維持し得べきの理あらん
や。」[62]と述べている。

　以上のように、古代中国と日本古代における土地公有主義から土地私有
制への変化の必然性について、中田は、国家の生存競争の時代にあっては、
国民経済の発展が最も重要であり、それを実現するためには、個人の利己
心に基づく経済活動を展開させる必要があり、そのためには土地を含めて
所有権とその移転の自由を保障しなければならないという見解を表明して
いるのである。

　すでに述べたように、この記述は、直接的には中国と日本の古代におけ
る土地公有主義から土地私有制への変化の必然性に関するものであるが、
個人の経済活動の促進とその基礎的条件としての土地私有権の確立という
中田の基本的立場は決して古代にのみ関するものではないように思われる。
中田が研究者として活動を始めた明治後期に、日本が後進資本主義国とし
て欧米列強に対抗していた状況を念頭に置けば、上記の記述は当時の日本
が置かれていた現状と進むべき方向に関する若き中田の思いでもあったと
言えるのではなかろうか。つまり中田は、アジアにおける後進資本主義国
日本が欧米列強に対抗しつつ生き残るためには、個人の経済活動の促進を
基礎とする国民経済の発展を目指す必要があり、そのためには私人の土地
所有権を保障しなければならないという立場から、当時なお存在していた
土地国有主義に対して日本固有法における土地私有権の歴史を対置するこ

　62）中田「荘園」46頁。

とによって、明治期における近代的土地法の確立を志向したのであり、社寺境内下戻問題における境内私有説の展開はその具体的な試みであったといえよう。

　以上で、明治期の社寺境内下戻問題を土俵に展開された境内官有説と中田の境内私有説およびその論拠となっている近世土地所有権論の論理とその歴史的意味に関する拙い検討を終えることにしたい。ただ、上に述べたように、境内私有説の背景に、中田が明治期以降の我が国における国民経済の発展を見据えて土地私有権の確立を目指したとするならば、当時、社寺境内下戻問題と同様にあるいはそれ以上に重要な問題であった村持林野つまり入会地の問題について、中田は、なぜ公有化を承認する結論にいたったのかが改めて疑問となる。しかし、この問題は、法的な団体論や町村制などと関連するものでもあることから、稿を改めて論じることとして、ひとまず本稿を閉じることとしたい[63]。

---

63) 筆者は、不十分ではあるが、かつてこの問題について若干の検討を行った（拙稿①参照）。

第5章

入会権の得喪と「各地方の慣習」としての離村失権の原則性

愛媛大学准教授　西脇秀一郎

1　入会権における第一次法源[1]としての「各地方の慣習」と離村（転出）失権

(1)「各地方の慣習」と離村（転出）失権

　本稿は、民法第263条（第294条）の「各地方の慣習」の典型例のひとつとされてきた、入会権における離村（転出）失権の原則（以下、本稿ではこれを便宜のために離村失権ルール[2]と称する）を取り扱う[3]。離村失権ルールとは、通常、入会集団[4]の「構成員がその地域を退出して他の地域に移住したときには、入会の権利者資格を失う」[5]という（古典的入会に典型的にみられるとされる）入会権の喪失に関する一般的原則のことをさす[6]。

1）入会権では「慣習」が第一次的な法源とされることについては、石田文次郎『民法大要』（有斐閣、1937年）116頁など。

2）入会権における（入会財産の処分等に対する）全員一致の意思決定と離村（転出）失権とを原則とする慣習上の規範を「慣習ルール」と呼称するものとして、高村学人＝古積健三郎＝山下詠子編著『入会林野と所有者不明土地問題－両者の峻別と現代の入会権論』（岩波書店、2023年）93頁〔高村学人＝宮本麻子＝林雅秀担当部分〕。本稿の「離村失権ルール」の便宜的呼称はそこから示唆を受けたものである。

3）実際の入会には多様な形態があり、それらの形態ごとに具体的法律関係にも違いが生じうることから、検討対象を限定するため、本稿では主に、「村中（一村）入会」における「共有の性質を有する入会権」の場面を想定して考察を行う。学術用語としての「村中入会」と、「他村または数村入会」の用例につき、北條浩『入会・入会権とローカル・コモンズ』（御茶の水書房、2014年）37頁以下などを参照。

第5章 入会権の得喪と「各地方の慣習」としての離村失権の原則性 **129**

　この離村失権ルールは、入会財産を処分する際などの入会集団の意思決定に関する全員一致原則[7]と並ぶ、重要な「入会権の二大基本原則」[8]であるとして、入会慣習[9]の典型例とみなされることがある。他方で、離村失権ルールの慣習は必ずしも一様ではない[10]との指摘も以前からなされており、また、入会権の客体を構成する土地や生活・産業基盤等の社会的・経済的・政治的諸条件とそれらの影響を受けつつ進行する入会権者の意識の変化とに照応して、全般的に慣習の「変容」[11]の傾向もみられる。

4）「入会集団」の用語法については、最二小判昭和42年3月17日民集21巻2号388頁などを参照（ただし従前の最高裁判決では「入会団体」の語も特別な区別なく使用されている。上谷均「財産権の帰属主体としての「人」―入会権の主体の問題を中心に」宇佐見大司＝大島和夫編『変わりゆく人と民法』（有信堂高文社、2009年）118頁注（3）も参照）。また、明瞭な定義を整えるものとして、広中俊雄『物権法第二版《現代法律学論集6》』（青林書院新社、1982年）493頁。本稿ではこれに倣い、入会集団の構成員として民法第263条の共同所有権または民法第294条の用益物権を有する者を「入会権者」とよぶことにする。

5）川島武宜編『注釈民法』（有斐閣、1968年）559頁〔渡辺洋三担当部分〕。

6）甲斐道太郎ほか編『物権法』（青林書院、1993年）140頁〔上谷均担当部分〕など。

7）くわしくは、上谷均「入会団体における団体意思 －全員一致原則との関係を中心に」修道法学28巻2号（2006年）542-527頁などを参照。

8）たとえば、牧洋一郎「第二次馬毛島入会権確認訴訟判決の検討―第一審判決と控訴審判決（判例集等未登載）について―」地域研究（沖縄大学地域研究所）16号（2015年）219頁、220頁注（16）。

9）周知のとおり、民法第263条は「各地方の慣習に従うほか」共有に関する規定を「適用」すると定め、同第294条は「各地方の慣習に従うほか」地役権に関する規定を「準用」すると定めており、いずれにしても入会権をめぐる法律関係においては、第一次法源たる「慣習」が最も重要であると解されている。さらに、それにとどまらず、仮に準拠すべき「慣習」が存しない（または不明瞭である）場合でも、総有として捕捉される共同所有権または用益物権としての入会権の性格に適合するような紛争処理基準の解釈的構成により対処することが考えられるべきだとも解されている。参照として、広中俊雄・前掲注4）494頁など。川島武宜「入会権の基礎理論」同『川島武宜著作集第8巻』（岩波書店、1983年〔初出は1968年〕）84頁によれば、ここでの「慣習」は「入会主体―すなわち総有的法律関係の主体―としての適格を有する仲間的共同体の存在を内容とするものであれば足りる」。

10）渡辺・前掲注5）559-560頁。

11）渡辺・前掲注5）560頁。古積健三郎「入会権の変容と今日的課題」藤田宙靖監修・亘理格＝内海麻利編著『縮退の時代の「管理型」都市計画』（第一法規、2021年）178-192頁も参照。

たとえば、高齢化や過疎化による地域の空洞化により森林管理作業の担い手不足が問題となる場面では、担い手となる権利者をなるべく減らさない、または拡大させる方向を模索する例もあり、地域ごとの実情に応じて離村失権ルールを改めるなどの対応も実際に生じているようである[12]。また、権利喪失時に何らかの補償などが予定されている集団では、離村失権が集団財政の悪化につながり、事業運営への負の影響もありうるために、離村失権ルールを改める必要が生じうる[13]。さらに、入会地の登記名義が多数の離村失権者を含むかつての所有名義人の記名共有のままである場合などには、入会地の利用ないしは管理、処分の各場面において、離村失権ルールにもとづく権利者間の権利の移転が登記名義に正しく反映されていないことに起因する（地盤所有権をめぐる）紛争も生じる[14]。

　もっとも、離村失権ルールが果たす機能に着目すれば、それが良好な自

---

12) 山下詠子「慣行共有における所有・森林管理・権利関係の実態」林業経済67巻5号（2014年）9頁以下によれば、「入会権の典型的性格の1つとされている「離村失権」原則があてはまらない入会集団は増加傾向にあり」、2000年時点では約3分の1（1960年時点では約2割）の入会集団において離村しても権利が残されている実態がある。ただし、山下は、転出後にも義務出役に参加し義務を果たしているケースについては、そもそも「離村失権」にいう「離村」にはあたらないとも解釈できる余地を指摘する（10-11頁）。

　なお、山下は、世界農林業センサスにおける「慣行共有」（「会社」、「社寺」、「共同」、「各種団体・組合」、「財産区」、「ムラ・旧市区町村」の6つの名義区分よりなる）を参考として、「入会慣行によって利用してきた山林原野で、集落等の地縁集団による共同管理のもとにおかれているもの」（1頁）を「慣行共有」と定義し、現在は生産森林組合として組成されている集団を含めてその動態を検証している。

13) 山下・前掲注12)13頁などを参照。

14) 黒木三郎「林野をめぐる権利関係の特殊性」佐藤篤士編『中村吉三郎教授還暦祝賀論集』（早稲田大学法学会、1974年）322頁注（2）によれば、入会集団の構成員全員の合意のもとで入会地の売買契約が有効になされた場合でも、かつての記名共有の所有名義人の相続人らが登記簿上は移転義務者と解されうるために、離村失権の慣習・規約により真実の権利者間に有効な権利移転がなされていても、登記上の移転がきわめて困難になる場合も多い。そのため、国や地方公共団体が公路設営等のために入会地を買収する場合には、固定資産税の滞納処分を行い、競売手続によって第三者に所得せしめて移転登記を行い、そのあとにかかる第三者と売買契約をするといった便宜的方法が採られることがあったようである。

然資源の維持や環境保全の側面で現代的にも重要な役割をもち、その伝統的な資源管理の方法が自治的解決[15]のひとつのモデルになりうるといった観点からの再評価もみられ[16]、当該ルールの機能的意義についての評価も必ずしも一様ではない。

(2) 離村失権ルールの様相

このように、離村失権ルールについては、それが入会権の典型的な慣習規範のように取り扱われ、ある共同関係において入会権または慣習の存立を認定・評価する際にも重要になりうる指標のひとつたりうるもののように評価される一方で、他方では、その慣習をとりまく諸条件と入会権者の意識の変化とを踏まえて、入会関係における当該ルールの普遍的妥当性を再考すべき契機を見出すことができる。

しかしながら、そもそも、離村失権ルールとは、より具体にはどのような規範的内容を意味するものであろうか。改めて考えると、そのことについて、これまで十分に整理と考察がなされてこなかったように思われる[17]。

---

15) 資源や財の利用と管理に伴ういわゆる「コモンズの悲劇」のような囚人のジレンマの状況に対し、共同体による解決策を顕すこのような用語法については、伊藤修一郎『地方自治講義』（東京大学出版会、2024年）190頁などを参照。

16) たとえば、中尾英俊『入会権－その本質と現代的課題』（勁草書房、2009年）352頁は、「恒常的に管理することのできる位置（土地）に定住して、かつ管理の任を分担している」入会権者等の管理によって「山の緑が守られ、それによって清流も保たれ」うるといった機能を強調する。牧・前掲注8）219頁も参照。ほかに、コモンズ論からみた入会権の意義については、北條・前掲注3）333頁以下、鈴木龍也「コモンズとしての入会」同ほか編著『コモンズ論再考』（晃洋書房、2006年）221頁以下、岡田康夫「入会権の現代的活用」浦川道太郎先生・内田勝一先生・鎌田薫先生古稀記念『早稲田民法学の現在』（成文堂、2017年）155-158頁、上谷・前掲注4）133頁、科学研究費研究成果報告書『コモンズにおける資源管理ルールの再構築』（2006年）292-294頁〔上谷均担当部分〕を参照。環境保全・資源管理に加え、地域コミュニティや居住福祉学的意義への目配りを示すものとして、吉田邦彦『所有法（物権法）・担保物権法議事録』（信山社、2010年）167、169-170頁。

17) 管見の限り、離村失権ルールを正面から取り扱う先行研究は（本稿で取り上げるわずかなもの以外に）ほとんどないように思われ、入会権を扱う最新の注釈書ではもはや入会権の得喪や離村失権に関する説示自体が存在しない。小粥太郎編『新注釈民法（5）物権（2）』（有斐閣、2020年）799-810頁〔松尾弘担当部分〕。

入会の法律関係を論じる際に、まるで離村失権ルールが所与のものとして語られることもあり、より具体に、その要件や効果をいかに解するべきか[18]、なぜ入会権利者間でそのようなルールが求められる（と考えられている）のかという実質的・具体的な存在理由（あるいは正当化根拠）などについては、入会権の解説を備える民法の概説書等でも詳しい説示は乏しく[19]、また、一見して定かではない。

　改めて考えてみると、離村失権ルールは、（今日においてもなお）それが要請されるべき根拠を含め、いくばくかの不明瞭さを帯有している。離村失権ルールを、引き続き入会権（の存立を示す慣習）の存否にかかわる（事実認定と法的評価を行うにあたっての）重要な指標のひとつと解する場合には、その内実を明らかにすることが求められる。この点について、かつては、法社会学的な実態調査のもとで当該ルールをめぐる各地の慣習が取り上げられ、その総括的な分析がなされることがあり、また、わずかながら学理上でも一定の議論があった。

　本稿では、これらの一端に改めてスポットライトをあてることにより、一見特異にみえる当該ルールの解像度をいくらばかりか鮮明なものとしたい。

　加えて、離村失権ルールの具体的な検討は、近代法（民法）上の諸制度（通常の共有や社団の法律関係など）との比較において、（近代法体系のもとに

18）実証研究を行う法学分野外の論者からも、通勤圏であれば転出しても山林作業等の義務出役には参加するかたちで権利者として残る例などをみれば、「どこまでが「離村」に該当するのか（通える範囲は離村ではないのか）、居住地よりも義務を果たすことが権利者であるための条件なのかなど、「離村失権」原則のあり方も揺れている」との問題提起がなされている。山下・前掲注12）14頁。同旨の視点として、「現在の発達した交通手段によって従来の通作地域という概念もなくなった今日、地域（範囲）という枠があまり意味を持たなくなり、居住地に関係なく実質的に入会地に対して管理・使用等を行っているかどうかということだけが入会権者か非入会権者かを判断する材料になる」という沖崎佑吉「熊本県における入会林野整備と今後の方針について」村落と環境7号（2011年）22-27頁も参照。

19）たとえば、我妻栄『新訂　物権法（民法講義Ⅱ）』（岩波書店、1983年）427頁以下では、29頁にもわたって入会権について叙述がなされているが、離村失権ルールについては、2行ほどで指摘がされるにとどまる。ただし、後注43）。

どのように位置づけるべきかが度々議論される）入会権の権利関係をとらえ直そうとする場合にも、一定の意義をもつように思われる。その本格的な検討は他日を期するほかないとしても、その前提作業として、離村失権ルールに改めて注目することがいかなるかたちで今日的意義をもちうるかについても、若干の検討を加えたい。

2　古典的な利用形態に応じた離村失権ルール

(1)　入会権者の権利の喪失に関する民法典起草時の議論と入会慣行調査
(i)　法典調査会での議論

　はじめに、現行の民法典の起草過程において、入会権の規定のあり方が検討された際に、離村失権ルールについてどのような議論があったかについてみると、法典調査会においては入会権の得喪の問題が正面からとりあげられて論じられることはなかったようである[20]。この点については、法典調査会の委員らが、入会権の得喪自体も各地方の慣習にゆだねられ、それによって決定されるとみたからではないかといった指摘がある[21]。

　ところで、入会権（とくに「共有の性質を有する入会権」）の規定の立案に際しては、通常の共有の規律（民法第249条以下）の適用を入会の場面にそのまま認めてしまうと、共有物の分割や持分（権）の処分が自由となる（分割請求権や持分の清算請求権が問題となる）ことによる弊害があり、入会慣習ではその2つを制限するものが一般的であるため、主に（通常の共有との違いを強調するかたちで）共有物分割請求権と持分（権）の処分（譲渡）の自由とを制限するために「各地方ノ慣習ニ従ウ」ものとして、慣習が第一次的に法源とされるに至った[22]という経緯がある。入会の実態に適した法規範の攝取に努めるこの起草時の想定は、民法第263条（および第294条）の「各地方の慣習」が示す規範的意義を考察する際にも留意すべきものといえる。

(ii)　明治26年入会慣行調査と離村失権

　上述のように、入会権の得喪のあり方に関する具体の論議はなかったも

134

のの、当時の法典調査会では、民法に入会権を規定するためには実際の慣行に関する資料の調査を先決問題として行わなければならない[23]として、1893年（明治26年）に農商務省を通じての全国的な入会慣行調査[24]（本稿で

---

20) ただし、地方自治法制である1888年の町村制（明治21年4月25日法律第1号）の規律と入会権との関係について言及する場面ではあるものの、都筑馨六委員から、町村の一部落や町村の「其處ニ居マスレバ其權利ヲ得ル其所ヲ離レ丶バ其權利ヲ失フ」との言及があった。『法典調査会民法議事速記録』（日本学術振興会）第拾巻127丁裏、128丁裏（国立国会図書館デジタルコレクション https://dl.ndl.go.jp/pid/1367537〔参照2024-09-28〕。法務大臣官房司法法制調査部監修『日本近代立法資料叢書2 法典調査会民法議事速記録二』（商事法務研究会、1984年）では136頁〔133頁も参照〕）。
　　なお、北條浩『入会の法社会学 上』（御茶の水書房、2000年）378-379頁は、「入会権者が居住地を離れれば入会権を失うことは一般的な形態である」ものの、都筑の述べる入会権の取得のあり方は一般的な形態ではなく、都筑が町村制による公有的側面を強調するためにこのような例を挙げているか、または入会の実態を知らなかった可能性があることを指摘する。また、高村ほか・前掲注2）52頁〔高村学人担当部分〕は、特定の者に限定されずに一定の区域内に居住する者であれば同じ権利をもつという都筑の理解の背景には、入会集団は私法上の団体ではなく公法上の「てりとりい」団体であり、町村制が設けた区会ないしは町村会がその公的財産の管理方法を決すべきという考えがあり、その考え方はのちの入会権公権論に継承されていくことを示す（同頁注（27）も参照）。
　　いずれにせよ、入会権を、（私的）団体に属する権利ではなく一定の区域内に「居ル人」に属するものといい、「一定ノ行政區劃内ニ住居スルト云フコトガ必要條件ニナツテ居ル卽てりとりいト云フモノガ必要條件ニナツテ居ル」点で他の権利と異なるとして、「一定ノ區域ニ住居シテ居ル爲メニ持ツテ居ル權利デアルてりとりいデアル」（同上123丁表〔法務大臣官房司法法制調査部監修版では133頁〕）とみる都筑の主張は、入会集団および入会権の性質を公法上の制度（町村制）のもとで捉えた上でのものであり、離村による権利の喪失もその文脈にもとづくものであることに注意を要する。
21) 北條・前掲注20）378-379頁。
22) 『法典調査会民法議事速記録』（日本学術振興会）第拾巻121丁裏（国立国会図書館デジタルコレクション https://dl.ndl.go.jp/pid/1367537〔参照2024-09-28〕。法務大臣官房司法法制調査部監修『日本近代立法資料叢書2 法典調査会民法議事速記録二』（商事法務研究会、1984年）では132頁〔145頁以下も参照〕）、『未定稿本／民法修正案理由書』216-217頁（参照は広中俊雄『民法修正案（前三編）の理由書』（有斐閣、1987年）276-277頁による）。また、中尾英俊「入会権における慣習―入会慣習と民法の規定―」渡辺洋三先生追悼論集『日本社会と法律学―歴史、現状、展望』（日本評論社、2009年）402-406頁、高村・前掲注2）53頁なども参照。

第5章　入会権の得喪と「各地方の慣習」としての離村失権の原則性　　135

はこれを明治26年入会慣行調査とする）が行われ、その際の13個の調査項目
のひとつには、調査第7項目として「入会権ヲ有スル村内人民ノ出入ニ付
キ其権利ノ得喪」という項目が存在した[25]。

　このように全国から集めた入会権の慣習や利用実態の回答書については、
報告委員（補助委員）が起草委員に対して調査結果をまとめたものを報告
するかたちで法典調査会のその後の議論のために活用されたようであ
る[26]。そして、上記第7項目の回答では、村（字）外へ転住する（居住を
移す）こと、および、村外へ籍を移すことにより、権利を失うという内容
の離村失権の存在が多数の事例において確認されている[27]。

---

23)『法典調査会民法主査会議事速記録』（日本学術振興会）第壹卷116丁表（国立国
　会図書館デジタルコレクション https://dl.ndl.go.jp/pid/1367593〔参照2024-09-
　28〕）の箕作麟祥発言部分を参照。周知のように、旧民法の施行延期の理由のひと
　つに入会権の規定の有無をめぐる議論があったことについては、高村ほか・前掲注
　2）49頁〔高村学人担当部分〕の明瞭な整理を参照。もっとも、ボアソナードが当
　時の日本の慣行一般につき、合理的な慣行は決して排斥すべきものではなく、封建
　的でなくて社会の実情に適合する慣行についてはそれらを顧慮していたことにつき、
　福島正夫「旧民法と慣行の問題」星野通博士退職記念論集『法史学及び法学の諸問
　題』（日本評論社、1967年）295-322頁を参照。
24) 調査内容の詳細は、福島正夫＝清水誠編『明治二十六年全国山林原野入会慣行調
　査資料』（全五分冊）（民法成立過程研究会、1956年）および福島正夫＝北條浩編著
　『民法成立過程と入会権—明治二十六年全国山林原野入会慣行調査資料の総括分析
　—（資料編）』（森林所有権研究会、1968年）を参照。民法成立過程研究会版と森林
　所有権研究会版の相互の関係や資料補充の内容については、後者の3-4頁を参照。
25) 項目につき森林所有権研究会『明治二十六年全国山林原野入会慣行調査資料の総
　括分析』（森林所有権研究会、1968年）43頁〔福島正夫担当部分〕、福島正夫『入会
　林野の法と権利意識』（林野庁調査課、1955年）32-33頁を参照。また、調査の報告
　委員を担当した末松謙澄が穂積陳重・富井政章・梅謙次郎の3名の起草委員に報告
　をしたことがわかる法政大学図書館デジタルアーカイブ・梅謙次郎文書・民法起草
　材料二08「入会権ニ關スル報告」（https://archive.library.hosei.ac.jp/db/default/
　mr3/459/ 0）にも、調査項目と項目ごとの取りまとめが示されている。調査結果
　については、福島＝北條・前掲注24) 85-100頁も参照。
26) 高村ほか・前掲注2) 51頁〔高村学人担当部分〕。なお、従来の森林所有権研究
　会・前掲注25) 31-34頁や北條・前掲注20) 153頁では、実際に法典調査会の起草委
　員および補助委員が回答書にどの程度目を通すことができたかは明らかではないと
　されていたが、高村・同頁注（25）は、従前の研究では前注（25）に挙げた末松報
　告の存在が発見されていなかったことを指摘する。

調査結果の総括分析を行う森林所有権研究会は、入会権の取得について
は、村（字）への転住・転籍により、自動的に入会権を取得する例だけで
なく、加入金の納入または集団内の評議を経るといった一定の手続を要す
る事例も多いのに対して、「これにひきかえ、入会権の喪失の場合には、
入会権者が村内〔原文ママ。村外の誤記と思われる〕へ去ることによって
きまるとされるのは、ほぼ一般的なものであったと思われる」[28]と分析す
る。

村（字）の出入りの仕方には一定の規制がある場合もあり、この当時の
慣行調査においても入会集団ごとに異なりのある様相をみてとることがで
きるが、この調査によっても、いかなる事情があるにせよ入会地から居住
を移せば入会権を喪失することは明らかであるとされていた[29]。もっとも、
居住の移転という観点には注意を要するようで、入会権の得喪では、「入
会集団への出入り」が重要であり、「行政村としての村」とはほとんど関
係がないことが当該慣行調査からみてとることができる[30]との見方もあ
る。調査の総括分析によれば、失権の可否は、あくまで（私的な）集団・
団体に所属する資格の有無に拠るというのである。

ただし、権利の得喪の問題以外を含めて、起草委員らにおいても、入会
の実態をどう捉えてよいか、前近代的な社会関係と近代的法概念との関係
について苦しまざるをえなかったようで[31]、その帰着点が「各地方の慣

27）前掲注25）の末松報告（「入会権ヲ有スルハ其町内ノ人民ニ限」られる。ただし、
　　他町村へ移住してもなお入会権を保持する例外の事例があることも報告されてい
　　る）および総括分析として森林所有権研究会・前掲注25）82-86頁〔北條浩担当部
　　分〕、北條・前掲注20）183-187頁を参照。
28）森林所有権研究会・前掲注25）84-85頁〔北條浩担当部分〕、北條・前掲注20）
　　186頁。ただし、北條によれば、他地に転籍すれば入会権を喪失するものの、戸籍
　　はそのままにしておいて転居した場合にはどうなるのか、このことの効果が入会権
　　の中断なのか、入会権の喪失なのかについては、一般的な回答を見出すことができ
　　ないようである。
29）森林所有権研究会・前掲注25）88頁〔北條浩担当部分〕、北條・前掲注20）187頁。
30）森林所有権研究会・前掲注25）87-88頁〔北條浩担当部分〕、北條・前掲注20）
　　187頁。
31）森林所有権研究会・前掲注25）14頁〔福島正夫担当部分〕。

習」の条文化にあることには留意を要する。

(iii) 昭和5年入会慣行調査とその他の慣行調査

ところで、従前の入会権研究でも度々触れられるように、明治26年入会慣行調査のほかに、1930年（昭和5年）にも入会林野に関する大規模な慣行調査（実際は昭和4年から昭和6年にかけて調査）が行われている（本稿ではこれを昭和5年入会慣行調査とする）。

もっとも、明治26年入会慣行調査と昭和5年入会慣行調査とでは、前者が入会に関する法規範を追求するのに対し、後者は全国の入会林野そのものの把握を主な趣旨・目的とするといった違いがある[32]。昭和5年の調査については総括的な分析が十分になされていないこともあり、本稿では、当該調査でも（権利の存続要件につき）「村住民タルヲ以テ足レリ」あるいは「各区民ニシテ旧来ノ縁故者トス」といったかたちで（明治26年の状況と相似した）離村失権ルールを仄めかす慣習の存在が示されていたことに触れるにとどめておくこととする[33]。

(2) 初期の学説と離村失権ルール

さて、つぎに民法典成立後の状況に目を移せば、法典調査会においても入会権の得喪のあり方は当然に各地方の慣習にゆだねられて決定されるものと考えられていたことからか、民法典成立後の初期の学説においては、離村失権ルールについて触れるものはあっても、その内容につき詳述するものは（管見の限り）乏しい[34]。

ただし、当初から、入会権の定義づけの際に、「入会権トハ一定ノ土地

---

32) 福島正夫＝北條浩編（小林巳智次監修）『昭和5年全国山林原野入会慣行調査資料（第1巻〜第6巻）』（徳川林政史研究所、1969年）のとくに第1巻24頁。

33) 福島＝北條・前掲注32）62,417頁。そのほかの慣行調査については、同書（第1巻）・11頁以下、森林所有権研究会・前掲注25）34頁以下〔福島正夫担当部分〕参照。

34) もっとも、本稿では、紙幅の都合から従前の学説の網羅的な検討を行うことは叶わない。詳しい検討については別に機会をもちたい。

ニ住スル人カ」[35]、あるいは、「其地ノ住民トナリタル者」[36]が、山林原野
に対してもつ権利であるとして、入会地等が存する一定の地域への居住
（住民であること）を前提とするかのような定義づけが多くみられる。定義
を居住（あるいは籍）の存否にかからしめることについては、「入会権ヲ得
ルモノハ何人ヲ問ハス村内ニ居住ヲ占メ夫役公費ヲ負担スルモノトス又入
会権ヲ喪フモノハ本籍寄留ヲ問ハス他町村ヘ移転シ夫役公費ノ負担ヲ欠ク
モノトス」[37]ることを示していた明治26年入会慣行調査における結果を踏
まえ、当時、ある程度の共通理解があったように思われる。

　このような状況の中で、具体的に離村失権ルールに言及するものとして
は、たとえば、各地に広く存在するものと想定しうる入会慣習の代表例と
して、分割請求権を否定する慣習、持分譲渡を制約する慣習、外部に対す
る代表者を備える慣習の3つに加えて、「住所ヲ転スルトキハ共有権ヲ失
フコト」とする慣習を挙げるもの[38]、さらには、各地の慣習により多種
多様に存する入会権の通有性を精査すれば、それは「一定区域ノ住民カ共
同シテ有スル権利ナルコト」であり、「故ニ新タニ其地域内ノ居住ヲ廃ス
者ハ当然ニ入会権ヲ失フ」、「即チ入会権者ノ範囲ニハ移動アルヲ免レザル
ナリ」[39]と説示するものなどがあった。

35）富井政章『民法原論 第二巻物権』（有斐閣、1906年）284頁（なお入会権の規定
　　の立案担当を担ったのは富井である）。横田秀雄『物権法大意』（清水書店、1905
　　年）210頁も同一の表現をとる。ほかにも、杉山直治郎＝木下哲三『民法物権編講
　　義』（明治大学出版部、1905年）362頁、三潴信三『物権法提要』（有斐閣、1917
　　年）241頁なども参照。

36）中島玉吉『民法釈義』（金刺芳流堂、1914年）583頁。

37）福島正夫＝清水誠編『明治二十六年全国山林原野入会慣行調査資料 第四分冊』
　　（民法成立過程研究会、1956年）79-80頁。

38）中島・前掲注36）585頁。

39）遊佐慶夫『民法概論（物権篇）』（有斐閣、1920年）325頁。遊佐はその上で、本
　　文で後述する明治33年判決を根拠に、稀に居住の如何にかかわらず個人（田畑所有
　　者）としてその権利を保有するものとする慣習があることを指摘する。

(3) 2つの大審院判決と1つの最高裁判決

(i) 2つの大審院判決

つぎに、判決例に目を移すと、離村失権ルールについては、その慣習の存在を明示的に示す2つの大審院判決がある。

ひとつは、「元来我国ニ於ケル秣山等ノ入会権ハ住民トシテ其土地ニ住居スルニ附従シテ有スル所ノ一種ノ権利ニシテ、其住居ヲ轉スレハ権利ヲ喪失シ、他ヨリ移轉シテ住民トナレハ其権利ヲ取得スヘキヲ常トスレトモ、尚ホ住民等個人カ其地上ニ対スル権利トシ入会権ヲ有スルコトアルハ我国慣習トシテ認ムル所ナリ。既ニ如斯古来ノ慣習上入会権ハ其土地ノ住居ニ随伴スル一種ノ土地ヲ利用スル役権関係ニシテ其住居ノ去就ニ依リ権利ノ得喪ニ消長ヲ来スヲ通例トスルモノ」（句読点は引用者）という大判明治33年6月29日民録6輯6巻168頁であり、もうひとつは、「入会権カ村民若クハ区民タル資格ニ基ク場合ニ於テハ住民中其権利ヲ放棄シ又ハ他ニ移住スル等ニ依リ権利ヲ喪失スルノ外住民全体ニ均一ノ権利ヲ有シ其権利ヲ得ル者ト之ヲ得サルモノトアル如キ不同ナルコトナキヲ通例ト為ス」という大判明治39年2月5日民録12輯165頁である。これらの判決は、いずれも離村失権の慣習に言及するが、前者は離村をしてもなお権利が残る余地をも示す[40]。

もっとも、これらの判決は、当時の地方自治法制（町村制）や行政実務との関係で入会権が公法上の権利に類するように扱われる可能性があったり[41]、あるいは、入会権が（地盤所有権に関わりのない）単なる役権として捉えられうる余地があったことなど、各地の慣習の実態調査や入会理論が十分に展開・形成されていない時期におけるものであることには注意を要する[42]。

---

40) ただし、当該事案は、権利行使の可否との関係で入会権の帰属主体をどのように捉えるべきかが問題となっており、離村失権の例外の説示部分がどのような意味をもちうるのか、理解が難しい。

41) 入会権の「公権論」と「私権論」の内容、「公権論」構成の問題点については、渡辺洋三著（北條浩＝村田彰編）『慣習的権利と所有権』（御茶の水書房、2009年）299頁以下。

それにもかかわらず、これらの判決は、その後の学説において、しばしば離村失権ルールの存在を示す際の論拠とされることとなった。

たとえば、『現代法学全集』の我妻栄の初期の物権法に関する叙述部分には、つぎのような説示がある。

「入会権を行使する主体は一個又は数個の部落の住民及びこの部落に田畑を所有する為めに他村住民でありながら入会権に関し住民と同様の権利を認めらるる所謂入作百姓である。部落民はその部落を構成する住民たる資格に於て入会権を有する。従つて他村に移住する者は部落民たる資格を失つて当然入会権を喪失し、他村よりの移住民も部落の構成員と認められることによつて入会権を取得する。又入作百姓は部落住民ではないが、その部落に田畑を所有してこれを耕作する者たる資格に於て、その部落の慣習法上、入会権を享有せしめらるるものである。従つてその権利も亦右の資格と共に得喪せらるる」[43)]（引用者により旧字体を新字体に改めた）。

我妻は、判例もこの趣旨を明らかにするとして、さきほどの２つの判決を引用する。

さらに、上記の我妻と同時期には、裁判官による入会権に関する調査研究報告書などでも、明治33年判決を根拠に「入会権の得喪は要するに部落の住民資格の得喪と運命を共にするものと謂はざるべからず」として、入会権に特有の権利喪失のあり方が説かれていた[44)]。

---

42) たとえば、その後の入会理論に最たる影響を与えたとも評される中田薫の入会研究（「徳川時代に於ける村の人格」など）が展開されるのは1920年以降であり、また、（中田薫などの研究の影響を受けて）大聯判大正９年６月26日民録26輯933頁によって判例変更がなされる前までは、特定の入会集団（入会権者）が入会地の地盤と毛上とを共有する場合には、（民法施行後は）通常の共有とみなされ、もはや入会権とみるべきではないとして（大判明治37年12月26日民録10輯1682頁）、用益権に類するようなかたちで入会権が捉えられていた。上記大正９年判決の意義を論評する我妻栄「聯合部判決巡歴 第21話」ジュリスト101号（1956年）20-25頁は、入会権の本質を説くためには中田薫による研究の登場と、その後の末弘厳太郎や戒能通孝らによる理論の展開を待つ必要があったとし、その上でなお入会権の権利関係の把握のために各地の慣行調査を要することを示唆していた。

43) 我妻栄「物権法（完）」末弘厳太郎編代『現代法学全集第31巻』（日本評論社、1930年）312-313頁（322-323頁）、313頁（323頁）注（三）。

(ii) 最高裁判決にみられる具体的な慣習としての離村失権

これに対して、現在まで、直接に離村失権ルールを取り上げて何らかの規範を定立した最高裁判決はない。ただし、いわゆる「分け地」[45]がなお入会地であるか（入会慣習としての集団的規制が及ぶか）否かが争われた事例において、最一小判昭和40年5月20日民集19巻4号822頁[46]は、「部落民が部落外に転出したときは分け地はもとより右共有林に対する一さいの権利を喪失」するとした原審の認定事実をもとに、原判決の「分け地の分配によって入会権の性格を失ったものということはできないとした判断」を是認している。

また、その原判決（広島高判昭和38年6月19日民集19巻4号836頁）では、入会権（および入会慣習）の存立の判定の基準としては、「入会権の本質的な特徴」である（通常の共有の規律による制約とは異なる）「部落団体の統制が存するか否か」が重要であり、その具体の内容として「部落民たる資格の得喪と使用収益権の得喪が結びついているか」が判断要素のひとつになることが示されていた。

---

44) 当時の仙台地方裁判所判事および司法研究第二部研究員である両角誠英「入会権に就て」『司法研究 第二輯 報告書集三』（司法省調査課、1926年）87-88頁は、入会権は「實質上一定部落の住民の有する權利にして其の住民たる資格を取得したる者は當然此の權利を取得し其の資格を喪失しうたる者は又當然之を喪失する」という。なお、判決日が明治33年6月25日と引用されているが29日の誤記だと思われる。

45)「分け地」とは、入会地の一部を個々の入会権者に割り当てて配分し、配分を受けた入会権者が独占的に使用収益することを認めるものをいう。この慣行は、古典的利用形態（入会権者が入会地に立ち入り、雑木・落ち葉・枯枝を採取し、下草や秣を刈り、放牧等を行うなどの明治初年当時に多くみられたとされる共同利用形態）、直轄利用形態、分割利用形態、契約利用形態などに分類される入会地の利用形態のうち、分割利用形態の一例（割山利用）にあたる。利用形態ごとの平易な解説として、潮見俊隆『入会権と入会政策〔入会問題研究叢書 第一期第三冊〕』（富士山麓入会権研究所、1963年）13-18頁。

46) 同判決の事案と判旨の詳細については、上谷均「判批」別冊ジュリスト175号（2005年）164-165頁。北條浩『入会の法社会学 下』（御茶の水書房、2001年）403頁以下も参照。

(iii) **判決の捉え方**

　学説上では、以上にみた各判決について、つぎのような評価がみられる。

　それは、地域によっては一般的な慣習と異なった慣習もありうるために、個々の慣習について判断することが入会裁判においては要求されるところ、上述の明治33年判決や明治39年判決のように「ただ一般論として、他部落への移住者は権利を喪失するとのべているものは、当該地域の慣習にもとづいて判断したものといえず、判旨に疑問がある」。これに対し、昭和40年判決は、「当該地域に実際にそのような慣習があることを事実として認定しているもの」として「慣習にもとづく裁判」を行った判例である、とみる評価である[47]。また、明治33年判決や明治39年判決など[48]では、村や部落、住所という用語が不用意かつ不明確に使われているために、それらは権利喪失の要件を明確に構成しているとはいいがたく、「入会権の喪失は、地域集団としての入会集団からの離脱という点に求められるのであって、単に住居の移転という現象に目を奪われてはならない」[49]ともいう。

　このような整理と評価は、主に、1950年代から展開された川島武宜らによる共同研究（「入会権の解体」研究）[50]などに代表されるように、入会権に関する「生ける法」の社会学的な調査研究の成果[51]を踏まえたものであろう。

47）渡辺・前掲注5）559-560頁。

48）離村失権ルールに言及する下級審判決については、渡辺・前掲注5）559頁、中尾・前掲注16）75頁以下を参照。

49）渡辺・前掲注5）560頁。

50）川島武宜＝潮見俊隆＝渡辺洋三編『入会権の解体 第1巻・第2巻・第3巻』（岩波書店、1959年・1961年・1968年）。なお、そこでの「解体」は、入会権の「解体消滅」を意味するものではなく、あくまで古典的な集団的個別利用形態（入会稼）が、直轄利用（契約利用を含む）形態や分割利用形態に「転化」する傾向と、入会集団における個人主義的要素の発生と増大という「変化」の傾向とを、「解体過程」として描いたものであることについては、川島武宜「解題」同『川島武宜著作集 第8巻』（岩波書店、1983年）332頁。

51）「生ける法」の社会学的な調査の意義については、高村学人「過少利用時代からの入会権論再読―実証分析に向けた覚書―」土地総合研究25巻2号（2017年）57頁などを参照。

第5章　入会権の得喪と「各地方の慣習」としての離村失権の原則性　　**143**

　結局、離村失権ルールを実証的に分析するにあたっても、入会林野が農業経営の不可欠な補充物であった時代から、入会林野の資本経済的な利用の進展によって入会収益の内容が貨幣収入に転化するに至った現象[52]を捉え、社会的・経済的・政治的諸条件や入会権者の意識の変化の影響を踏まえて、ルールの原則性とその例外の類型的な考察を必要とする。

　この点について、川島らやその後の黒木三郎らによる、現実の入会地の利用形態や慣習を実証的にとらえようと試みた実態調査とそれを踏まえた入会理論の登場は、離村失権ルールの考察においても重要な視座を提供する。以下で分節して、それらの論者のもとで把捉された離村失権ルールの内実を取り上げることとしたい。

3　入会権の実態調査と離村失権ルールの再考の兆し

⑴「入会権の解体」現象と離村失権ルール
——川島武宜による理論形成

　いわゆる「生ける法」の社会学的調査により、「入会権の解体」[53]現象を捉え、利用形態や慣習の変容に応じた入会理論の構築に努めた川島武宜にとって、それらの変容に応じて離村失権ルールの内容も一様ではなく、多様なかたちがありうるものとみなされた。

　川島によれば、「構成員権利者たる資格は、当該地域共同体の地区における居住を最重要な要件とするのであるから、構成員がその入会集団の地域の外に転出したときは構成員資格を喪失し、従って入会山に対する権利は当然に消滅する（すなわち、転出者は、無償で権利を放棄する結果になる）、とされるのが一般的原則である」。しかし、この原則は（いわゆる明治期にみられた入会稼などの）古典的共同利用形態の下では合理的なものと理解されるが、団体直轄利用や個人分割利用のもとでは事情が異なり、「直轄

52）渡辺・前掲注5）560頁。
53）その意味については、前掲注50）。

林に対する構成員権利者の個人的権利の意識が発生し、また、個人分割利用における利用権の個人的性質が強化されるにしたがい」、一般原則が動揺する傾向もみられる。そのような事情のもとでは、「転出者の権利の当然消滅の原則は変容され、転出者にも若干の代金配分請求権を認めたり、また他の権利者（或いは非権利者）への権利者資格の有償譲渡という現象を惹起したりしている」[54]。

　また、川島は、入会権者の有する権利を「持分」として概念構成しないことは不当であると述べる文脈において、従前の入会理論が、個々の入会権者は持分を有しないと解していたのは、離村（転出）して構成員資格を失った入会権者は従前の入会権につき補償を受ける権利を有しないこと、および、入会権者の資格ないしは地位を第三者に譲渡する自由を有しないことを説明するためであったといえるものの、実際には転出者に補償を受ける権利があるとする慣習は少なくないことを指摘する[55]。

　そして、入会権者の権利を「持分」として構成しないように捉える立場の背景には、「入会権は一般の財産権と異なり、地域住民がそこに居住することの単なる反射として事実上均霑するところの・共同の利益にすぎず、あたかも一定の土地に居住するとそこに存在する道路を利用するのと同様だ、という考えがあるのではないか」との疑念を呈し、「これは重大な誤りである」という[56]。その理由は、現在まで「入会地」として存続したものは、とくに私有財産的性質の強かったものであり、入会権の私有財産的性格はきわめて明らかであるからである。そのために、上記のような背景で「持分」を否定する考え方は、川島のもとでは、入会権の私有財産的性格をあいまいにするものと批判される[57]。

　では、川島は離村失権（の要件と効果）をどう捉えるか。彼によれば、

54）以上につき、川島武宜「入会慣習法の実態」同『川島武宜著作集 第 8 巻』（岩波書店、1983年〔初出は1958年〕）18-19頁。

55）川島・前掲注 9 ）74頁、112頁注（36）。

56）川島・前掲注 9 ）74-75頁。

57）以上、川島・前掲注 9 ）74-75頁。川島の入会権論の特徴については、上谷・前掲注 4 ）127頁以下。

離村者が、寄り合い・総会に出席・発言・表決する権利（および入会財産の管理・処分に関する事項の決定に参加する権利）や、入会地の利用にかかわる権利の行使、共同体における共同生活や入会財産の保全にかかわる賦役等の義務・負担を果たすこと（これらの権利義務が「入会権者たる地位の・・・・・法的な内容」をなす）が、それぞれ事実上不可能となり、権利行使が認められず、義務の履行が求められない状態となれば、そのような離村者は入会権者としての「実質上の地位を有しない」ことになり、それによって・・・・・・・・・「構成員の地位の消滅」すなわち「失権」という法的効果（として意味づけられ観念されるもの）が導かれる。川島は、この理解を「総有（集団）」としての（法的）構造から導く[58]。

　以上の川島の見解によれば、明治33年判決や同39年判決は、入会権を「地域住民がそこに居住することの単なる反射として事実上均霑するところの・共同の利益にすぎ」ないものと捉えた判決であるとみなされるだろうか。いずれにしても、川島には、離村失権といっても、その内実は一様ではなく、転出者に補償を要したり、有償での資格・地位・「持分」の譲渡を伴うことがあっても、入会権の存立が否定されるわけでなく、そのようなバリエーションのある集団的規制の内容も入会慣習たりうるものと評価しようとする実践的意図[59]があったように思われる。もっとも、このような川島の理解からは、離村失権ルールそのものを否定する取り決めがあれば、それも入会慣習とみなされるかまでは明らかではない。

---

58) 以上、川島武宜「事例研究3「東郷地下」（島根県隠岐）の入会権」同『川島武宜著作集 第9巻』（岩波書店、1986年〔初出は1974年の鑑定意見〕）171-173,184-193頁。また、離村者に立木売却代金を配分することがあっても、それはあくまで過去の奉仕や協力への寄与分として配分されており、当該代金配分だけを理由として離村者の構成員としての地位の存続を導くことは合理性を欠くとする。

59) 同様の視点は、川島が編者を務める注釈民法の渡辺・前掲注5）560頁にもみられる。

⑵　昭和49年入会慣行調査と離村失権ルール

⒤　昭和49年入会慣行調査における「権利の喪失」事例

　離村失権ルールについての全般的な実態調査としてきわめて重要な意義
をもつのは、林野庁の委託を受けて実施された1974年の黒木三郎・熊谷開
作・中尾英俊らによる『昭和49年全国山林原野入会慣行調査』（本稿では
昭和49年入会慣行調査とする）[60]である。

　昭和49年入会慣行調査の「解題」の「総論」には、「権利の喪失」の項
目で、調査結果を踏まえた離村失権ルールの実情がまとめられている[61]。

　それによれば、「入会地の商品化ならびに交通事情の変化等」により、
部落から外部に転出して構成員でなくなれば入会権を失うとする従前の離
村失権ルールに変化がみられ、転出後も権利をなお失わないとする入会集
団が一定数存在することが示されている（失うとされる1212例に対し、失わ
ないとされるものが205例で約15％にあたる）。

　集落地域外に転出しても権利を失わないと回答した要因は、①記名共有
名義の入会地で自身の登記名義があるから転出しても権利があるという
「登記に対する過信にもとづくもの」、②集落の隣接地域に移転した場合に
は転出しても権利があるとするもの、③入会地において割山利用や収益の
配分が予定され、自身が投下した資金や労力に対する補償としての権利[62]
を移転後も認めるもの、④以上までの諸条件とは異なるかたちで一定の条
件（転出後も作業に代役をたてて義務を果たすことを条件とする、一定期間は
権利を認め期間内に帰村しなければ権利を失うなど）のもとで権利があると
するもの、に分かれる。

　ただし、報酬ないしは補償としての一定の金銭を受けることは（民法上
の組合における払戻請求権のような）権利とはいえず、また、転出時の失権

---

60)　当該調査の概要については、黒木三郎＝熊谷開作＝中尾英俊編『昭和49年全国山
　　林原野入会慣行調査』（青甲社、1975年）の「はしがき」および「解題」を参照。

61)　黒木ほか・前掲注60) 11-12頁の「総論」部分は、中尾英俊の執筆担当箇所であ
　　る。

62)　補償の権利は「入会権とは別個の権利と解してもさしつかえない」とされる。中
　　尾・前掲注61) 11頁。

第5章 入会権の得喪と「各地方の慣習」としての離村失権の原則性 **147**

に対して報償が支払われる例よりも、転出時に権利を他の権利者または部落の住民に有償譲渡する例が多い、ともされる[63]。

(ii) 離村失権ルールの内実とその原則性の確認

以上の調査結果の検討のもと、同調査の分析では、離村失権ルールは、つぎのように評価づけられる[64]。

「転出しても無条件で入会権があるという集団は現実にはほとんどなく、したがって転出すれば入会権を失うという入会本来の慣習は、若干の変容を伴いながらも、その基本においてはかわっていないのである。仮にそうでなく、どこに転出しても永代、無条件で権利があるというのであれば、それはもはや入会地から通常の共有地に解体変化したものというべきである」[65]。

このように、昭和49年入会慣行調査の段階では、「離村失権の古典的慣習は今日においてはかなり弛緩してきている」[66]ことが示され、転出後にも権利が残る場合の条件が検証されている。しかし、それでもなお、総数の多寡からか、離村失権ルールは一般的慣習であると解され、それを全く認めないような入会慣習の存在は否定されうるとの解釈の指針が示されている（その場合には入会が通常の共有に転化したと解する方向性が示されている）[67]。ただし、離村失権がなぜなお原則性を有するのかにかかわる論拠は、それを認める慣習の多寡に拠る以外には、それほど明瞭ではない。

---

63) 中尾・前掲注61) 12頁。

64) 本文以下に引用した特徴は、「権利の喪失」の地方別検討においても、転出後に権利を失わない場合にも無制限ではなく一定の制約がある場合が多い点については（若干の傾向の違いは見受けられるものの）おおよそ共通しているようである。東北地方は松原邦明担当（17頁）、関東地方は小林三衛担当（20頁）、中部地方は黒木三郎担当（23頁）、近畿地方は熊谷開作担当（26頁）、中四国地方は武井正臣担当（30-31頁）、九州地方は中尾英俊担当（36頁）。近畿地方の例では、転出後にも権利を有するかが総会の決定に委ねられるという条件のものもあり、また、転出後の「帰村復権」の慣習を有するものもみられる（26頁）。

65) 中尾・前掲注61) 11-12頁。

66) 黒木三郎『現代農業法と入会権の近代化』（敬文堂、1971年）78頁も参照。

⑶　離村失権ルールの実態と具体化

⒤　現代的な離村失権ルールの模索の試み

　そのほか、入会の実態を踏まえた離村先権ルールのあり方を考究するものとしては、上記慣行調査のメンバーのものとして、社会的な諸条件の変化に伴う団体（共同体）規制の弛緩により、前述の調査に加えるかたちで、その内実が変容している実態を示す黒木三郎の研究[68]や、前述のように、離村失権ルールがもちうる現代的（環境保全的）機能に着目するとともに、入会慣習としての当該ルールの原則性を強調しつつ、その内実を具体に検討する中尾英俊の研究[69]などがある。

　それらのほかに離村失権ルールを扱う研究が乏しいなかで、昭和49年入会慣行調査が示す個別の慣習を分析して、有用な視角を析出するものとして、清水和邦による貴重な先行研究がある。

　清水によれば、離村失権ルールの原則性の是否や機制のあり方に関しては、失権事由としての「離村・転出」の具体的内容（地理的な遠近に限られない境界線の設定のあり方）、（賦役等の）義務不履行・費用負担と失権とが一体であるかどうか、総会・寄り合いの承認の有無、離村失権の時期（時間的な長短・猶予期間と帰村復権の可能性）および失権の手続の内容、離村者が入会財産に投下した資金・労力に対する権利関係の清算方法、「持分」（株・口等）の（無償・有償）譲渡性の可否、「持分」譲渡の方式・当事者、権利の取得（復権）の側面との調整などが問題となる[70]。

　清水はその上で、少なくとも居住の場所や地理的要因は権利の得喪を判定する際の決定的な基準ではなく、居住地域の要件が大きく緩和されうる現代的事情のもとでは、それよりも全員の合意による総会の承認の有無・

67）中部地方の「権利の得喪」の分析を担当する黒木も、「部落から外部へ転出すれば権利を失う、という慣習はきわめて一般的である」とする。黒木ほか・前掲注60）23頁。

68）黒木・前掲注66）6,21,30-31,33,40,42,77-79,185-186頁など。

69）後掲注76）を参照。

70）清水和彦「入会権における離村失権の解体的変化」東亜大学研究論叢26巻2号・27巻1号合併号（2002年）1-55頁、とくに11頁以下。

第5章　入会権の得喪と「各地方の慣習」としての離村失権の原則性　149

内容が重要になりうることを指摘する[71]。

　さらに、清水は、加入・譲渡・失権に関する各慣習内容が相互補完（または相反）的に作用しうるといった視点に加え、離村失権ルールは、地域外への権利の流出・分散を防ぐことで財産の分散・細分化を防止し、法的には所有権や利用権などが分散しないように阻止し、同時に、入会集団の編成をできるだけ維持するために機能している、といったきわめて重要な視角を示す[72]。

　これは、入会権の主体[73]たる入会集団の組織構造と、入会地（総体財産としての入会財産）の客体としての特性とに照らして要請されうる規律づけが、離村失権ルールであることを示唆する視角のように思われる。

(ii)　離村失権ルールの原則性の問い直しの是非

　以上のほかには、離村失権ルールに関する法学上の議論は乏しい状況にあるものの、近時、登記の名義形態が離村失権ルールなどに与える影響を実証的に検証する研究があらわれている[74]。高村学人らは、2000年の農林業センサスのもとでは、登記簿上で共有名義（に対応する共同の名義区分）にある入会地では離村者が権利を保持する集団の割合が58.2%と高く（全体では32.4%）、川島や中尾らの従前の学説が「想定しなかった離村者が離村後も失権せずに権利を保持するケースが多く存在」していることから、団体ごとの組織原理や登記名義に応じた入会集団の類型別の法的把握の必要を唱え、入会の法律関係を捉える際に離村失権の原則性が必ずしも

---

71)　清水・前掲注70) 12頁。

72)　清水和邦「昭和49年入会慣行調査における離村失権の慣習—入会権の解体と再編—」福井県立大学論集28号（2006年）115頁、120-121頁。2003年3月7日の林野庁での「入会林野コンサルタント中央会議」での報告をもとにしたものであるようである。

73)　集団の入会権そのものと各入会権者の個別的入会権とを区別する視点につき、吉田克己『物権法Ⅰ〈法律学の森〉』（信山社、2023年）627頁の整理などを参照。そのような区別を否定する立場として、石田穣『民法大系（2）物権法』（信山社、2008年）371、485頁。

74)　高村ほか・前掲注2) 81頁以下〔高村学人＝宮本麻子＝林雅秀担当部分〕。

妥当するわけではないことを示唆する[75]。改めて、典型的入会習慣として の離村失権ルールの是非が問われている。

4　離村失権ルールの内実と今日的意義

(1)　入会慣習における離村失権ルールの位置づけと構成員たる地位との関係

限られた素材を対象にしたものではあるものの、以上までの検討にもと づけば、離村失権ルールの要点はいかなるものか。また、今日、離村失権 ルールをどのような規範的または機能的意義を有するものとして捉えるべ きか。

まず、離村失権ルールは、明治期から現在までなお一応、入会権におけ る一般的あるいは基本的な慣習と解されているようであり[76]、少なくとも、 その慣習の存在は入会権（の要素たる集団的統制[77]）の存否を判別するた めの判定基準の一要素にはなりうる。

その上で、離村失権ルールは、入会権者としての（入会集団の）構成員 の地位の喪失にかからしめられるものであり、そのことについては、現在 までに学説上で共通した理解が形成されてきたものといえる[78]。

すなわち、「離村」による（個別）入会権の失権とは、入会集団を規律

---

75)　とくに、高村ほか・前掲注 2 ）93-100頁〔高村学人＝宮本麻子＝林雅秀担当部 分〕。離村者の名義が登記に残らない形とした上で集落とのかかわりを維持するた めに離村失権ルールの例外を認める例につき、110-113頁。ただし、本文で示した ように、過去の慣行調査や従前の学説でも、集落地域外に転出後も失権をしないと いう実態の変容自体は把握されていた。

76)　昭和49年入会慣行調査を担った論者の一人である中尾・前掲注16）76頁も参照。 また、川島武宜＝川井健編『新版 注釈民法（ 7 ）物権（ 2 ）』（有斐閣、2007年） 513頁〔中尾英俊担当部分〕。判例については、本文 2 （ 3 ）。

77)　上谷・前掲注 6 ）133頁。

78)　川島・前掲注58）183-187頁、中尾・前掲注76）513頁、同・前掲注16）75頁、広 中・前掲注 4 ）512頁、我妻・前掲注19）453頁、吉田・前掲注73）656-657頁、舟 橋諄一『物権法（法律学全集18）』（有斐閣、1960年）458頁を参照。

する規範にしたがって、入会権者としての構成員たる地位・資格を失う（当該集団から脱退・離脱する）という喪失原因のひとつを意味する。このように考えると、構成員が団体から離脱をして構成員たる地位を喪失したときに権利を喪失するという点だけをみれば、離村失権ルールは必ずしも（近代法体系上の他の法制度に比して）特異なルールには映らない[79]。その離脱が地理的な移動（移住・転籍）の事実（客体との現実の物理的関係）に伴い当然に発生する（実質上の地位の喪失が法的な地位の喪失につながる）、あるいは、労務や負担への協力といった現実の行動や権利喪失に伴う補償がなされない（持分〔権〕の譲渡や相続の自由が制限されている）場合などにはじめて、（他の法律関係とは異なる）当該ルールの特異性が前面に出てくるように思われる。

　入会権については、これまでにも当該規定の改正提案がいくつか[80]示されているが、そのうちのひとつには、入会権者の（個別）入会権は地理的な一定区域の住民に当然に認められるわけでなく、「入会団体が母体であり、この団体に帰属する権利の行使を構成員に認めるもので」あって、村の居住者ではなく入会集団の構成員であるかどうかを基準とすべきであるから、「入会権は、入会団体の構成員に帰属する」との新たな定めを置くべき旨を提案していたものがあった[81]。このような理解は、失権が生じる「離村」とは何かを構成員の資格の観点から捉える従前の理解と相似するように思われるが、このように、入会権の権利の帰趨のあり方を解釈論・立法論の双方から考える際にも、離村失権ルールに関するこれまでの

---

79) もっとも、入会権は地縁的な特性をもつ共同体の構成員の資格にもとづく権利であるという点では、他の団体・集団とは異なる特性をもちうる。武井正臣「入会権と財産区に関する行政解釈」渡辺洋三『入会と財産区』（勁草書房、1974年）95頁。

80) 従前の３つの異なる改正提案につき、高村ほか・前掲注２）349頁以下〔古積健三郎担当部分〕。

81) 平野裕之「第263条・第294条（入会権）」吉田克己編著『物権法の現代的課題と改正提案』（成文堂、2021年）649-650頁は、村に居住していても除籍により構成員でなくなれば入会権を失う（同時に入会地の管理等に伴う共同の負担も免れる）ことになるとし、構成員たる地位の得喪は慣習または規約に拠ることを示す規定の置き方を提案し、当該権利（地位）は譲渡・相続の対象にならないとする。

議論の蓄積は参考になり、その精査が求められる。

　ただし、明治26年・昭和49年の慣行調査の総括分析や、川島武宜によって示されていたように、離村失権ルールそれ自体を入会慣習に一般的なものであるとみたとしても、その存在そのものを否定しない範囲内において、その具体の内容は、個々の入会集団ごとの実情に応じて、異なる条件を伴う多様なかたちがありうる。離村失権ルールの慣習または規約[82]によるバリエーションの存在は、多様に肯定されている[83]。

(2)　離村失権ルールの要件と効果

(i)　要件論

　それでは、結局、離村失権ルールの具体的な要件はいかなるものか。

　失権をもたらす「離村（転出）」とは何か（何をもってその要件を備えたものと評価するか）[84]が問題となる。

　すでにみたように、産業構造や交通事情の変化、行政区画の変動などを踏まえれば、「離村」の判断にとって必ずしも地理的・場所的条件が重要になるわけでなく、構成員資格を失う実質的な要件が問われる。

　そうすると、この点について、やはり示唆的であるのは、（入会地などにかかわる賦役などの）義務の履行（費用・任務負担）の有無・程度・可否が、「離村（転出）」の成否の判断にとっても重要であるとの見方であろう[85]。また、一定の義務の履行は、共同体的な集団規制に服することであるという点に着目すれば、より端的に「入会集団の統制に服する」[86]か否かが「離村（転出）」の成否を決定づけるとの見方もできそうである。

　もっとも、冒頭で示した高齢化や過疎化に伴う担い手の確保という事情

---

82)　規約作成の重要性を説くものとして、高村・前掲注51) 59頁。規約を重視する立場の課題を指摘するものとしては、小川竹一「入会権制度改革論の検討」地域研究25号（2020年）29-51頁。

83)　上谷・前掲注6) 140頁、林良平編『物権法』（青林書院、1986年）178頁〔中尾英俊担当部分〕なども参照。

84)　中尾・前掲注16) 77頁、川島・前掲注58) 184頁も参照。また、山下・前掲注12) 14頁が示す近時の実情も参照。

が存在する場面では、担い手の維持・確保が優先されて義務の履行の有無
や程度が必ずしも「離村（転出）」の成否に直結しないことも想定できる。
そうすると、結局、失権を導く「離村（転出）」の成否は、集団的規制に
もとづく入会集団の（総会・寄り合いによる）意思決定の有無・内容に依
るようにも思われる。

　このことは、失権の手続の問題にもかかわる。どのような手続を経て、
いかなるかたちで権利が喪失するのか、個別の慣習も一様ではないようで、
その一般的な原則は明らかではない。関連して、入会集団の集団的規制
（慣習・規約）の内容に従い、（何らかの外形的な事実の発生により）「離村
（転出）」の要件を充足すれば当然に失権するのか、それとも、入会集団ま
たは離村者の意思表示の有無が問題となるのかについても、定かではな
い[87]。もし、「離村（転出）」に際して他の入会権者や第三者に権利（入会
持分〔権〕）の譲渡を認める慣習がある場合には、各当事者の意思表示の
要否も問題となろう。

(ii)　効果論

　効果の面では、「失権」とは何かが問われる。一定の条件を満たせば、

---

85)　費用負担の有無が離村失権の要件となるとした判決例として、安濃津地判明治45
　　年 2 月10日新聞777号22頁がある。具体的な負担や任務の内容を含めて、中尾・前
　　掲注76）513-514頁も参照。また、林野庁が組織する第 9 回入会林野整備コンサル
　　タント中央会議（1973年）で論議された内容を収めた、黒木三郎編「入会林野整備
　　の問題点（12）」林業経済21巻 9 号（1974年）26-27頁の「〔問60〕離村失権という
　　場合の離村とは何を意味するか」〔熊谷開作担当箇所〕の回答内容も参照。そこで
　　は、社会経済的条件に応じた規約の改正の必要も謳われている。当該会議は現在で
　　も年に一度は開催されており、西脇も現在、愛媛県の入会林野等コンサルタント
　　（法律部門）を務めている。

86)　吉田・前掲注73）658頁。

87)　この点について、中尾・前掲注76）514頁は、無償無条件の離村失権は離村者に
　　よる「入会権の放棄」と構成されうることを示唆する。また、北條浩『林野法制の
　　展開と村落共同体』（御茶の水書房、1979年）516頁は、部落外への「住居の移転」
　　または（戸籍制度上の）「転籍」といった「事実」が、当該部落（入会集団）に対
　　する定着を意味し、本質的にその一員になることの（永住の）意思表示を形式的に
　　証明する一つの手段と観念されていることを顕しているとする。

なお権利を失わないという実態が入会慣習たりうるかという点も、要件と効果とに絡む問題である。

　また、何よりも、無償・無条件で失権するか、それとも有償・条件付のもとで失権するかが問題となり、より具体には、仮に有償・条件付であるとしても、（入会集団・他の個別入会権者・第三者のいずれかへの）持分の有償譲渡を経るのか、それとも、入会集団から何らかの補償が供されるのか、有償という条件付きの失権のあり方・方法に違いが生じうる[88]。

　ここで重要となるのは、金銭的な補償や転出後の収益の分配がある場合などに、その補償等について離村者は何らかの実体法上の権利を有するかどうかである。

　あくまで入会集団側からの一方的な餞別・報奨金等を意味し、離村者から請求を求めるような実体法上の権利をもつものではないと考えることもできるかもしれないが、この点については、入会権の（譲渡または放棄の）対価ではなく、入会権とは別個の権利として保護されるべきであるとの主張[89]がある。たとえば、割地に離村者の立木等の所有権を認めた場合でも、それは入会権ではなく、その割地に対する入会集団と離村者との契約利用であると解したり、共同造林木売却収入金に対する配分請求は入会権にもとづくものではなく造林労務等の出資にもとづく不当利得返還請求権と構成しうる余地が示されている[90]。

　そのほか、現実には転居などがあっても、一定期間の間は権利を喪失し

88）この点について、実際にどのような慣習が形成されるかは、入会地の利用形態に影響を受ける問題である。生活に必要な草木等を採取するための古典的な共同利用形態では、他村に転出すればその必要性もないために、無償無条件で失権する（入会権を喪失または放棄する）と解しても問題は生じなかったものの、分割利用や直轄利用の形態であれば、投下した資金や労力の回収や立木などの果実の権利の帰趨が問題となりうる。

89）中尾・前掲注16）88頁、同・前掲注76）514頁。前掲注62）も参照。

90）中尾・前掲注76）514頁。これに対して、北條・前掲注46）315-317頁は、請求権の問題とすべきでなく、入会集団の同意を前提とする恩恵的な措置とみるべきとする。ほかに、転出時の補償を（合有構成のもとで）持分の払い戻しと捉える立場として、石田・前掲注73）490頁。前掲注58）および吉田・前掲注16）169頁も参照。

ない（離村失権の取り扱いを行わない）といった期間・期限の問題や、帰村した場合には復権するといった取り扱い（帰村復権）は、個別の慣習でそのような条件を認めるか否かによる。それが離村失権ルールの効果に関する事柄であるのか、それとも、要件に関する事柄であるのかは、明確な区別が難しいように思われる。

いずれにせよ、事案ごとに離村失権ルールの具体の慣行のあり方は異なりうるため、効果を語る際にもその点への留意を要する。

(3) 存在理由と離村失権ルールの原則性

それでは、結局、このような離村失権ルールはなぜ必要となるのだろうか。それは当該ルールの原則性の当否にもかかわる。

学説では、かつての実態調査をもとに、なお離村失権ルールが維持されている入会集団が多いことから、その一般的慣習としての特性が強調されていた。そうすると、仮に、離村失権ルールを採らない入会集団の例が多数を占めるまでに「変容」が生じた場合には、当該ルールは入会に一般的・原則的な慣習とみなされないことになろうか。それとも、上述したように、離村失権ルールそのものを否定するような実態があれば、その関係に対しては入会権の存立が否定されうると解するべきか（通常の共有に転化したとみなされるのか）。

この点に対しては、本稿の冒頭で示したように、離村失権ルールの実際上の機能に着目して、それが良好な自然資源の維持や環境保全の側面に役立ちうることや、伝統的な資源管理の方法として現代的な資源管理の枠組みに示唆をもちうることなどを根拠に、当該ルールの重要性を説くことも不可能ではないかもしれない。

しかし、より直截に、離村失権ルールは、入会集団外への権利の流出・分散を防ぐことで、入会財産の分散・細分化を防止し、法的には所有権や利用権などが分散しないように阻止すると同時に、入会集団の編成をできるだけ維持するために存在し、機能しており[91]、そのような理解においてこそ、それが、なお引き続き入会集団において全般的に（あるいは類型的に[92]）一定の通有性をもつ慣習規範になりうるとみるべきであろう。そ

こでは、入会権の主体たる入会集団の組織構造と、入会地（総体財産としての入会財産）の客体たる特性とに照らして要請されうる規律づけが、離村失権ルールであるといえる。

　離村失権ルールの存在理由の探究は、「総有」[93]的な帰属・組織の法構造のもと、一定の共同（事業）体の実情に応じた具体的な集団的規制のもとで、団体的なまとまりを維持して合意形成や事業を執り行うといった、通常の共有と異なり、かつまた、各種の社団や法人形態とも異なりうる、入会の権利構造とその実像を捉えるためにも必要となる[94]。

(4)　離村失権ルールの今日的意義と入会権の法的性質

　入会権の法的性質とのかかわりについては、近時、離村失権ルールの弛緩の度合いと、入会権の取得に関する自由度の２つを指標に、入会集団の団体法的特徴を分類し、入会権類型論を提示する新たな入会研究の動向もみられる[95]。そこでは、上記の２つの指標に応じて、入会権における総有関係が、通常の共有に転化し、あるいは、（構成員とは）独立した特定目的または領域団体的な社団を構成しうる可能性が示されている[96]。離村

91）本文で前述した清水・前掲注72）120-121頁の視角を参照。このような理解は、法主体の観点から入会権の法律関係の特性を捉えようと試みてきたこれまでの入会理論とも適合しうるものと思われる。川島・前掲注９）70、72、84頁、上谷・前掲注４）127頁以下。「入会権の維持のために協力するという義務・規範が現実に機能している集団」という視角につき、古積健三郎『法人格のない団体の権利主体性』（弘文堂、2023年）311、245頁。

92）高村ほか・前掲注２）96頁〔高村学人＝宮本麻子＝林雅秀担当部分〕の類型化を踏まえる場合には、それが適さない入会集団も想定しうる。

93）入会権の「総有」構成につき、川島・前掲注58）169-173頁などを参照。また、吉田・前掲注73）609-628頁の視角も参照。

94）実際上の機能的意義からみても、財産・権利の分散・細分化を防止するために機能するという側面は、近時のコモンズ論の観点からも有用な意義を見出すことが可能となろう。たとえば、高村ほか・前掲注２）97頁〔高村学人＝宮本麻子＝林雅秀担当部分〕は、（新規加入が求められず）離村失権ルールが弛緩した（村外の転出者も権利を保持する）権利流出型の入会集団では多数共有者型アンチ・コモンズの問題が起こりうることを示唆する。

95）高村ほか・前掲注２）96頁以下〔高村学人＝宮本麻子＝林雅秀担当部分〕。

失権ルールが、入会権と近代法上の共有や社団・法人制度の権利関係とを切り分ける分水嶺のひとつ（集団的規制としての慣習規範）として扱われうる。

通常の共有持分権であれば、その権利がその者の意思を介さずに失権することは当然にはありえず、また、仮に失権と同様の効果を生じさせる場合には、財貨帰属秩序の要請[97]に応じて、権利の喪失に対する補償が要請される。これに対して、入会権を共同所有権の一種とみて、入会権者も（通常の共有とは異なる意味での）「持分」を有すると解する論者[98]においても、離村失権ルールは一般的な慣習規範と評価され、構成員たる資格を失う離村時の入会権の喪失や補償のあり方は、あくまで（入会権者の全員一致の決定に支えられた）入会集団の集団的規制の内容次第であり、そのもとに委ねられる。そうすると、結局、入会権の権利としての性質や、そこでいう「持分」は、いかなる内実をもつものといえるだろうか。離村失権ルールの存在は、これらの問題にも再考を促す視点を提供する。

さいごに、離村失権ルールへの目配りが、地域資源管理や財の細分化・分散化に伴う現代的課題を考える際にも意義をもちうることに触れておきたい。

離村失権ルールの原則性については、「「近代的な」所有原理、組織原理とは対立するが、地域自然資源管理団体による資源所有にかかわる原則としてみるなら、－その現実的な妥当性は当該組織が実際に置かれている状況に左右される面が大きいとはいえ－今日においても基本的には合理性を有する」[99]との見方がある。これは、一定の要件を満たした地域社会の担い手に構成員資格を限定し、離村失権により他出者を排除していくことで、厳格に地域共同体構成員の集団たり続けることができるという（地域の資

96）高村ほか・前掲注2）96-100頁〔高村学人＝宮本麻子＝林雅秀担当部分〕。

97）たとえば、吉田克己『物権法Ⅱ』（信山社、2023年）1130頁。

98）川島・前掲注54）54-55頁を参照。

99）鈴木龍也「入会の環境保全機能に関する一考察」牛尾洋也ほか編『琵琶湖水域圏の可能性―里山学からの展望―』（晃洋書房、2018年）258頁。

源を共同で管理する集団が地域住民の組織であり続けるための）組織原理に現代的な合理性を見出そう[100]とする見方といえるが、このような視点の妥当性を検証するためにも、離村失権ルールの内実を解釈論上で明らかにする作業が必要となるであろう。また、一定の目的（または事業）のために協力が要請される権利義務関係の維持を図る規範の検討は、（共同・数次）相続にもとづく財の細分化・分散化といった現代的課題（過少利用問題など）への対処の方策を考えることにも接合しうるように思われる。

　もっとも、本稿では、権利の喪失と表裏一体である権利の取得の場面の検討や、持分（権）の譲渡性・相続性と放棄の可否の問題、権利者の単位（「世帯」[101]）の問題など、未検討に終わった課題がたくさんある。これらの検討については他日を期することとして、ひとまずここでは、一見古めかしいもののようにみえる「各地方の慣習」たる離村失権ルールへの目配りが、現代的な課題をも捉える視座をもちうることを示唆しておきたい。

【謝辞】本稿では、故三邊夏雄氏（横浜国立大学名誉教授）が保有されていた入会権に関する蔵書・資料を活用させていただきました。蔵書の譲り受けについてお取り計らいをくださった三邊マリ子氏、高村学人氏（立命館大学政策科学部教授）に厚く御礼申し上げます。

【付記】本稿はJSPS科研費（課題番号：JP21K13214〔若手研究〕）の助成を受けた研究成果にもとづく。

100）鈴木・前掲注16）242頁。
101）最二小判平成18年3月17日民集60巻3号773頁。構成員たる資格や地位が「世帯」（または「世帯主」）を単位としているか否かが入会集団と性質決定しうるメルクマールとなりうるかの議論につき、上谷・前掲注4）とくに126頁を参照。

第6章

土地所有権と公権力の役割

大阪市立大学名誉教授 髙橋 眞

1 はじめに

(1) 所有権は、生命・身体とともに、その侵害が直ちに違法となる絶対的な権利であるとされている。侵害に対する保護という点では、文字通りの絶対性を認めることに疑問はないが、その行使についてはどうか。民法206条は、「所有者は、法令の制限内において、自由にその所有物の使用、収益及び処分をする権利を有する」と規定し、所有権の行使が法令の制限に服することを明らかにしている。この「法令の制限」は、所有権にとって例外的なものと捉えるべきか、それとも所有権の概念に内在するものと捉えるべきか。仮に所有権の絶対性の根拠を、所有者の人格に由来するもの、所有者に「固有（プロパー）」なもの[1]と捉えるならば、人の行動の自由が法律によっても制限できないのと同様、所有権の行使の自由も本来は法令によって制約されるべきではないという考え方も成り立ちうる。動産などの使用については、他人の権利・利益を害さない限り完全に自由であるといってもよさそうであるが、土地についてはどうか。

土地がある人の「固有」に属するものと捉えられる場合、その根拠が、その人の労働によって説明されることがある。しかしその説明は適切か。プルードンは『所有とは何か』の中で、次のように疑問を呈している。すなわち「『一定の広さの土地は1人が1日に消費するだけの食物しか生産できない。もし占有者がかれの労働によって2日分を生産できる方法を見つけるならば、かれはその土地の価値を2倍にする。この新たな価値はか

れの働きでありかれの創造である。それは誰からも奪っていない。それは
かれの所有である』。占有者はかれの苦労と勤勉について2倍の収穫で報
いられるが、しかしかれは土地（資産）についてなんらの権利も取得しな
いというのが私の主張である。労働者が果実をかれのものとすることに私
は同意する。しかし生産物の所有が素材の所有をもたらすことは理解でき
ない。……勤勉な農夫は豊かで良質の収穫物にかれの勤勉の報酬を見出す。
土地に改良を加えた場合、かれは占有者として優先権をもつ。だが決して、
どういう仕方ででも、かれは耕作者としての優秀さをかれが耕作する土地

1）西谷修『アメリカ　異形の制度空間』（講談社選書メチエ、2016年）は、ジョ
ン・ロックの考えについて、人が「自分という人格」を所有し、その人格が「自分
の身体」を所有することによって「身体は自分に『固有のもの』つまり所有物とな
り、『私』は自己の身体の所有者あるいは所有権者となる。それが『奴隷』（『自
由』をもたない者）でないことの条件だ」、「その『私』が、みずからの身体によっ
て、たとえば自然の大地に鍬を入れ、荒地を作物の実る耕地に作りかえれば、『私』
の『固有の働き』によってその土地は『私』に『固有のもの』となり、その『固有
性』の働きかけによって、土地は『私』の『所有（権）』に帰するものとなる。そ
の身体の働きが『労働』と言われ、こうして『労働』が『所有』を生み出し、根拠
づけるとされるのである」と説明する（同書・101-102頁）が、この考えは「ある
意味で『新世界』を参照しながら編み出された」ものであると述べる（同書・164
頁）。さらに、「人がまず最初に所有するのは自分自身の人格であり、『所有』とい
うことは、自立した人格を成り立たせる基本的契機でもある。『自由な個人』がそ
のような『所有』を基礎に作られるとすれば、政府はまずそうした諸個人の『自
由』を保護すべきであり、そのためには『所有権』の秩序を守らなければならな
い」というロックの考えは、「本国イギリスでは、王や封建領主などによる伝統的
な支配体制からの解放をめざす市民階層にとって、かれらの自立の要求を根拠づけ
るものとして、市民革命の時代に社会変革を促す強力な指針となった。だが、イギ
リスでは歴史の負荷によってそのままでは実現されにくい考えは、まさに手つかず
の『自然状態』にあるとみなされたアメリカでは、何の障害もなく導入され新しい
社会と新国家の原理となったのである」と説明する（同書・99-100頁）。
　「『私的所有権』つまり法的に守られた私的で排他的な所有」（同書100頁）は、新
大陸においては、思想的に完成したものとして社会という要素を介することなく
（個人と国家が直結する形で）導入されたが、その成立の社会的な意義を考えるた
めには、むしろ「歴史の負荷」の内容、すなわちそれが存在した歴史的根拠と、そ
の変化を促したものは何かという点を考える必要がある。そのことが、現在におけ
る「所有権の内在的制約」あるいは「法令の制限」を考える課題につながるものと
思われる。

に対する所有の資格として持ち出すことは認められない」と。その上で、彼は「占有を所有に変えるには、労働以外のものが必要であり、それがないと、人は労働者たることを止めるや否や、所有者でなくなる。ところで、法律に基づいて所有とされるものは、記憶をこえた昔からの、他から異議の出ない占有[2]、要するに時効である」と述べる[3]。

(2) ここでは、法的な所有が成立するにあたり、土地に対する占有者の活動という、行為者の主体的な要素と、その結果、その人の所有が社会的ないし公的（法的）に承認されるという、社会的な要素との2つの要素が指摘されている。この指摘を敷衍するならば、ある行為主体がある土地に自らの労力を投じることによって、その土地そのものの所有権を取得する根拠として、以下の3つの要素が考えられる。

第一に、労働の投入による社会的有用性の創出である（①）。「個人＝個別の経営体」の次元の問題であるが、労働を投入することによってその土地が食糧を生み出すことを可能にする行為主体は、社会的有用物の生産に必要であるがゆえに、その土地との結びつきを持ち続ける（その土地を支

---

2) 最判平成8年11月12日民集50巻10号2591頁は、「他主占有者の相続人が独自の占有に基づく取得時効の成立を主張する場合において、右占有が所有の意思に基づくものであるといい得るためには、取得時効の成立を争う相手方ではなく、占有者である当該相続人において、その事実的支配が外形的客観的にみて独自の所有の意思に基づくものと解される事情を自ら証明すべきものと解するのが相当である」とした上で、当該事案につき、「Xらが前記のような態様で本件土地建物の事実的支配をしていることについては、〔所有者〕A及びその法定相続人である妻子らの認識するところであったところ、同人らがXらに対して異議を述べたことがうかがわれないばかりか、X1が昭和47年に本件土地建物につきXら名義への所有権移転登記手続を求めた際に、〔共同相続人〕Y1はこれを承諾し、Y6及びY9もこれに異議を述べていない、というのである。右の各事情に照らせば、Xらの本件土地建物についての事実的支配は、外形的客観的にみて独自の所有の意思に基づくものと解するのが相当である」と述べる（傍点髙橋）。取得時効に関する民法162条の解釈においては、「所有の意思」の有無を通じて、占有原因すなわち占有者と目的物との関係が争点になることが多いが、占有の態様としての「平穏・公然」、また「異議を述べられないこと」、すなわち利害関係者との関係も同様に重要な意味をもつ。

3) 河野健二編『プルードン・セレクション』（平凡社ライブラリー、2009年）176-177頁。

配する）理由がある。

　第二に、プルードンが「他から異議の出ない占有」と表現しているように、その行為主体によるその土地の支配に対する社会的承認である（②）。「地域社会」の次元、すなわち地縁的に、あるいは共同の活動によって結びついている他のメンバーとの関係で、その土地の使用・収益（さらに処分）をもっぱらその行為主体が行うことが承認されることである。この関係においては、問題が生じた場合には協議による解決が期待される。

　第三に、プルードンが「法律に基づいて所有とされるもの」と表現しているように、その行為主体によるその土地の支配に対する公的（法的）承認である（③）。「地域社会」を超える「法秩序」の次元の問題であり、第二点で触れた他のメンバーとの間で争いが生じ、調整がつかない場合、さらに地域的に、あるいは活動の上で共同の関係にない行為主体との関係で調整が必要である場合、メンバー相互、行為主体相互の関係を離れた公権力の機能を通じて、その行為主体によるその土地の支配が承認される必要がある。

　以上のように、特定の行為主体による土地所有権の取得を発生論的に図式化すると、所有権の根拠づけは、①社会的有用性の創出によるその土地の支配⇒②その土地の支配に対する（他のメンバーからの）社会的承認⇒③その公的（法的）承認という経過をたどることになる[4]。本稿では、日本において近代的所有権が確立する過渡期において、このような経過を見

　4）このような論理上の図式の前提として、実際には、その土地の開墾（労働力の投入による社会的有用性の創出）を許諾する公権力の働きが存在する。ただ、日本の近世においてはその許諾を受ける主体は村であるがゆえに、個別の経営体が特定の土地片を専用することについては村の中での承認が必要となる。これに対して、新大陸においては、イギリスが土地を「領有」し、（先住民を「法外」の存在として無視した上で）「植民事業を請け負う『会社』が国王の特許状によって『領有地』の一部の払い下げを受けて開拓を行い、その会社がまた、植民事業に参加した移民たちに、その貢献に応じて有償・無償で開拓地を分与する。そうして移民の一人ひとりが、割当てられた土地の『私的所有権』を手にするのである」とされる（西谷・前掲注1）93-95頁）。すなわち、ここでは、個別の経営体による所有権の取得と公権力の働きが直結する関係にある。

てとることができないか、とりわけ、労働の投入によって結びつけられる行為主体と土地との関係だけでなく、その結びつきの条件を整え、またその結びつきを権利にまで高めるにあたって機能する社会および公権力の役割について考えてみたい。

(3)　本稿では、松沢裕作『日本近代村落の起源』(2022年) が扱う、近世の農村社会が地租改正を経過することによって変化する過程についてのケーススタディに依拠して、土地所有権をめぐる動的過程における上記の3つの要素の連関について考えることとする[5]。

2では、近世農村社会と「村請制」と題して、洪水のたびに形を変える堤防外の耕地の管理にあたって、村による各家 (個別の経営体) の利害調整 (地域社会の次元) およびこれを条件づける公権力の作用との関連を見る。特に、近世農村社会のあり方を規定していた「村請制」が廃されることによる堤外耕地管理の原理の変化は、「所有権」概念の機能との関連で注目される。

3では、地租改正と「未熟なリヴァイアサン」と題して、土地秩序の混乱の克服をめざす地域社会内在的な動きがある一方、地価の決定については地域社会の次元では解決できず、公権力によるその役割の引き受けが求められる経過を見る。近世に比べて、地域社会との距離が大きくなっている公権力の性格が窺える。

4では、林野官民区分と無断開墾の問題と題して、公権力が十分な山林経営の能力を持たないまま「官有地」に組みこんだ土地において「早い者

---

5)　同書において、課題は「村落という制度が、地租改正による村請制の解体と町村合併を経て、どのような変化を遂げ」たか、「近世の村と近代村落はいかなる関係にあるものとして位置づけられるのか」の探究に置かれる (松沢裕作『日本近代村落の起源』〔岩波書店、2022年〕5頁)。しかし本稿の関心は、村落論よりも、近世末期から明治初期にかけての社会変動のもと、個別経営体の段階において、土地使用秩序がどのように変化し、これに直面した地域社会がどのように対応しようとしたか、またこの地域社会の対応に関連して、公権力はどのような役割を果たしたかという点にある。本稿では、これを考えるために同書のケーススタディの成果を参照するにとどまり、村落論には立ち入らない。

勝ち」の無断開墾が行われ、いわば無秩序の「自然状態」が生じた経過を見る。払い下げの期待の醸成により、公権力のあり様が社会的混乱を助長した面が見られる。

5では、以上の内容を受けて、土地所有権と公権力の役割について若干の考察を加える。

2　近世農村社会と「村請制」

（1）　武蔵国大里郡大麻生村（現在は埼玉県熊谷市の一部）には、荒川沿いの堤防の外にも耕地（堤外耕地）が存在した。堤外耕地は流路の変化によって水没・消滅しうる一方、土砂の堆積によって新たに耕作可能な土地が生じうる。近世の大麻生村では、その新規に生まれた耕作対象地は、各百姓に軒別に均等に分割され、「割地」と呼ばれていた[6]。

この荒川堤外地が大麻生村の村域に含められた経過は、元文5（1740）年の願書により、他村からの払下げ（新田開発の計画）の願いに対抗して、「地元村の願人惣代がより高い値段で払い下げを受け、それを『村請』とすることで第三者による開発を阻止した」ものであることがわかる。「ここから、貢租を納入することを村として請けることによって、ある土地への権利を確保するという論理が働いていることが看取される。」[7]

明治2（1869）年の史料によれば、その後、出水で「川欠」（水損地）となり、年貢が免除されたが、流路変更によって「寄洲」が形成されたため、安永年間（1772-80年）に3町8反6畝18歩を百姓間で分割し、領主に届け出た（「安永割」）。その後、安政3（1856）年の出水で「安永割」の過半が消滅し、隣接地3町7反5畝歩に新たに割地を実施した（「慶応割」。なお、史料によれば、4町歩余の「割残」があるとされる）。このような経過のもとで、明治3（1870）年の浦和県宛の願書により、「安永割の『過半』消失

6）松沢・前掲注5）92頁。

7）松沢・前掲注5）95-96頁。

に対応して、そこに賦課されていた貢租を免除し、そのかわりに4町歩余の新規割地（以後『明治割』と称される）を貢租賦課対象地とするという希望の表明」がなされた[8]。

　以上の経過を、著者は次のように整理する。すなわち「第一に、堤外耕地の一区画が耕作不能になると、新規の寄洲を代地として割地する。その際、領主に届け出て承認を求め、かつ貢租納入を村の側から出願する。」「第二に、耕作不能となる時点と貢租の免除のあいだにはずれが存在する。……すなわち、堤外耕地については、耕地は存在しないが貢租は支払うという期間が生じている。」「このように、耕地不存在のまま貢租の納入を続けるのは、堤外地に新規に開発可能地が発生した場合、その開発地が村の耕地として認定されるための権利を維持し続けるためであると考えられる。……これ〔貢租納入〕によって、ある耕地が消滅してから、時間を経て別の土地が耕作可能となった場合、消滅した耕地への権利が、新しい耕地への権利として継承されるのである。」「これは領主の側の、村請制下においては貢租の額ないし基準を容易に変更することはないという方針に対応しており、村が固定された貢租総額を長期的に支払い続けるためには、潜在的可耕地を含めた堤外地全体に、貢租納入を請け負う村全体が権利を持つ仕組みが、領主と村の双方にとって要請される条件であったことを意味している」と[9]。

　(2)　以上は地租改正以前の状況である。「地租改正の第一段階としての壬申地券発行作業は、個別地片の所有権者と地価を確定する一方で、貢租については変更を加えず村請制を維持するという方針で進められた。」明治6 (1873) 年9月、大麻生村は、秣場として村の共同利用に供せられてきた土地（と考えられる）の一部を耕地として軒別に分割したいとの願出をし、翌年2月には、上記の土地1町4反を含む4町4反を、反当り1円50銭の代金を支払うので「村請」としてほしい旨の願書を提出した[10]。

8）松沢・前掲注5）96-98頁。
9）松沢・前掲注5）98-99頁。
10）松沢・前掲注5）99-100頁。

著者は「ここで大麻生村が代金の上納を申し出ていることは、むしろ村請公有地を含む公有地一般が、政府によって第三者に払い下げ可能であることを前提に、この4町4反を、代金上納によって大麻生村を所有権者とする『民有地』に認定させ、第三者への払い下げを回避しようとする意図によるものとみられる。」「ここには壬申地券発行期の二面性が表れている。……壬申地券の発行は、貢租のあり方には手を触れないままに、所有権者を確定した。……割地は壬申地券発行の対象となっており、この時点で存在していたはずの『慶応割』の一部と『明治割』の軒別割地については、地券発行時の地片所持者名義で地券が発行されたものと思われる。そうした場合、個人名義の地券が発行されていない堤外地については、『村請公有地』に組み込まれ、第三者に払い下げられる可能性が発生してくる。しかし、貢租村請制の存続が前提であるならば、土地の形状が大きく変わる可能性のある堤外地については、村としては堤外地全体の権利確保を志向せざるを得ない。そうでなければ、現状の耕作可能地が消滅した場合、堤外地内の別の土地へその権利を移すことができなくなるからである」と分析する[11]。

　なお、地租改正による寄洲の捉え方の変化について、著者は明治8（1875）年6月10日付の、茨城県に対する地租改正事務局の指令を紹介する。すなわち、伺の要点は「①甲岸の土地が失われて乙地に新規寄洲が生じた場合の処理であり、従来は『高内地』であれば甲村の土地となったが、今後はどのように取り扱えばよいか。②同一場所の土地が川欠から再度耕作可能地となった場合、元の所有者に属するのか。あるいは天災等で土地が消滅すれば地券無効となっているのだから、そこが耕作可能となっても、『尋常之附寄洲』同様、官有地となるのか」の二点であるが、地租改正事務局の指令は「①については明確に否定しており、②についての指令がややあいまいだが、地券によって所有が保証されるのは『従前所有之地盤』であると述べている。寄洲が消滅し、新寄洲が代地となるというのは、

────────────

11）松沢・前掲注5）100-101頁。

〔提出当時の〕新治県伺にみられるように、それが『高内地』だから、という村請制の論理に担保されている。それが消滅したとき、新規に寄洲が発生したとしたらそれは、無から生まれた土地なのであり、『官有地』になるほかない。」[12]。

(3) (1)(2)で問題となったのは、村と村外の第三者との対立関係であった。村の内部では、権利のあり方についてどのような変化が生じたか。

慶応2（1866）年の村議定において、割地を他村に質入れすることが禁じられ、明治2（1869）年の議定においても、これが確認されている。堤外の割地が村の外への流出を規制される理由を、著者は「村請制下の貢租は村構成員が一体となって上納するものであるから、存在しない土地の貢租は、堤内の耕地本体に付加されて納入することになる。このような条件の下では、消滅する可能性がある堤外地の個別地片が、村外の者の手に渡り、その土地が消滅した場合、その村外の者に貢租納入を要求することができない」と説明する。しかし、幕末開港による養蚕の広がりを背景として、堤外耕地には培桑適地という新たな価値が生じ、これまでの村による規制を破り、質入れや小作関係が展開するようになる[13]。

堤外地に商品としての桑が植えられることで、監視の必要（番人の設置）がこれまで以上に高まった。明治7（1874）年1月の議定において、「野荒し」（農作物のみならず、下草や落ち葉等の林産物も含む）の禁止が定められているが、著者は、その根拠が「立木・下草などが『貢永』納入の源泉となっているという点に求められていることにここでは注目しておきたい」と述べ[14]、次に、同年5月の議定の特徴は、従前と異なり「質入や小作を承認したうえでの監視の仕組みが構築されていることである。田畑永年売買の許可と壬申地券の発行は、まがりなりにも地券名義人をその土地の一義的な所有者にしたのであり、その質入等を規制することはもはや不可能になっていた。そして、野荒しの禁止は、……『他人』の土地に

---

12) 松沢・前掲注5) 121-122頁。
13) 松沢・前掲注5) 102-104頁。
14) 松沢・前掲注5) 106頁。

勝手に入り、その土地の産物を採取してはならない、という論理によって根拠づけられる」と述べる。さらに同年8月の議定には「荒川出水時に、薪を取るために堤外地に出て『自他』の土地の区別なく立ち入ることがあり、これが桑生育の妨げとなっているので、『他人』の所持地へは決して入ってはならない」との記述があり、11月の議定によれば「番人を設置しても見回り方は行き届かず、所有者名を書いた杭も『抜取』られる状況であった」とされる[15]。

　以上の経過につき、著者は「この時期の大麻生村で、無断伐採・立ち入りの規制が強化されたのは、養蚕の導入によって、培桑地としての堤外地の重要性が増したからであるといえよう」とした上で、堤外地への村の規制を正当化する論理には、1月議定に見られる「共同で負担する貢租の源泉となる土地であるから、割り当てられた以上の資源を自分勝手に用いることは許されないという村請制的論理」と、5月議定・8月議定に見られる「自分所有・他人所有の区別の強調」という2種類のものがあったと述べ、後者について「この段階では村請制そのものは解体されていないが、壬申地券の発行がおこなわれ、その段階で、割地の耕地片について、その時点での所有者名での地券が発行されたものと思われる。また、田畑永年売買の解禁が発令されていることで、耕地の村外移転を抑止する根拠も弱まる。いわば『地券の論理』による堤外地管理である」と説明する[16]。

　他方で、このような規制が遵守されなかったことについて、著者は、「従来は単なる個人別所持地ではなく、村全体の所持地という性格がより強いものであっただけに、堤外地の自己所持地と他者所持地の区別は通常の耕地に比してむしろ曖昧であった（流木があればその土地へ立ち入ってよい、という慣行が存在したことは11月議定から看取される）。村請制に基づく、村全体の土地であるという論理は、培桑地化という現実と齟齬を生じる。そこで、壬申地券の発行を機として『自他の所有の別』が強調され、所有

15）松沢・前掲注5）107-109頁。
16）松沢・前掲注5）109頁。

者名の杭を立てることによってそれは視覚的にも明示されるのであるが、一部村民はそうした論理を受容せず、杭の抜き取りというような強引な手段を用いても、自他の所有地の区別を曖昧にしようとする。村請制の未解体と、それにともなう自他の所有の別の不徹底、桑という商品作物の栽培の広がり、そして村請制の解体をともなわない地券の論理の導入は、堤外地の利用と監視に混乱を生み出したのである」と述べる[17]。

なお、地租改正後の明治12（1879）年の村会議決では、野荒しへの対応につき、これを「自他ノ無差別」として禁ずるとして、「所有地」の論理が徹底されている。また年不詳（明治22（1889）年以後か）の「盟約」が残されているが、著者は「ここで盟約の主体となっているのは、『所有者』であることに注目しておきたい。村請制の『村』の『村議定』から『所有者盟約』へと、盗伐を規制する論理は転換している」と指摘する[18]。

（4）以上の内容から、このケースにおける（〔労働投入〕行為主体の）土地所有権をめぐる過程と公権力の役割について分析してみたい。

第一に、潜在的可耕地を含めた堤外地全体を（村の）権利の対象として確保すること、それが公権力（領主）によって保障されることである。保障の必要は、ひとつには、利用のためにその土地を求めて競合する別の村との調整（平穏の維持）であると考えられるが、もうひとつには村請制との関係、すなわち「固定された貢租総額を長期的に支払い続けるため」の「領主と村の双方にとって要請される条件」の確保である。したがって、直接には税制上の要請に基づく公権力による保障が、同時に行為主体の権利の保障という意味を持つ。

第二に、個別の経営体（家）が、村の共同性による制約のもとで事実上権利の主体として活動していたことである。したがって、経済状況の変化（商品作物の需要）に伴い、個別の経営体がこれに対応した活動（桑の栽培、土地の質入れ等）を行い、村としても（「地域社会」の次元）これを承認し

17）松沢・前掲注5）110頁。
18）松沢・前掲注5）118-120頁。

た上での対応が必要とされる。

　第三に、個別の経営体が、自らを「所有権」の主体として捉える過程である。事実上の権利に対する制約の根拠となっていた村請制が廃止されるならば、各経営体において個々の地片の「所有権」を確立することの客観的な障碍はなくなる。他方で、「地域社会」の次元において個別の「所有権」の観念を受け入れることは、この客観的な障碍の除去と並んで、「法秩序」の次元で個人「所有権」の概念を確立するとともに、「地券」という形式でこれが可視化されることによって可能となる。

　かくして、公権力の役割として、「地域社会」内の秩序の保障という機能と、「地域社会」に対する「法秩序」（ここでは「地券の論理」）の現実化の働きかけという作用とが考えられるが、後者はいかにして可能となるか。3では、地租改正の過程のひとつ、地価の決定について見ることとする。

3　地租改正と「未熟なリヴァイアサン」

　(1)　地租改正は、村単位ではなく、一筆ごとの土地所有者に対して、地価を基準として税額を定めるものである。そのためには、各地片の範囲を明確にし、これと所有者を一対一で結びつける必要がある（地片ごとの所有権の確定）。本書ではまず、地租改正本体に先立って行われた（明治5-6〔1872-73〕年）壬申地券の発行の過程につき、武蔵国比企郡宮前村（現在の埼玉県川島町宮前）のケースが検討される。

　壬申地券（郡村地券）の発行の背景について。直轄県に編入された旧旗本知行所および旧幕領村々との間の貢租が区々であったところ、大蔵省が公平化を図るために検見を実施することを提案したが、民部省から、本来検地をするべきであり、検地ができないならばむしろ旧慣を維持するべきである（検見だけでは面積の異同や石高と実際の生産力との乖離は放置される）という反対論が出された。また明治4（1871）年の廃藩置県により、貢租の不均衡の問題は直轄県内（旧旗本知行所と旧幕領の間の）部分的調整に止まらず、旧各藩領も含めた租税の公平化という全体問題へと転化する。著者は、このような状況が、「一切の実地検査を迂回して租税額の適正化

を実現し得ると主張する神田〔孝平〕構想を取り上げる理由ではなかった
か」とし[19]、「大蔵省の検地回避方針は、……実際の地券発行において、
錯雑した土地の現況という問題に遭遇することになる。そして、そこで出
された旧帳簿との対照という方針のなかから浮かび上がってくるのは、土
地所有者単位での私的所有権設定という壬申地券の理念とは異なり、徹底
した一筆限りの実地調査をおこなわないとすれば、せいぜいのところ一村
単位でしか土地面積を把握することができない現実であった」と述べる[20]。

(2) しかし宮前村では、壬申地券発行に際して、実地調査をした上で地
券が発行された。実地調査の必要にはどのような背景があったか。

名寄帳と実態との乖離は既に幕末段階で認識されており、文久4（1864）
年に差し出された議定書によれば「村役人の側から、耕地の実態と帳簿記
載のずれが生じているので、一筆毎の『地押』を実施して改めて各百姓の
所持地を再確定させたい、との提案がたびたびおこなわれ、この時点でそ
れを実施することにした」とされる（結局実施されなかったが）。文久2
（1862）年には近傍の角泉村で生じた土地の所持をめぐる訴訟につき、（角
泉村の名主が当事者となったことから）宮前村名主が仲介に入った例につき、
著者は「そもそもこうした事態が発生するのは、帳面上の耕地片が何らか
の事情で行方不明になったとしても、村請制の規定の下、年貢諸役等は帳
面上の耕地に割り付けられ続けることに原因がある。耕地片と所有者の間
に一対一の排他的関係が成立しておらず、村総体の土地に対する所有と負
担の関係のみが存在しているのである。」そして「そのことが村役人にと
っては訴訟の当事者となるような矛盾を生み出していることが重要である。
近世初期の検地によって固定化された土地の秩序と現実との乖離が累積し
た結果として、村請制の運用に責任を持つ村役人に矛盾が集中し、宮前村
ではそうした矛盾の解決の手段として、幕末段階で全村での地押調査が独
自に計画されるに至っているのである」と述べる[21]。

---

19) 松沢・前掲注5) 136-138頁。
20) 松沢・前掲注5) 141頁。

地券発行手続開始後の明治6（1873）年1月、宮前村では実地測量が行われ、その結果を受けて「2月6日、村内の集会が開催され、『実地検査竿入』の結果を尊重することを合意した上で、定使田・郷蔵などの共有地、潰百姓所持地の取り扱いなどが協議されている。」著者は、宮前村において「壬申地券の発行にあたり、書類上の処理ではなく、実際に耕地の測量がおこなわれており、その結果を尊重するという合意が村内で形成されていること」に注目する。その後の手続を経て、同年10月に各土地所有者に地券が交付された[22]。

　(3)　著者は地券発行後の新たな名寄帳を検討した結果、「『地検竿入』は、個々の耕地片の面積および各人の所持反別は変化させたが、村総反別は一定であり、原則的には総反別のみならず、地目ごとの反別も変化させないことを前提におこなわれている」と述べ[23]、その理由として村請制に基づく貢租徴収という要因があったとする。

　すなわち、明治6（1873）年4月、宮前村を含む第一大区第七小区の村々は、県に耕地の実地検査願を提出しようとしたが、県によって積極的な対応はなされなかった模様である。「県にしてみれば、地券発行を基本的に土地所有者からの申告によっておこない、実地調査は可能な限り避けるという方針が大蔵省から出されている以上、これを積極的に取り上げていくことはできなかったのである。」そして、宮前村における同年11月の貢租徴収は基本的には前年までと同様に行われており、「以上のように、貢租総額が一定で、貢租徴収方法を変更しないとすると、地目別（……）の耕地面積と村全体の耕地総面積は変更できない。新しい耕地の総面積を確定し、旧貢租額を新耕地面積に割り付け直すことによって徴収することも可能だが、……地券の耕地面積とは県によって把握されるものである以

---

　21)　松沢・前掲注5）146-149頁。さらに著者は、土地秩序の混乱が用水路の閉塞や農道の狭隘という生産性向上の隘路となり、農業生産の面でも問題視されたことを指摘する（149頁）。
　22)　松沢・前掲注5）152-153頁。
　23)　松沢・前掲注5）155頁。

第6章　土地所有権と公権力の役割　**173**

上、耕地面積の拡大が将来的な増税を招く危険を考慮しなければならない」ため、「当今拵ひ物」の反別を採用することが、当面合理的な判断とならざるをえない。したがって、壬申地券により、村請制の枠の中で、相互の所持反別＝納租額の相対的な比率は実際に近いものへと調整され、「村内土地所有者間の相互承認関係を、村内レベルで適正化すること」（村内部の相互承認による土地所有）ができたが、それにとどまった、と[24]。

(4)　壬申地券の発行は、村請制の貢租体系のもとで土地所有者と地価を確定しようとする構想自体に無理があった。明治6 (1873) 年に制定された地租改正法に基づく狭義の「地租改正」は、一筆ごとの地価・租税額・所有者を、実地調査を経て、不可分のものとして確定する作業である[25]。

　常に売買されるわけではない土地の価格を決めるためには、「お互いにとってこのような価格が妥当であろう」という合意が必要となる。地租改正の過程では、そのような合意を生み出すための一手段として「地位等級方式」すなわち「土地一筆ごとの価格を独立に決定しようとするのではなく、土地を相互に比較し、それぞれの土地をいくつかの等級に振り分けた上で、等級ごとに地価を決定してゆく方式」が採用された。関東地方など地租改正に遅く着手した府県では「模範組合」型の地位等級制度が用いられたが、これは「一定の地域の基準となる村として『模範村』を設定する。その村内の土地を相互に比較して等級をつけ、近隣の村々の土地を模範村の等級と比較する。ある村の一等地は、模範村でいえば三等にあたる、といった具合である。こうして組合内の村々の等級が連結され、さらに組合どうしを比較することで、一県内の土地の相対的な上下関係が定まる」というものである。このように「相対的な等級を編成したうえで、中央政府と県庁が、従来の貢租額を下回らないように、各等級に収穫量（地価に直結する）を割り振ってゆく」のであるが、このプロセスで「『ある村の一等はこの村の何等に当たるか』という決定をする際には、自分の村の等級

24）松沢・前掲注5）155-159頁。
25）松沢・前掲注5）166頁。

を引き下げれば引き下げるほど、地価は低くなり、租税負担は軽減される。比較対象となる村、地域でそれぞれ、その相対的上下関係をめぐる対立が発生する」という問題が生ずる[26]。

埼玉県では、各区の代表者を組み込んだ改租事業の体制が構築されて等級の調整が行われた。しかし「模範組合内の地位等級設定までは『大区小区制』の枠内で、組合代理人および議員という村からの委任に基づく役職がそれを担当することができたとしても（……）、それを越えた等級の設定については、委任の積み上げでは対処することができない。ここに地租改正顧問人・地租改正大総代という新たな役職が設定されるが、彼らが体現する『公議』なるものは確たる根拠を持たない不安定なものであり、それ自体では相互に対立する『私見』を調停することはできない。」明治10（1877）年11月30日、各区代理人・区長は、県の「速ニ成績ヲ奏スヘキノ良策」の諮問に対し、「紛議ニ流レ容易ニ公平適実ヲ得ル難シ」として、地位等級決定を県庁に全面的に委任する「受書」をもって回答した。これは「政府・県庁が直接に住民相互の関係に立ち入ることを回避し、制度設計（この場合は模範組合制度）によって、その結果のみを受け取ろうとした」のであるが、住民の側に投げたボールが県庁に投げ返されたものである[27]。

(5)　この経緯について、著者は次のように述べる。すなわち「相互に対立する人びとが、最終的に決定を上位権力に委ねる様は、あたかもホッブズの『リヴァイアサン』の世界のようでもある。しかし、ホッブズのリヴァイアサンと異なり、明治初年の日本政府は、住民の合意によってできあがったわけではない。それ自体は、中央政局のクーデタの結果として、前支配者の遺産を相続し、住民の前に存在していたものにすぎない。そうした、未熟で不安定な政府は、安価で手間のかからない統治を追求した。ところが、そうした手間のかからない統治の追求は、住民相互への問題の転

26）松沢・前掲注5）167頁、170-171頁。
27）松沢・前掲注5）183-185頁。

嫁を生み、それがかえって住民相互の対立を生じ、住民が政府に裁定を求めるという帰結を生んだ。リヴァイアサンではなかった政府は、リヴァイアサンたることを求められるに至ったのである。実効的な能力が不足するままに、裁定する機能を被統治者から求められる政府。こうした政府のありようを、本書では『未熟なリヴァイアサン』と呼ぶことにしたい」と[28]。

4　林野官民区分と無断開墾の問題

(1)　近世において、林野は領主林、村持の林野、個別の経営が所持する林野に分けることができる。壬申地券発行の原則では、「村持ノ山林郊原」は「公有地」と分類されたが、これは「民有地と異なり、『一応は村民現在の用益権をみとめながら、それを窮極的に保障』しない。具体的には、政府が民間人に払い下げることが可能な土地として位置づけられていた。」しかし改租本体事業が始まると、「公有地」は「官有地」と「民有地」に区別され、民有地である証明が可能であるもの以外は官有地に編入された[29]。

明治 8（1875）年12月24日の地租改正事務局の達によれば、「地元住民による山林原野の利用の実績のみではそこが民有地であることは認められず、また、なんらかの形でその山林原野の利用にかかわって領主に対して貢納がなされていたとしても、それがいわゆる本年貢ではない場合は民有地とはみなされないこととなった。……また、官有地に編入された林野で私人が採草や伐採をおこなうためには、官庁の許可が必要であり、原則としてそれは有償であった。」[30]法制度上はこの通りであったが、その内実はどうか。著者は福島県（会津地方）のケースを検討する。

若松県は、明治 4（1871）年 2 月の伺で、政府に対し、人員寡少による管理の困難という理由で官林の払下げを提案した。また明治 7（1874）年

28）松沢・前掲注 5 ）185-186頁。
29）松沢・前掲注 5 ）194-196頁。
30）松沢・前掲注 5 ）196-197頁。

12月に、官有地に編入して伐木を禁止すれば、住民の生活は行き詰まり、必ず盗伐が発生するとして、壬申地券段階の「公有地」を原則として民有地とする伺を提出したが、内務省の指令は、従来樹木を伐採してきたという事実だけでは地盤を民有とすることはできない、薪炭材が必要であれば「相当代価」で払い下げるべきだというものであった[31]。

　著者は、明治10（1877）年・明治14（1881）年の山林・官林についての諸願処理の記録を分析し、福島県庁の人員・予算が寡少であるがゆえに、無断採草のみならず、無断での植樹・開墾を知りながら、事実上黙認せざるをえなかったものとし、「公式の伺・指令というレベルにおいては、改租以後は、地盤の所有権が官のものとして確定したため、住民の利用は改租以前より厳しく制限されるようになったが、その内実をともなってはいなかったのである」と述べる[32]。

　(2)　にもかかわらず、官有林野が増大した要因は何か。政府側の一般的な意図として、「いったん官有とした土地を、将来的には払い下げ、これによって国庫に収入を得ようとする意図」および「将来的に官有地で政府が直接営林事業をおこない、それを通じて利益を生み出すと同時に、森林の保全を目指すという政策路線」が挙げられるが、さらに福島県庁においては、とりわけ士族授産のために用地を確保するという狙いがあった[33]。

　他方、住民側が官民有区分を受け入れた事情として、租税負担の増加を避けることの外に、著者は「県庁文書のなかに、少数ながら、民有地を官有地に変更してほしいという出願がみられること」に注目、「こうした出願は、その土地が誰のものかをめぐって住民間で対立が生じている場合に起きる」として、ケースを紹介した上で、「本来、利用者間の対立が起きやすい森林・原野において、近世における重層的な権利体系に替えて、排他的な所有権を一挙にうちたてようとする地租改正時の官民有区分が、森林・原野をめぐる住民間の対立を引き起こすのは必至ではなかったか。そ

31）松沢・前掲注5）206-209頁。
32）松沢・前掲注5）209-217頁。
33）松沢・前掲注5）218-219頁。

して、実態的に官有地になったからといって県庁がそれを厳密に管理できていない状況下においては、紛争を防止・棚上げするために地盤の所有を官有とするという動機は地元においても存在したことをこれらの事例は示している」と述べる[34]。すなわち「対立する複数の当事者のいずれかが林野の土地所有権を得れば、別の当事者はその林野を利用できなくなる。どのみち政府に林野を有効に管理する手段がないのなら、土地所有権が対立する相手の手に渡るより、官有地とされる方が望ましい」ということであり、著者はこれを「未熟なリヴァイアサン」が立ち上がってくる機制であるとする[35]。また小幡圭祐氏の研究を参照して、「官林払い下げ路線が、……『誰に』払い下げられるのかをめぐって地域内に紛争をもたらすものであ」り、「その地域内紛争の可能性が、地域社会が入会地の官有化を許容した背景でもあった」と述べる[36]。

　(3)　次に、静岡県富士山南麓地域での開墾の進展の経過が示される。近世、この地域の原野は（森林とは異なり）幕府の管理外にあり、周辺諸村の入会秣場（採草地）として比較的自由に利用されていた。明治13（1880）年、42か村が原野部分について民有地として出願することを決定したが、翌年の出願までの過程で、大渕村が原野の一部が大渕村一村に属することを主張して一時離脱する動きを見せた[37]。この動きの背景として、著者は「大渕村とその周辺村（秣場に近い村々）には、桑・茶・三椏栽培を目的とした開墾計画が存在し、それ以外の入会町村との間で利害対立が生じていたことが看取しうる」とした上で、「大渕村としては、山麓原野が民有となれば、開墾を進めるために所有者となる入会町村全体との利害調整

---

34) 松沢・前掲注5）221-225頁。
35) 松沢・前掲注5）231頁。3(5)で言及された「未熟なリヴァイアサン」は、個別利害から超越して裁定を行う「リヴァイアサン」であることを求められる点に着目しているが、ここではその「未熟さ」によって、個別利害の対立を克服しえない点に着目している。
36) 松沢・前掲注5）238頁。
37) 松沢・前掲注5）243-245頁。なお明治14（1881）年、当該地は官有地に編入された。

が必要となる。官有地であれば、個別に官の許可さえ得られれば開墾事業を展開することが可能である。原野に隣接し、開墾志向の大渕村と、原野から離れており、入会採草地としての利用の継続を望む町村との間には、このような利害の対立が存在していたのである」と述べる[38]。

　また、実態として開墾は、官地拝借の出願、許可という手続を履むことなく進展、拡大していた。大渕村口の北、粟倉村口では、明治11（1878）年3月、粟倉村など4か村において、小学校の維持費確保のために入会地の一部を開墾させる「約証」が締結されたが、開墾地は学校費のための地区を越えて拡大してゆく。茶・三椏という商品作物の好況を背景に、地元村々の合意も無視し、所有者たる政府にも無断で、あたかも「早い者勝ち」という様相で開墾が進展した。開墾地の拡大は、開墾者と非開墾者の利害対立を村々の内部に発生させた[39]。

　(4)　このような状況への静岡県庁の対応につき、民有地としての下げ戻し運動の人民惣代と静岡県令との面会記録から、「県令としては開墾の進展に積極的な評価を与え、事実として進展しつつある官有地の無断開墾を追認する姿勢を、暗に地元に対して示したものといえよう」と述べる[40]。明治22（1889）年、開墾が進展中の原野も含めて、当該地は御料地に編入された。行政町村の編成後、新町村長たちは、御料局に対し、行政町村単位での貸与をめざして運動を開始したが、開墾者は個別の払い下げを求めた。開墾者、採草地利用者、町村長の間で個別払い下げの出願を含む案が合意され、県庁もこれを支持して宮内省に伺い出た。しかし宮内省御料局は、この事例が前例として御料地全体に及ぶことを警戒し、払い下げを認めなかった。結局、明治25（1892）年、開墾地については15年の期限で御料局から個別に貸与されることとなった[41]。

　明治30年代には、開墾地は人が居住し生活する空間となっていた。近隣

38）松沢・前掲注5）251頁。
39）松沢・前掲注5）252-253頁。
40）松沢・前掲注5）255-256頁。
41）松沢・前掲注5）257-262頁。

住民の分家によって開墾地に新たな家が形成されるとともに、外部の者が開墾の担い手を引き連れて移住する場合があったと考えられる。著者は「明治期に突如として当該地域で近世的な入会採草地の秩序を破壊して開墾が進展した」理由として、「地租改正を経ることによって、村請制の村にとって年貢納入の条件となっていた村単位の入会採草地への規制が弛緩し、個別の主体の利害追求の可能な場に変化したこと」と並んで、「移動の自由の余地が大きく増した維新後の状況」を挙げる。すなわち「開墾地が開墾地として成立するためには、耕地化のための労働力の投入や、再生産が可能になるまでの資源の供給者が必要であった。地域の外部の者も含め、そうしたことが可能である者が、近世であれば村というメンバーシップの確立していた集団によって占有されてきた土地に入り込み、利得機会の利用」をすることを可能にした条件であるとする[42]。

(5) 最後に、愛鷹山南麓のケースが示される。静岡県駿東郡金岡村大字岡宮（現沼津市の一部）で山林立木濫伐、作物夜盗等に対応するために制定された「改良規約」につき、著者は、これが行政村の形成後の明治26 (1893) 年に締結され、この時期から機能し始めることに注目して次のように述べる。

すなわち、個別経営が無断で開墾を行ったり直接に地盤所有者（御料局）に林産物取得を出願するような抜け駆け的状況が発生していた。かつての村請制による強いられた共同性は、個別利害の追求を抑制する機制を内在化させていたが、地租改正による村請制の解体により、この規制も同時に解体される。これまで抑制されていた個別利害の追求は、無断開墾の進行や盗伐、窃盗という形で噴出し、こうした状況を収束させるために、規約を結んで相互監視を再建することになる。しかしこの再建された相互監視は、その規約を守らせる機制を、村落の共同性それ自体に内在化させているわけではない。ここでの相互監視は、たえざる抜け駆けの可能性を伏在させた相互監視であり、むしろたえざる抜け駆けの可能性が相互監視

---

42) 松沢・前掲注5）264-269頁。

を要請していると[43]。

5 むすび

(1) 以上のケースからは、1(2)で見た①社会的有用性の創出によるその土地の支配、②他のメンバーからの社会的承認、③その公的（法的）承認の関係が見て取れるように思われる。

第一に、個別経営（家）が確立し、2 のケースでは、堤外地の利用について、村の調整のもとに「割地」の権利を享受し、3 のケースでは、土地の権利関係を明らかにするための調査の要求が村の内部に存在するというように、自らの権利を主張・行使する主体となっている。そして 2 のケースにおいて、他人の土地の不可侵の根拠として、当初の貢租納入との関連（村請制の論理）に代えて所有の論理（地券の論理）が受容されたことからも、個別経営が土地「所有権」の主体たりうる存在、さらに排他的「所有権」の概念を受け入れる存在となっていたことが窺える。

第二に、2 のケースで、村（地域社会の次元）による調整の前提として、領主（公権力）が土地に対する村の権利を保障していることが見て取れる。その前提のもとに、ある土地片に対する個別経営（家）の権利は、村の中での社会的承認を受けていたが、地租改正後は地券の発行により、個々の土地片に対する個人（個別経営）の権利が、「所有権」として公的（法的）に承認されるに至る。

権利の帰属については以上の通りであるが、土地の利用秩序についてはどうか。幕末の経済状況の下、土地の利用価値の増大に伴い、村の内部あるいは村々の間で対立が生じた。生業上実際に必要な利用の秩序（相互監視）については、村請制の貢租体系による必要から所有者間で制定された規約へというように、その根拠について説明の移行があるにせよ、地域社会の次元において規律が維持され、あるいは再建されるという経過が見ら

---

43) 松沢・前掲注 5) 292-300頁。

れる。しかし、地租改正の過程での地価設定のような新たなシステムの構築については、地域社会の次元で対応することが困難な事柄であり、全国を支配する公権力の役割が前面に出ざるを得ない。さらに、全ての土地について排他的「所有権」のシステムをもって規律する場合、地域社会における生業との関係で、土地（とりわけ林野）の利用方法に関する公権力の作用が、問題として表れることとなる。

　(2)　近世において、領主林・村持林野・個別所持林野の関係は、領主ごとに、また土地の習慣ごとに多様であったが、「近世の領主林が限定的かつ地元住民の利用を完全に排除してはいなかったのに対して、地租改正による官民有区分は、官有地の面積を増大させたのみならず、地元住民に利用の権利を一切認めず、もっぱら当局の許可によって、有償を原則として利用が認められたに過ぎない」一方、明治初年においては、政府は森林の直接経営に熱心ではなかった[44]。開墾をめぐる無秩序の「自然状態」の背景には、このような公権力の姿勢が存在する。

　すなわち、官有林野における無断開墾は、無政府状態＝公権力の不在の下でではなく、開墾すなわち労働力の投入によって、公権力による権利（利用権・所有権）の付与を期待することができるという前提のもとに、「早い者勝ち」の様相で展開したものと考えることができよう。その過程で、「誰に払い下げるか」という判断が地域内の紛争を招くというように、公権力が個別利害を超越した存在（「リヴァイアサン」）になりきれず、（払い下げによる国庫収入の確保を優先するというような）当事者的な位置に置かれる結果となった場合もあったと考えられる。

　生業（さらには生活）の基盤たる土地の利用秩序のあり方としては、方向性の異なる2つの必要が考えられる。一つには、その土地を利用して生業・生活を安定して営むことができることへの要求であり、もう一つには、経済状況を始めとして、利用環境の変化に的確に応じうることへの要求である。近世社会において、農林業による土地の利用が問題となる場合には、

---

44) 松沢・前掲注5) 194-203頁。

範囲の広狭には違いがあるとしても、地域社会の次元で調整することが不可能ではない。しかし人の移動が活発となり、社会の市場化が全体として進むに伴い、土地の利用による生業が市場社会全体の影響を受けるとともに、不動産そのものが商品化され、さらには投機の対象となるという状況が生ずる。また地域社会においても、生業を異にする多様なメンバー間の調整が必要となる。このような状況の下では、公権力が有能な「リヴァイアサン」として、生業・生活の基盤として安定を保障すると同時に、自由な活動を可能にする土地利用の規律を行う役割を果たすことが求められる。

　すなわち、土地の利用について長期的な視野に立った合理的な計画が設定され、それが個別の利益のためにたやすく変更されることがないことが重要であり[45]、計画の内容による土地利用の規律が、所有権に内在したものとして位置づけられることが求められる（民法206条は、所有権の概念にとって不可欠なものであると考える）。その上で、経済状況等の変化にどのように対応するか。公権力には、当該地域の状況を的確に把握した上で政策を策定し、地域内の各行為者の（所有権ほかの）権利との調整を図ることが求められる。そのためには基礎自治体に、それを可能とする資源を配分することが必要であるとともに、各地域の状況の的確な把握に基づいて、都道府県、さらには国（輸入政策など）レベルでの政策の策定が必要となる[46]。

---

45) これは生業活動のための土地の利用方法のみならず、居住の安全（災害の危険のある地域の開発規制など）等についても重要な事柄である。

46) ある地域で起きていることが、その地域の特質によって生じたものなのか、それとも全国的に起きている事象の表れなのか——その地域の特質によるがゆえに、一律ではない政策が必要であると考える場合、また各地で地域の特質を反映した様々な現象の仕方をしているが、その基礎には全国共通の問題があると考える場合、いずれの場合であっても、地域社会の状況の的確な把握とその分析が必要である。

第 7 章

地域森林管理へのリモートセンシング技術の適用

森林総合研究所 **小幡進午**

はじめに

　本章の目的は、リモートセンシング技術の地域森林管理への適用について概観することである。本章の導入部分では、リモートセンシング技術の概要を簡潔に説明し、主なプラットフォームである衛星、航空機、無人航空機（UAV）、地上型プラットフォームの特性と用途について概説する。また、リモートセンシングに用いられるセンサの分類や特徴、森林観測の主要対象となる要素についても触れ、特に森林管理や資源量推定の分野でリモートセンシング技術が果たす役割の重要性を示す。近年、航空レーザ計測や合成開口レーダ（SAR）などの能動的なセンサ技術の進展により、リモートセンシング技術を用いた森林管理の精度が飛躍的に向上しており、本章ではその最新の応用例として滋賀県東近江市の事例を紹介する。この事例では、航空レーザデータを用いて森林の境界を明確化し、地域の森林資源の評価および持続的な森林経営のための施業計画の策定に活用されている。さらに、将来予測モデルを用いた分析結果を提示し、地域レベルでの森林管理におけるリモートセンシング技術の実用性と可能性について考察する。

1　リモートセンシングについて

　リモートセンシングとは広義においてはリモート（遠隔）でのセンシング（探査）を意味し、物理的に離れた場所にある物体や対象に関する何らかの情報を取得する方法全般を指す。しかし一般にリモートセンシング技術と呼ばれているものは、地球表面や大気中の対象物からの電磁波を特定のプラットフォームに備え付けられたセンサを用いて観測し、対象物に関する情報を得て、それを利用する技術のことを指す（外岡（2022））。

　リモートセンシングにおいて、衛星、航空機、無人航空機（UAV）、および地上型が主要なプラットフォームとして利用されている。衛星はロケットで打ち上げられて地球周回軌道に入るため、広域を長期間観測することが可能である。近年ではNASAのLandsatや欧州宇宙局のSentinelなどの地球観測衛星の撮影する衛星画像が無料で公開されており、利用が広がっている（Colson et al., 2018；Wulder et al., 2015）。航空機は衛星と比べ

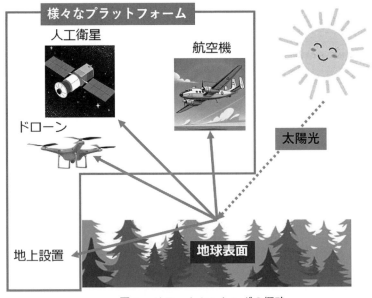

図1　リモートセンシングの概略

て飛行高度が低いために、空間解像度の高いデータを収集することが可能であるという利点を有する。空中写真測量カメラでは5cm以下の空間分解能を発揮することが可能である。加えて観測者が自分で飛行経路や高度などを設定することができるため、雲の存在などによって人工衛星では観測することの難しい場所での観測にも対応できる（宮坂2022）。ドローンはUnmanned Aerial Vehicle（無人航空機、UAV）とも呼ばれ、観測者が地上から操作を行って飛行させるプラットフォームである点において航空機とは区別される。ドローンは航空機よりも小型であるために、航空機と比べてもより柔軟かつ詳細な様々な観測を実現することができる（Dainelli et al., 2021）。地上型プラットフォームは地上に設置されるプラットフォーム全般を指し、地上から電磁波を観測するため、森林内部の垂直構造など空中からの観測では取得することのできない情報を収集することが可能な点において、他のプラットフォームとは異なっている。

　センサは観測目的と手法によってグループ化することができる。受動センサは太陽光や熱放射を信号源として地表面や大気を観測する。主に森林分野の観測においては可視近赤外センサ（0.38-1.4μm）と短波長赤外センサ（1.4μm-3.0μm）が利用される。可視近赤外センサと短波長赤外センサは共に空間分解能が高く土地利用や地形把握などに適しているためである。代表的な可視近赤外センサとしてはLandsat-8に搭載されたOLIやALOSに搭載されたAVNIRがあげられる。能動センサはセンサの側で人工的に作り出された電磁波を観測対象の地表面上の物体に対して照射して反射してきた信号を再びセンサで受信して観測するものである（Maini & Agrawal, 2014）。能動センサのうち森林をはじめとした陸域の観測に広く使われるものとしては合成開口レーダ（SAR）とLight Detection and Ranging（LiDAR）があげられる（Meng et al., 2024）。SARは全天候・昼夜問わず地表面を高精度に観測できる技術として、地表変動のモニタリングに広く利用されている。特に、地震や火山活動、地滑りなどの自然災害に伴う地表変動の検出に優れており、リモートセンシング分野で重要な役割を果たしている。SARの干渉技術（InSAR）を用いることで、地表の微小な変位まで検出が可能であり、災害リスクの評価や防災計画に貢献して

いる（Massonnet et al., 1993；Simons et al., 2002）。LiDAR は地表面の起伏
や植生、都市部の構造物を高精度に捉えることが可能であり、これにより
地形解析、森林管理、都市計画など幅広い分野で応用が進んでいる。特に、
従来の航空写真や地上測量では難しかった大規模で詳細な地形情報の取得
が容易となった。LiDAR は、レーザ光の反射時間を測定して三次元的な
位置情報を得る技術であり、高密度な点群データを生成することができる
（Wehr & Lohr, 1999）。

　本稿では森林を対象としたリモートセンシング技術の利用を扱うが、リ
モートセンシングの観測対象は多岐にわたっている。観測対象は大別する
と陸域、海域、雪氷、大気となり、森林は陸域の一部を構成する。陸域の
観測は人工衛星を中心として1970年代以降に発展してきた。Landsat-1 は
1972年に打ち上げられた最初の衛星で、最新の Landsat-9 に至るまで50
年以上にわたって観測用データを提供してきた（Wulder et al., 2022）。そ
の後フランスの SPOT-1 や ESA の Sentinel などの衛星も画像を提供する
ようになった。1990年代以降は SAR 衛星も運用が開始されるようになっ
た。近年は複数の小型衛星を組み合わせた軌道上での協調観測（コンステ
レーション）が行われるようになっている。

(1)　森林のリモートセンシング技術

　森林分野でのリモートセンシングの活用はプラットフォームやセンサの
種類に応じて多様な利用がされてきた。本節では代表的な利用方法として
樹種分類、資源量推定、森林被覆変化の抽出について概説する。

　林相とは樹木の種類や生え方などからみた森林の状態のことを指す。リ
モートセンシングによる林相分類では、取得した画像データから林相を分
類する。代表的な手法としては画像判読と教師データを使った分類が存在
する。画像判読では空中写真や高分解能衛星画像を利用して色やテクスチ
ャから画像内部の林分の境界を判読する。空間分解能が5m 程度であれば、
一様な林相を持った林分が判読可能である。1m 程度であれば各々の樹木
の葉の広がりを示す樹冠を認識することができるようになり、0.5m 以下
であれば単木を認識することもできるようになる。教師データを用いた林

相分類では、あらかじめ分析対象地の森林に対して割り当てるグループを決定しておく。そのうえで各グループに属する林分をグラウンドトゥルース調査又は画像判読の手法を用いて画像上で選定する。選定された林分は教師データと呼ばれ、その教師データが持つ特徴量（特徴ベクトル）に基づいて最尤法を用いて全ての森林の林分の分類を行う。画像判読は解析者が一つ一つの林分を画像上で確認しながら分類を行っていくために誤分類の可能性が小さいという利点を有する。一方教師データによる分類は少数の教師データから対象地域全体の森林の林相分類を行うことができる。

(2) 資源量の推定

　森林資源量の推定はリモートセンシングデータの森林への適用における重要分野の一つである。推定可能な資源量は多岐にわたるが、本節ではその中でも最も研究が盛んに行われている growing stock volume（立木蓄積量）の推定について概説する。人工衛星を活用した森林の立木蓄積量の推定は、近年、リモートセンシング技術の進展とデータ処理能力の向上により大きな進展を遂げている。森林の立木蓄積量は、森林の生産力、炭素吸収能力、さらには生物多様性の指標として重要な役割を果たす。従来、立木蓄積量の評価は地上調査に頼っていたが、これは広範囲の森林をカバーするには多大な労力とコストを要するため、リモートセンシング技術がこの分野に革新をもたらしている（Bilous et al., 2017）。例えば、Sentinel-2 MSI や Landsat 8 OLI といった光学衛星のデータは、森林の状態を正確に捉えるのに有効である。これらの衛星は、可視光、近赤外線、赤縁バンドなど複数の波長を観測でき、地表の反射光を多角的に取得することができる（White et al., 2016）。特に、Sentinel-2 の赤縁バンドは森林の健全性やバイオマス量と強い相関があり、立木蓄積量の精度向上に寄与する要因として注目されている（Zhou & Feng, 2023）。リモートセンシング技術における機械学習アルゴリズムの活用も、森林蓄積量の推定精度を向上させる鍵となっている。ランダムフォレスト（RF）やバックプロパゲーション（BP）ニューラルネットワークは、地上データと衛星データを組み合わせる上で非常に有効であり、Zhou らの研究では、RF モデルが他のア

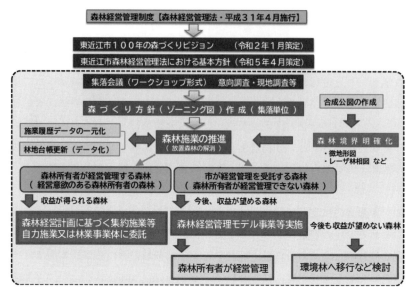

図2　滋賀県東近江市の森林計画策定への取り組み内容
（東近江市.（2024）より抜粋）

ルゴリズムに比べて最も高精度であることが示されている。このような技術の応用は、違法伐採の監視や森林減少の早期発見など、森林保全において極めて重要な役割を果たす。特に、炭素隔離量の正確な評価は、気候変動対策における国際的な取り組みの一環として重要視されている。人工衛星を用いたリモートセンシング技術により、森林の動態をリアルタイムで監視することが可能となり、今後も技術革新が進むことでさらなる応用が期待される。

2　地域森林資源管理におけるリモートセンシング利用

(1) リモートセンシングによる地域森林資源量推定

　近年では航空レーザ計測技術の発展に伴い、航空レーザデータから森林資源量を推定する手法も確立されてきている（Tanaka, 2018）。この手法ではまず、レーザ計測データから森林の林冠の高さをラスタデータとして記

録したデジタル林冠高モデル（Digital Canopy Height Model, DCHM）を作成する。続いて樹幹形状指数から樹冠部を抽出した上で、一本一本の木の最高地点（樹頂点）を決定し、単木の樹高と位置を推定する。樹高が推定できれば、それに伴って一本一本の木の材積も推定できる。さらに樹種も、射出したレーザの反射強度などから分類することが可能である。このような技術の意義は、従来の森林調査手法に比べて精度と効率が飛躍的に向上した点にある。従来の地上調査では、限られたサンプルプロットに基づいて統計的に推定する方法が主流であったが、このアプローチは広範囲にわたる正確な情報を取得するのが困難であり、推定結果には一定の誤差が伴っていた。これに対し、航空レーザ計測を活用した手法では、広範囲の森林を一度に測定することができ、林分全体を対象にした悉皆調査が可能となる。これにより、林分の細かな変化や空間的な分布を高精度で捉えることができるため、従来の地上ベースの推定と比べて遥かに精緻な資源評価が実現する。また、この技術は、GISやリモートセンシングと組み合わせることで、さらに強力な森林管理ツールとなる。たとえば、森林の地形や植生データと統合することで、森林の生態系や環境保全に対する影響も解析可能となり、持続可能な森林経営や保全に役立つ情報を提供できるようになった。このように、航空レーザ計測技術は、森林管理の精度とスピードを大幅に向上させるだけでなく、地球規模の気候変動や環境保護の課題に対しても新しい可能性をもたらしている（田中，2022）。

(2) 滋賀県東近江市の事例

本節では、航空レーザデータを地域の森林管理に利用している事例として滋賀県東近江市の取り組みを取り上げる。東近江市は滋賀県の東部に位置しており、鈴鹿山系から琵琶湖に至るまで東西33.3kmの長い距離を有する。森林面積は21,820ha であり、市全域の56.2%を森林が占めている。東近江市では森林経営管理制度に基づいて東近江市100年の森づくりビジョンを2020年1月に策定した。同ビジョンは、長期的な視点で持続可能な森林管理を目指す計画である。ビジョンの主な目的は、森林資源の有効活用と地域経済の活性化、そして生物多様性の保全であり、特に、森林資源

の持続的な利用を図り、地域住民や関係者が参加して、次世代の森林づくりに向けた取り組みを推進する点に特色がある。

ビジョンに基づいて森林面積、人工林面積等が広く、これまでも森林整備を積極的に行ってきた集落を対象として集落会議を実施し、森林所有者をはじめとした地域住民の意向を考慮した森林づくりに向けた議論・検討を行って、集落ごとに「100年の森づくり方針」を策定している。この方針に基づいて森林施業が推進されることとなっている。

同市では独自に森林管理の推進を目的として、独自に航空レーザデータを取得し、単木の抽出を行った森林資源データを整備している。整備したデータは森林境界の明確化と施業履歴データの可視化、施業が必要な林分の抽出のために利用している。森林境界の明確化に際しては、以下のような問題点が指摘される。まず、地権者の高齢化が進んでおり、現地での立会が困難になっている点が挙げられる。さらに、世代交代などにより、新しい地権者が境界を十分に認識していないケースが増加していることも課題である。加えて、広範囲にわたる森林や急峻な地形の踏査が必要とされるため、現地調査が非効率に進行するという問題も存在する。このような問題に対応するため、東近江市では公図を合成して作成した合成公図に加えて、航空レーザデータから作成した赤色立体図と林相図を利用している。これらのデータから境界案を作成し、森林境界明確化のための集落会議を開催して参加した森林所有者に提示する。森林所有者からの修正を受けた強化案は最終的な森林境界として利用する。また施業履歴データの可視化では、単木を抽出した結果をGIS上で表示し、集落会議などの場で参加者に提示することにより、どの林分が過密状態になっていて森林の多面的機能の発揮のための間伐施業が必要かを示すために使用している。

⑶　航空レーザデータを用いた森林資源量の動向のシミュレーション

最後に、航空レーザデータを用いた新しい分析の一例として、著者が行った航空レーザデータを用いた森林資源量の将来予測の試みについて、暫定的な結果を簡潔に紹介する。

著者は東近江市より航空レーザデータを解析して単木の材積や樹高を抽

出した森林資源データの提供を受け、同市における森林資源量の将来予測を試行的に実施した。将来予測は現在の資源量の推定、森林資源の成長モデルの選定、複数の将来的な施業シナリオの設定、各シナリオに地域の森林資源量がどのように推移するかを予測、という手順になっている。現在の資源量の推定は基本的には東近江市から提供を受けた森林資源データを利用した。ただし、推定された樹高・樹種の精度、成長モデル選定の観点からみて同市の森林の過半を占める広葉樹林を分析対象に含めることは困難と判断し、スギ・ヒノキからなる針葉樹人工林のみを将来予測の対象とした。森林資源の成長モデルとしては林分密度管理図を用いた。林分密度管理図とは、同種同齢の植物個体群における密度効果や自然間引きの法則、最多密度の法則などを基礎にして、同齢単純林の単位面積あたりの本数、幹材積、上層樹高、平均胸高直径、収量比数などの相互関係を図示したものである。林齢自体は密度管理図に含まれないが、林齢と上層木の平均樹高との比例関係を示す樹高成長曲線や、林齢と本数密度の関係を示す本数減少曲線を組み合わせることで、収穫予測表を作成することが可能である。今回は三つのシナリオを設定した。シナリオ1では計画期間中に一切施業を実行しない。シナリオ2では林分の粗密度を表す収量比数に従って間伐を行う。シナリオ3では10年後以降にシナリオ2と同じルールで施業を実行する。上記のシナリオのもとに林分ごとに5年おきの施業内容を60年後まで決定し、森林の材積量と間伐遅れとなる林分の数を計算した。

　将来予測を行った結果、総材積についてはシナリオ1の60年後の材積は、シナリオ2の60年後の材積と60年間の収穫量の和よりも小さくなると予測された。また収量比数に関してはシナリオ1はシナリオ2よりも込み合っている林分を半分程度に抑えられるという予測結果を得た。過密林分に関してはすべてのシナリオにおいて増加し続けるという結果を得たものの、シナリオ2に従えば計画開始から約30年後からは過密な林分の数の増加がストップするという予測結果となった。

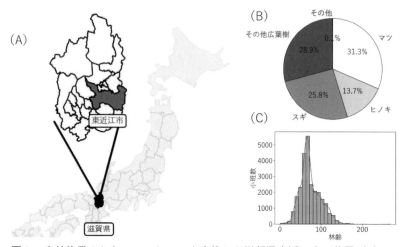

図3 森林施業のシミュレーションを実施した滋賀県東近江市の位置（A）と
その林種構成（B）および林齢の分布（C）
(B)、(C) は滋賀県森林資源情報を参考に筆者作成。

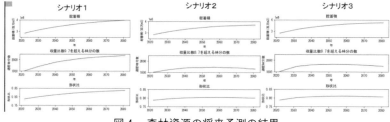

図4 森林資源の将来予測の結果

参考文献

Bilous, A., Myroniuk, V., Holiaka, D., Bilous, S., See, L., & Schepaschenko, D. (2017). Mapping growing stock volume and forest live biomass: a case study of the Polissya region of Ukraine. *Environmental Research Letters*, *12*(10), 105001. https://doi.org/10.1088/1748-9326/aa8352

Colson, D., Petropoulos, G. P., & Ferentinos, K. P. (2018). Exploring the Potential of Sentinels-1 & 2 of the Copernicus Mission in Support of Rapid and Cost-effective Wildfire Assessment. *International Journal of*

第 7 章　地域森林管理へのリモートセンシング技術の適用　**193**

Applied Earth Observation and Geoinformation, 73, 262-276. https://
doi.org/10.1016/j.jag.2018.06.011

Dainelli, R., Toscano, P., Gennaro, S. F. D., & Matese, A. (2021). Recent
Advances in Unmanned Aerial Vehicles Forest Remote Sensing—A
Systematic Review. Part II : Research Applications. *Forests, 12*(4), 397.
https://doi.org/10.3390/f12040397

Maini, A. K., & Agrawal, V. (2014). *Satellite Technology: Principles and
Applications, 3rd Edition* (pp. 343-390). Willey. https://doi.
org/10.1002/9780470057902.ch9

Massonnet, D., Rossi, M., Carmona, C., Adragna, F., Peltzer, G., Feigl, K.,
& Rabaute, T. (1993). The displacement field of the Landers
earthquake mapped by radar interferometry. *Nature, 364*(6433), 138-
142. https://doi.org/10.1038/364138a0

Meng, L., Yan, C., Lv, S., Sun, H., Xue, S., Li, Q., Zhou, L., Edwing, D.,
Edwing, K., Geng, X., Wang, Y., & Yan, X. (2024). Synthetic Aperture
Radar for Geosciences. *Reviews of Geophysics, 62*(3). https://doi.
org/10.1029/2023rg000821

Simons, M., Fialko, Y., & Rivera, L. (2002). Coseismic Deformation from
the 1999 Mw 7.1 Hector Mine, California, Earthquake as Inferred from
InSAR and GPS Observations. *Bulletin of the Seismological Society of
America, 92*(4), 1390-1402. https://doi.org/10.1785/0120000933

Tanaka, K. (2018). LiDAR Introduces Revolutionary Changes in Its
Approach to Forest Management. *Journal of Forest Planning, 22*(2),
39-46. https://doi.org/10.20659/jfp.22.2_39

Wehr, A., & Lohr, U. (1999). Airborne laser scanning—an introduction
and overview. *ISPRS Journal of Photogrammetry and Remote Sensing,
54*(2-3), 68-82. https://doi.org/10.1016/s0924-2716(99)00011-8

White, J. C., Coops, N. C., Wulder, M. A., Vastaranta, M., Hilker, T., &
Tompalski, P. (2016). Remote Sensing Technologies for Enhancing
Forest Inventories : A Review. *Canadian Journal of Remote Sensing,*

42(5), 619-641. https://doi.org/10.1080/07038992.2016.1207484

Wulder, M. A., Hilker, T., White, J. C., Coops, N. C., Masek, J. G., Pflugmacher, D., & Crevier, Y. (2015). Virtual constellations for global terrestrial monitoring. *Remote Sensing of Environment, 170*, 62-76. https://doi.org/10.1016/j.rse.2015.09.001

Wulder, M. A., Roy, D. P., Radeloff, V. C., Loveland, T. R., Anderson, M. C., Johnson, D. M., Healey, S., Zhu, Z., Scambos, T. A., Pahlevan, N., Hansen, M., Gorelick, N., Crawford, C. J., Masek, J. G., Hermosilla, T., White, J. C., Belward, A. S., Schaaf, C., Woodcock, C. E., … Cook, B. D. (2022). Fifty years of Landsat science and impacts. *Remote Sensing of Environment, 280*, 113195. https://doi.org/10.1016/j.rse.2022.113195

Zhou, Y., & Feng, Z. (2023). Estimation of Forest Stock Volume Using Sentinel-2 MSI, Landsat 8 OLI Imagery and Forest Inventory Data. *Forests, 14*(7), 1345. https://doi.org/10.3390/f14071345

竹島喜労. (2010). 林相判読. 加藤正人編著, 『森林リモートセンシング〔第3版〕』(pp. 194-198). 日本林業調査会.

外岡秀行. (2022). リモートセンシング. 日本リモートセンシング学会編. 『リモートセンシング事典』(pp. 2-3). 丸善出版.

宮坂聡. (2022). プラットフォーム：航空機. 日本リモートセンシング学会編. 『リモートセンシング事典』(pp. 98-99). 丸善出版.

田中和博. (2022). 「GISによる森林空間の解析と評価」. 森林計画学会誌, 55(2), 105-117. https://doi.org/10.20659/jjfp.55.2_105

東近江市. (2024年1月23日). 森林シューセキ！事例報告会. 東近江市.

第8章

「山論」の現代的意義をめぐって
── 御池岳所有権・境界確定訴訟の検討

龍谷大学教授　牛尾洋也

　集落における持続可能な地域資源管理の研究は、一方で、国レベルの農山村政策に関する政策分析と、他方で、各地域における具体的な地域資源の利活用に関する調査・研究という、総論と各論の双方向的な研究により、より実態に即した成果をあげうると考える[1]。

　一方の政策分析については、近年の中山間地の農山村の「農村政策」一般について、主として、農水省における新「食料・農業・農村基本計画」（2020〔令和2〕年3月）により示唆された「新しい農村政策」の方向性とその位置づけが課題となるところ、同時並行的に進められていた、国土利用計画及び国土形成計画の具体化と方向性を示唆する「国土管理構想（案）」が出され、「新しい農村政策」と「国土の管理構想」との相互関連性について検討を行った[2]。

　他方、具体的な集落の調査に関する森林・林業を中心とする地域資源の持続的な利活用のあり方に関しては、東近江市が2019年度（令和1年3月）末に策定した「東近江市100年の森づくりビジョン」[3]に沿って集落単位で行われたワークショップへの参加を契機として、奥永源寺地区の集落の一つである君ヶ畑を対象に調査・研究を行ってきた。その集落ヒアリン

1）国の森林・林業政策と地域における独自の資源管理のあり方について、牛尾洋也「森林の経営・管理と『地域性』」牛尾洋也・伊達浩憲・宮浦富保編著『森里川湖のくらしと環境』（晃洋書房、2020年）129-143頁。

グにおいてしばしば語られていたのは、君ヶ畑の奥山に相当する「御池岳」をめぐる隣接村との土地所有権又は境界の確定に関する過去の長い「山論」の歴史と裁判についてであり、地域における森林・林業のあり方を検討するうえで把握すべき「地域特性」を物語るものといえる[4]。

近年、入会林野研究においても、「村々入会」におけるガバナンスの検討の必要性[5]や、入会林野の全体像の把握の必要が指摘されているが[6]、「山論」に目を向け、個々の裁判を詳細に検討するならば、開発や環境保全について一定の役割を果たした例がないとは言い切れないと思われる。

そこで本稿では、昭和40年代に提訴され、判決により確定された本裁判について、君ヶ畑集落に残されていた訴訟記録を活字化し、その現代的意味について考察を行い、全国各地の中山間地域や集落における歴史的な資源管理と現代的課題を探る手掛かりを得ようとするものである。

以下では、文字起こしした大津地方裁判所民事部1972（昭和47）年4月

2）「新しい農村政策の在り方に関する検討会・長期的土地利用の在り方に関する検討会・中間とりまとめ『地方への人の流れを加速化させ持続的低密度社会を実現するための新しい農村政策の構築―令和2年食料・農業・農村基本計画の具体化に向けて―』（2021〔令3〕年6月4日、農水省HP：「中間とりまとめ・全体版」〔https://www.maff.go.jp/j/study/nouson_kentokai/attach/pdf/farm-village_meetting-193.pdf〕）、「国土管理専門委員会最終とりまとめ『人口減少下における適切な国土管理の在り方を示す「国土の管理構想」』（2021年6月17日、国交省HP：国土審議会計画推進部会国土管理専門委員会「国土管理専門委員会 最終とりまとめ」〔令和3年6月〕：https://www.mlit.go.jp/policy/shingikai/content/001409425.pdf））。なお、これに関連して、牛尾洋也「『新しい農村政策』と『国土の管理構想』―国土・土地利用計画との関係で―」『農業法研究』57巻（2022年）7-21頁。

3）東近江市「東近江市100年の森づくりビジョン」（http://www.city.higashiomi.shiga.jp/cmsfiles/contents/0000006/6616/bijyon.pdf）

4）2017（平成29）年以来、里山学研究センターおよび社会科学研究所の研究プロジェクトとして、東近江市役所と連携して滋賀県東近江市の奥永源寺地区の各集落および君ヶ畑地区における森林・林業を中心とする地域資源の持続可能な利活用のあり方について、継続的に調査・研究をしてきたが、本稿はその成果の一部である。

5）川村誠「入会林野の領域支配―ガバナンス視点の有効性―」『入会林野研究』41号（2021年）83頁以下。

6）山下詠子「入会林野研究の成果と今後の展望」『林業経済』70巻9号（2017年）1頁以下。

24日判決（昭和42年（ワ）第206号）の資料（以下、207頁〜215頁参照）について、若干の検討を試みたい。

1 本件事件の経緯と訴訟の経緯

（1） 御池岳（標高1247m）と鈴北岳（同1179m）・鈴ケ岳（同1103m）に囲まれた高地は、御池平と呼称されていた。多賀町史によれば、大君ケ畑では入会地として炭焼きや短木の伐採を自由に行ってきたところ、昭和30年代の木炭の需要減退など山の生活の改変を迫られ、大君ケ畑ではこの地を活用する積極的な計画が浮上し、町と協議し開発を進めようと考え、近江鉄道株式会社に本件土地を譲渡し、会社の事業に協力して地域の発展を図ろうとした。

（2） 同地を含む場所は明治33（1900）年8月25日、大字大君ケ畑・佐目・南後谷三か字の共有の所有権の登記がされており、地番は奥山1番地、地目山林、面積は720町歩（約714ha）あり、この地は大佐谷財産区として管理、財産区議会により運営され、町の管理下にある。

（3） そこで、昭和38年（1963）2月14日、本件土地約250haを3500万円で売却した売買契約につき、多賀町長と近江鉄道株式会社との間で調印が行われた。登記の準備中、二年後の昭和40（1965）年3月に、同地は永源寺町大字君ケ畑の所有地であるとの申し立てがなされ、仮処分命令が出され、同年6月3日に、所有権確認請求事件として大津地裁に提訴された。

（4） 原告は、君ケ畑の小椋達男氏と小椋利一氏、被告は、大佐谷財産区、代表者多賀町町長の林清一郎氏であった。

原告・君ケ畑側の請求内容は、同地は大字君ケ畑字冠り御池岳262番地、地目山林、面積145町歩に含まれており、元来、君ケ畑村の共有地であったところ、登記の関係で2名の名義で登記を行い各1／2ずつの権利を有している。大君ケ畑の主張する境界線は間違いであるとするものであった。

原告君ケ畑側の2名が村の代表で右土地の共有者として地券を受け、その後登記簿上の所有名義人となったが、実質上の所有者は「旧君ケ畑村」であり、当時の大字君ケ畑住民の所有であることを認めつつ、訴訟上の当

事者能力も問題とされていない。

　（5）　大津地裁は、原告の主張を認め、昭和47（1972）年4月24日に、両土地の境界は、別図の境界線であると確認し、大君ケ畑の売渡場所は君ケ畑に含まれることになった。大君ケ畑側は、控訴を検討していたが、当時の宇野宗祐衆議院議員の仲介により、将来開発の時に協力し合うこととして控訴されず、境界が確定された[7]。

2　判決と判決理由の要点

　詳細は、後掲の判決記録「御池岳所有権・境界確定訴訟」を参照されたい。以下では、その重点のみまとめるにとどめる。

(1)　判決
　原告ら所有の滋賀県神崎郡永源寺町大字君ケ畑字冠り御池岳二六二番の土地と被告所有の同県犬神郡多賀町大字大君ケ畑字奥山一番の二の土地の境界は、別紙第一図面に赤線で表示する稜線であることを確定した。

(2)　判決理由
　両村の所有権および境界の検討は、主として、①地形、地物の検討、②地図の検討、③古地図、古文書の検討、④所有の検討の4点から行い、一定の結論を導いた。
①地形・地物：認定の本件係争地付近の地形と、滋賀、三重両県の県境、
　　（イ）点と鈴ケ岳の間の稜線およびこれを北西方向に延長した稜線が多
　　賀町と永源寺町との境。したがって、（イ）点と（ロ）点を結ぶ稜線（別
　　紙第二図面赤線〔後掲図1〕）が両町の境界と認めるべきで、これは決し
　　て不自然ではなく、むしろ合理的なものである。

7）多賀町史編さん委員会『多賀町史　上巻』（多賀町、平成3年）928-930頁と判決
　　文を参照。

②地図：a）国土地理院発行・旧陸軍省陸地測量部作成による日本全国の
　五万分の一の地形図に図示された境界線、b）両町の行政の取扱い、
　c）昭和39（1964）年に本件当事者間に本件係争地に関する紛争でも境
　界変更がなかったこと、d）両町で変更された証拠がないこと。
③古地図、古文書：a）多賀町側は、本件係争地附近は、江戸時代から犬
　上郡旧大君ケ畑村に帰属しているというものであり、その証拠として一
　連の古地図、古文書を提出。b）裁判所の判断は、古地図類の作成者が
　不明であり、信用性も明らかではないこと、原告側の古地図には御池岳
　が旧愛知郡（現神崎郡）に帰属。c）もし被告主張通りであるなら、「何
　故に、いかなる経緯によって現在においては神崎郡（旧愛知郡）永源寺
　町（旧君ヶ畑村）の区域に属するものとして取扱われるようになったの
　であろうか。」の解明がなければ、①②の判断を優先すること。
④所有：a）明治35年大字君ヶ畑の住民と大字茨川字黄和田ケ坂の所有者
　ら土地境界紛争で、本件係争地附近の土地は、双方とも大字君ヶ畑所有
　の御池平であると認めていたこと。b）被告主張の「御池」ないし
　「平」のつく小字がないこと。c）被告が本件係争地を信仰の対象とし
　たり、炭焼きや灌木の伐採を行ってきたとしても所有とすることにはな
　らないこと。d）被告提出の「字限図」は公定力がなく、さらに記載さ
　れた池の名称までも付記されており、作成自体若干の疑問があること。

(3)　結論
　原告は所有権確認の訴えと境界確定の訴えを選択的に訴求しており、所
有権は、範囲が確定できないことから、境界確定について上記認定を行っ
た。

3　若干の検討[8]

(1)　村々入会と山論[9]
　（1）　江戸時代における山論や野論は、山野の境界とその他の利用方法
の正当・不当を巡る争いと訴訟であり、そのほとんどの紛争の実態は、山

林原野の用益権または利用慣行、不分明な境界を巡ってであったとされ、現代のように、実際の利用とは切り離して、利潤獲得のために土地を所有・売買するという発想はなかった[10]。また、それは、村落間の争論として扱われたことを特徴とし、山野と村落共同体の生活とが密接に結びついていたことを示しており、村落には極めて多くの山論・野論の関係文書が共有文書として伝来してきたといわれている[11]。

（2）　文政3（1820）年に大君ケ畑村と君ヶ畑村との間で山論に関する大きな紛争が起こった。君ヶ畑町史では、「愛知郡六ケ畑の主張によれば、六ケ畑立会（入会）山の鈴ケ岳の山麓に、犬上郡大君ケ畑（多賀町）など三か村の人々が侵入してきたことを発端」とし、「当時六ケ畑側は、村人から「山廻り」役を任命し、境界の不正に注意を払っていた」ところ、「犬上郡三か村の者が炭窯を作り、小屋掛けし、木を伐りとっていることを発見。彼らを打擲し、炭窯を焼き払うという行為にでて、御池山は三か村の領内であると主張する犬上郡側と争論になった」とされている。

これに対して、愛知郡側の主張は、「『南は八風峠、北は御池山、犬上郡境は山並峰通り引続き雨分れの限りの内は、一円六ケ畑領である。特に、御池山のうち字蛇谷には、天文年間（1532〜55）より慶長年間（1596〜1615）に至るまで70年余りにわたって銀山があり、慶長ごろには炭を御池平で焼いて、この銀山に持ち歩いて渡世していた。愛知郡側は、このころから銀山炭運上を上納しており、現在は御池山山手米を上納している。』というものであった。結果的にこの山論は、双方の領主である彦根藩によって、境界を線ではなく幅をもった帯状に定められて終結した」とされて

8）本稿では、高度経済成長期に入った当時の現代の裁判を中心に考察をしており、参照文献は、主として市町村史にとどまるが、江戸期及び明治期の関連する史料に基づいた周辺の集落を含めた山林共有（入会）の歴史及び実態の検討は次の課題としたい。

9）渡辺尚志『百姓たちの山争い裁判』（草思社、2017年）参照。

10）渡辺・前掲注9）245頁。

11）永源寺町史編さん委員会（東近江市）『永源寺町史　通史編』（ぎょうせい、平成18年）541頁以下。

いる[12]。

（3）　多賀町史によれば、当該山論は、元禄年間作成の山絵図や大君ケ畑・君ヶ畑両村の山絵図を参考にして領境の吟味を行い、大君ケ畑の主張を認め、文政 5 （1822）年 2 月 3 日に、境界は御池のうち、幅およそ約 1km、長さ約3.3km の面積につき双方参会山とされた。また、この裁定に各村は従い、『御請証文』を提出して、今後両村で山論を起こさないとの誓約を交わして事件は解決したとされる[13]。

（4）　以上のように、村々の山、とりわけ奥山の境界は不分明なことが多く、近代以前は、とくに、所有権というより、実質的な山の利用権が重要であったため、祈りや祭り、銀山などの一時期の山の需要などにより、一次的、部分的な山の利用が行われ、その利用方法に関する取り決めさえあれば、境界をことさら明確にする必要性はなかったと思われる。文政期の山論の実態は不明であるが、奉行所による裁定は、村の境界を定めるのではなく、村々入会を可能とする一定の幅を持った領域を認め、村々で共同利用することを定めたものであった。

(2)　明治初期の地租改正と土地利用[14]

（1）　明治期になり、政府は近代的な土地制度を山林原野にまで導入し、地租改正を行った。

そのため、入会地は個人名義で所有権を確定（あるいは共有名義）されることになったが、上記のような村々入会の場合には、名義を確定することが困難であるため、各村で地番を振り土地所有権を確定したとしても、地番の土地の範囲や境界が必ずしも明らかではないまま問題となる場合が多い。本件訴訟も、その一つである。

---

12) 多賀町史編さん委員会・前掲注 7 ）922-924頁。
13) 同前・前掲注 7 ）922-924頁参照。
14) 地租改正と村の共有森林（入会林野）の取扱いの法制度および具体的な村による下げ戻しの展開については、牛尾洋也「里山の所有と管理の歴史的編成過程―官山払下嘆願の実相―」丸山徳次・宮浦富保編著『里山学のまなざし』（昭和堂、2009年）69頁、及び掲出参考文献を参照。

ちなみに、「君ヶ畑地券取調総絵図」（君ヶ畑村、明治7〔1874〕年作成）[15]では、御池岳一帯は、すでに村の共有地として描かれており（後掲本書第9章の郡界地引絵図では、君ヶ畑の領域として描かれている。）、本件土地の地券[16]には、「地券　近江国愛知郡君ヶ畑村第弐百六拾弐番　字冠リ御池平　同国同郡同村　一　山林百四拾五町一反三畝歩　持主　永続者　主幹者　小椋林蔵　辻庄八　……　明治廿二年二月廿八日　滋賀県」と記載されている。

（2）　明治期以降の実際の土地利用は、それ以前と大幅な変更はなく、実質的には大君ヶ畑村と君ヶ畑村が入り合う土地利用が行われていたものと推測されるが、昭和30年代には、同地番（262番）を含む広大な山林について、地券発行当時の民法の手続により上記2名の名義で登録されており、その後も相続を受けて登記名義は個人名となっているが、君ヶ畑の共有地に属するものであることにつき、近隣6ヶ畑の集落の代表を交えて行われた確認とその証明の写し[17]が存在し、本件御池平を含む土地が村の共有であることの確認が行われている。

明治以降の公的な地図において、君ヶ畑の土地として描かれてきた理由は不明であるが、山における利用実態に変更がなければ、この点でもことさら明確化する必要がなかったものであろう。

(3)　本件訴訟の本質

（1）　本件事件は、昭和38（1963）年に多賀町と近江鉄道との間で本件土地を売買する契約が締結されたことを契機とし、口頭弁論32回を数える7年越しの長期の裁判となった。すなわち、従来の牧歌的な山林原野の利用とは異なり、高度経済成長期において観光開発（スキー場）という高度な土地利用を行うために、多賀町側が、従来の土地利用を越えて、企業に所有権を処分すると決定したことによる問題の展開であった。

15）君ヶ畑自治会「君ヶ畑地券取調総絵図データ」。
16）君が畑共有文書。
17）君が畑共有文書。

第 8 章　「山論」の現代的意義をめぐって　　**203**

　おりしも、当時、名神高速道路の建設が始まり、栗東 IC・尼崎 IC（71.7
km）は、昭和38（1963）年 7 月16日に日本初の都市間高速道路として開通
した時期にあたり、滋賀県内各地では、一斉に土地買収や土地開発が進め
られていた。また、昭和40（1965）年に制定された「山村振興法」の初年
度の指定地域には滋賀県犬上郡多賀町が、同44年度には同神崎郡永源寺町
が指定されるなど、山村の基盤形成や振興を通じて、村の人々の土地・権
利に関する意識は大きく変わっていったものと思われる。

　（2）　本件訴訟において、裁判所が重視したのは、第 1 に、地理・地物
という自然条件であり、第 2 に、公的な地図など一般的な地図上の境界で
あり、第 3 に、そこから導かれる推論を覆すだけの明確な古地図・古文書
を要求し、第 4 に、字限図など今日の境界確定に関わる作製図面の検討を
行って、最終的に認定の判断がなされた（別添裁判資料 2 ）。もっとも、後
述のように、当時すでに御池岳を含む鈴鹿全体を自然公園や国定公園とし
て保全しようという行政サイドの動向を受けて、裁判所が、かつての山論
とは異なる利潤獲得の売買に対して、厳格な態度をとったと推測すること
も可能かもしれない。

　今回、古地図、古文書の具体的な提出資料の直接的検討を行うことがで
きなかったが、上述の「御請証文」（文政 5 年〔1822〕 2 月 3 日）は、一定
の幅のある境界を示すのみであったところ（上記『多賀町史　上巻』922～
924頁）、裁判では、多賀町側は、彦根藩が作成した「江左三郡録」（寛政
2 年〔1790〕（新聞記事では、「この土地は大君ケ畑の領域とされている」
と記述されている。）や、同彦根藩が幕府に提出した絵図面（正保 2 年
〔1645〕）、享保年間に彦根藩井伊家が作成した古文書などを証拠資料とし
て提出し、郷土史家の証言を含め検討がなされたが、自然地形および公的
地図による境界線の推定を覆すに至らなかった。

　争いがある筆界の確定は、まず、真の筆界を探求することに始まり、次
いで、それが認定できない場合には、裁判所が、占有状態から合理的な自
然的境界を定め、それが困難な場合には、係争地を等分に分割することに
なるといわれている[18]。

　本件訴訟においては、そもそも地租改正時の真の筆界探求が困難である

ことから、自然的境界の確定を優先し、その境界の認定について積極的証拠として国土地理院などの公の地図を手掛かりとし、さらに古地図や古文書などの歴史的な資料には前記認定を覆すだけの証拠力を求め、補充的に、字限図[19]の検討を行ったが、裁判所は2回にわたる現場検証を含め慎重かつ現実的に境界確定の判断を行っており、近代的所有権の確定に関わる境界確定の認定としては、十分な判断であったものと考える。

(4) 今後に向けて

　滋賀県は、本件訴訟の提訴の昭和40（1965）年に、「滋賀県立自然公園条例」（滋賀県条例第30号、昭和40年12月15日）を定め、御池岳を含む鈴鹿全体を県立公園に指定する方針を示していた。また、本件提訴後の昭和43（1968）年7月22日には、本件地域は、滋賀県・三重県の県境の鈴鹿山脈一帯からなる「鈴鹿国定公園」として指定され、独特の地形と生態系の保全と人の利用との共生が目指されてきた[20]。

　本件訴訟は、当時、大変注目され多くの新聞社が記事に取り上げて報道が行われた[21]。本件訴訟により、本件売買契約による所有権移転は否定

---

18) 有吉一郎「境界確定訴訟における境界線（筆界）の確定方法について」『久留米大法学』72巻（2015年）155頁。平成18（2006）年施行の新たな筆界特定制度につき、藤原勇喜『公図の研究［5訂増補版］』（朝陽会、2018年）475頁以下参照。

19) 字限図は、地租改正の際に、筆界を公に確定するために当時行われた一筆調査や、これを集めて字や町村単位で作成された図面であり、その後、土地台帳附属地図となり税務官署に保管、登記所に移管の後、法改正で法的根拠を失った後も地図に準ずる図面（不動産登記法14条4項、旧土地台帳附属地図）として登記所に据え置かれ、いわゆる「公図」として広く利用されているが、徴税目的の資料であるため、作製過程に問題があり必ずしも正確なものではないとされている（有吉・前掲注18）論文155頁参照）。

20) 国定公園を含む公園の指定の経緯及び課題について、国立・国定公園の指定及び管理運営に関する検討会「国立・国定公園の指定及び管理運営に関する提言―時代に応える自然公園を求めて」（平成19年）（https://www.env.go.jp/nature/koen_kento/teigen_a.pdf）、参照。

21) 「『御池岳』所有争い」滋賀日日新聞昭和47年3月3日、「7年越しの所有権争い」滋賀中日新聞同日、「境界争いに決着」朝日新聞滋賀版昭和47年4月25日など各紙が取り上げた。

され、その後、実際の降雪量や雪質の関係もあってスキー場開発自体もとん挫した結果、御池岳は、今日、鈴鹿十座の一つとして、登山やハイキングなど市民のレクリエーションのメッカとして賑わっている。

なお、訴訟提起後、間もない昭和45（1970）年の民俗調査記録によると、当時、54世帯189人の人口があり、山稼ぎを主としていたとされるが[22]、令和2（2020）年の国勢調査では、21世帯14人となっており[23]、有効な地域政策が望まれる。

裁判後、控訴を断念したのは多賀町側の賢明な判断であり、結果的にスキー場開発がとん挫したことにより、鈴鹿の自然を守るうえで重要なきっかけになったが、今日の地域の発展を考える場合、訴訟終結時の際の将来の協力関係の約束は、いまこそ、自然を生かした未来志向の形で進むことが期待される。

これに関連して、自然公園法は、社会状況の変化をも踏まえ、地方自治体や関係事業者等の地域の主体的な取組を促す仕組みを新たに設け、保護のみならず利用面での施策を強化し、「保護と利用の好循環」（自然を保護しつつ活用することで地域の資源としての価値を向上）を実現するため、法改正（令和3〔2021〕年5月）されたところである[24]。

今後、御池岳一帯は、東近江市の「（仮称）東近江市森の文化博物館基本計画」[25]や里山的利用などを含め、地域および近隣市町村の相互協力のもと、新たな保全や地域を含めたあるべき利活用の検討が課題となろう[26]。

22）菅沼晃次郎『木地屋のふるさと　君ヶ畑の民俗』（民俗文化研究会、1971年）。

23）「国勢調査町丁・字等別境界データ」（https://geoshape.ex.nii.ac.jp/ka/#scource-estat）

24）環境省HP　環境省「自然公園法の一部を改正する法律の概要」（https://www.env.go.jp/content/000048002.pdf）

25）東近江市HP（https://www.city.higashiomi.shiga.jp〔2025年1月5日閲覧〕）

26）環境省HP「環境省 自然公園制度のあり方検討会」「今後の自然公園制度のあり方に関する提言」（2020年）（https://www.env.go.jp/content/900502604.pdf）

［追記］

* 本稿作成にあたり、東近江市君ヶ畑町自治会並びに高松会より資料提供を受け、とりわけ瀬戸洋海氏には多大なご協力を頂いた。ここに感謝の意を表したい。
* 本稿は、「龍谷大学里山学研究センター2021年度年次報告書」（2022年）に掲載した論文に若干の修正を加えて本書に再録したものである。

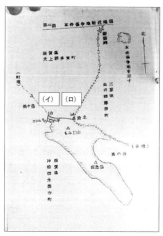

図1　裁判資料・別紙第二図面

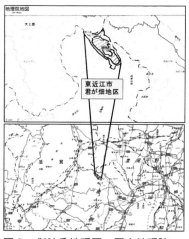

図2　御池岳地理図　国土地理院・標準地図ベースマップ

地理院地図 Vector（https://maps.gsi.go.jp/vector/#13/35.178906/136.414547/&ls=vstd&disp=1&d=1）引用・加筆

第 8 章 「山論」の現代的意義をめぐって　207

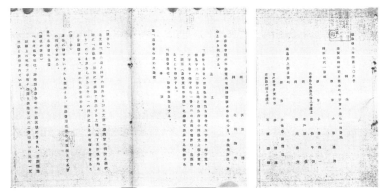

図 3　判決文抜粋

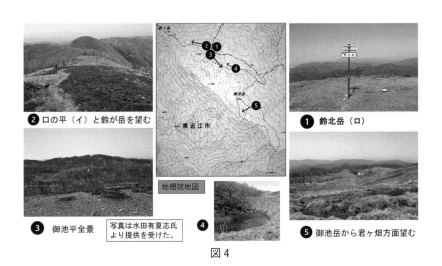

図 4

（判決記録）「御池岳所有権・境界確定訴訟」
　　　　　　　　　（大津地方裁判所民事部昭和四七年四月二四日判決）

昭和四二年（ワ）第二〇六号

　　　　判　決

　滋賀県神崎郡永源寺町大字君ヶ畑七一四番地
　　　　原告　　　　　　　小　椋　達　男
　同所七六一番地
　　　　原告　　　　　　　小　椋　利　一
　　　　右原告ら訴訟代理人　佐　伯　千　似
　　　　同　　　　　　　　井　戸　田　侃
　　　　同　　　　　　　　前　川　信　夫
　同県犬神郡多賀町
　　　　被告　　　大　佐　谷　財　産　区
　　　　右代表者　多賀町長　林　清　一　郎
　　　　右訴訟代理人弁護士　石　原　即　昭
　　　　同　　　　　　　　浜　田　　　博
　　　　同　　　　　　　　北　川　和　夫

　右当事者間の不動産所有物確認請求事件につき、当裁判所は、次のとおり判決
する。

　　　　主　文

　一　原告ら所有の滋賀県神崎郡永源寺町大字君ヶ畑字冠り御池岳二六二番
　　　の土地と被告所有の同県犬神郡多賀町大字大君ケ畑字奥山一番の二の
　　　土地の境界は、別紙第一図面（彦根東部地形図）に赤線で表示する稜
　　　線であることを確定する。
　二　訴訟費用は、被告の負担とする。

　　　　事　実
第一、　当事者の求めた裁判

（原告ら）

主文第一、第二と同旨の判決および主文第一項同旨の判決と選択的に「別紙第一図面に青斜線で表示する土地（以下本件係争地という）につき原告らが各二分の一の持分による共有権を有することを確認する。」旨の判決を求める。

（被　告）

原告らの請求をいずれも棄却する、訴訟費用は原告の負担とする、旨の判決を求める。

第二、　当事者の主張

（請求の原因）

一、　本件係争地は、神崎郡永源寺町の行政区域に含まれ、不動産登記簿上は同町大字君ヶ畑字冠り御池平二六二番山林一四五町一反三畝と表示されている。

二、　本件係争地は、もともと右大字君ヶ畑の前身である愛知郡君ヶ畑村の村有地であったが、明治二二年二月一八日当時の地租改定制度の施行にともなう土地の民有化により、同村長であった訴外亡小椋林蔵と同辻庄八が村民から選ばれ、その共有者となつて地券の交付を受けた。そして、その後家督相続や共有持分の譲受等を経て原告らがその共有者（持分の割合は各二分の一。）となったものである。

三、　被告は、永源寺町の隣町である犬上郡多賀町の行政区域内に存在する大字大君ケ畑、大字佐目、大字南後谷の三部落の旧部落共有財産を以て構成する財産区であって、本件係争地の北側に隣接して犬上郡多賀町大字大君ケ畑字奥山一番の二山林七一九町七反三畝五分を所有している。

四、　ところが、昭和三八年四月頃になって、被告は、本件係争地が被告所有の奥山一番の二の土地の一部であり、したがって、本係争地が被告の所有であると主張し、現在に及んでいる。

五、よって、原告らは、被告に対し本件係争地が原告らの各二分の一の持分による共有に属することの確認を求めるとともに、これと選択的に原告ら共有にかかる冠り御池平二六二番の土地と被告所有の奥山一番の二の土地の境界が別紙第一図面に赤線で表示する稜線であることの確認を求める。

（請求の原因に対する答弁）

一、請求原因第一項記載の事実は否認する、同第二項記載の事実については、本件係争地が原告らの共有であることを否認し、その余は不知、同第三項記載

の事実については本件係争地の北側に被告所有の奥山一番の二の土地が隣接
しているとの点を否認し、その余を認める、同第四項記載事実については、
本件係争地は、従前から被告がその所有と主張しているものである。

二、請求原因第二項記載の旧君ヶ畑村と被告財産区の一部である大字大君ケ畑の
前身である旧大君ケ畑村とは、江戸時代においてはいずれも独立した村で、
彦根藩井伊家に属していた。井伊家の所領は明治四年の廃藩置県により彦根
県の一部となり、その後明治五年九月滋賀県に統一された。廃藩置県後の町
村の区域に関しては、郡区町村編制法（明治一一年太政官布告一七号）二条
に、「郡町村ノ区域名称（総テ旧ニ依ル）」と規定され、その後においても行
政区域に変更がない以上同法施行当時の行政区域が今日の行政区域になって
いるものと解される（明治二一年法律第一号市町村制三条、明治四四年法律
第九号町村制一条、昭和二二年法律第六七号地方自治法五条一項参照。）。前
記の江戸時代の君ヶ畑村も大君ケ畑村も、廃藩置県のとき独立した村となり、
君ヶ畑村は明治二二年に東小倉村に、昭和一八年に永源寺村に、昭和三〇年
に永源寺町に合併され、大君ケ畑村は明治二二年大滝村に、昭和三〇年多賀
町に合併されて現在に至っているが、旧君ヶ畑村の区域はそのまま現在の大
字君ヶ畑の区域であり、旧大君ケ畑村の区域も同様に現在の大字大君ケ畑の
区域であり、いずれも江戸時代のそれと変るところはない。そうして、本件
係争地は、江戸時代の彦根藩の所領当時から大君ケ畑村に所属していたもの
であり、大君ケ畑村民のみならず、他村の住民も本件係争地が大君ケ畑村の
区域内にあることを認めて、今日に至っているものである。

第三、証拠関係
（原告ら）・・・省略
（被告ら）・・・省略

理　由

一、原告らは、本件係争地が滋賀県神崎郡永源寺町の行政区域に属し、同町大字
君ヶ畑字冠り御池平二六二番の土地であると主張するのに対し、被告は、本
件係争地は同県犬神郡多賀町の行政区域内にあり、隣町同町大字大君ケ畑字
奥山一番の土地の一部であると主張し、本件係争地が、右のいずれの町に属
するかが重要な争点であるから、まずはこの点につき判断する。

（一）成立に争いない甲第四号証の一ないし三、乙第一七号証、本件係争地の検

証（第一、二回）の各結果によれば、

「1、本件係争地は、永源寺町の北部が多賀町と三重県に接する附近に在
り、標高一、〇〇〇メートル、北西から南東へかけて長さ約三、〇〇
〇メートル、北東から南西への巾約一、〇〇〇メートルから約五〇〇
メートルの全体として一個の広大な台地をなしている部分である。こ
の台地内は、平坦ではなく、相当の高低があり、中央部東南寄りには
御池岳または丸山と呼ばれている標高約一、二四一メートルの高所が
存在する。台地全体は石灰岩質の地質で、石灰岩が雨水に溶解して生
じた多数の窪みが散在し、そのうちの若干のものは水を溜めて池をな
している。台地全体には、熊笹、灌木が密生している。

2、本件係争地の北西端（別紙第二図面（イ）点付近）は、通称「口の
平」と呼ばれ、その地点から北西方向約六〇〇メートルの地点に鈴ケ
岳（標高一、一〇三メートル）の頂上が存在する。（イ）点から東方や
や南寄り約五〇〇メートルの地点（別紙第二図面（ロ）点）に鈴北岳
と称されている標高約一、一七九メートルの高所が存在する。（ロ）点
から北方やや東寄り約二、〇〇〇メートルの地点に鞍掛峠（標高七九
一メートル）が存在する。

右鈴ケ岳の頂上から南東方向に（イ）点に至る間（滋賀県犬上郡多賀
町と同県神崎郡永源寺町との境）（ロ）点から北方向に鞍掛峠に至る間
（滋賀県と三重県の県境）および（ロ）点から東東南方向へ延びる本件
係争地の北東側の線の一部とその延長（滋賀県と三重県との県境）は、
いずれも明瞭に稜線をなし、それぞれ、県境、町村境とされている。

3、（イ）点と（ロ）点を結ぶ線の北側は、北方向に傾斜する斜面をなし、
右線の南側は、極めて緩やかな南向斜面であり、本件係争地の台地の
一部をなし、したがって、（イ）点と（ロ）点を結ぶ線は、稜線状をな
している。

4、本件係争地の西側は、係争地内にあるもみじ山からカンムリ谷（別
紙第二図面参照）へかけて一帯に下り斜面となっており、この斜面は、
灌木、熊笹等の密生地であって、本件係争地と隣接土地との境界を明
らかにするような地形、地物の特徴は発見できない。

本件係争地の南西側は同方向に下る斜面をなし、この斜面は一部断崖
状をなす急斜面であり、台地上の係争土地と明瞭に区別できる。本件
係争土地の東側は、係争地内にある御池岳、もみじ山等から真の谷
（別紙第二図面参照）へかけて全体として東北方向に傾斜する比較的ゆ

るやかな傾斜面となっており、全体的に灌木等が密生していて本件係
争地と隣接土地との境界は必ずしも明確ではない。」
事実を認めることができる。

（二）成立に争いのない甲第四号証の一ないし三、同第一〇号証の一ないし四、
同第一九、第二〇号証、証人（以下、省略）の結果を総合すると、
「国土地理院発行の本件係争地附近を図示した五万分の一の彦根東部地形
図（別紙第一図面）には、従前から前認定の別紙第二図面の鈴ケ岳から
（イ）点を経て（ロ）点に至る線（（イ）点、（ロ）点間は赤線部分）を永
源寺町と多賀町との境界線として図示されており、その他一般に市販さ
れている地図にも右同様に図示されており、滋賀県あるいは多賀町、永
源寺町とも左記紛争が生じるまでは長年にわたり右の線が両町の行政区
域の境界線として行政事務処理してきた。
昭和三九年に本件当事者間に本件係争地に関する紛争が生じ、ことは両
町の境界に関係することから、同年一二月五日、両町の係員や現地住民
の代表らが滋賀県庁に会合し、同県の係員を交えて懇談したけれども、
結局は従前の両町の境界を変更すべき特段の資料もなく、両町がそれぞ
れに作成していた町の全図において、いずれも前記鈴ケ岳―（イ）点―
（ロ）点の線を境界と図示していたこともあり、特別に右境界を変更する
協議をすることもなく別れて今日に至っている。」
事実を認めることができる。

（三）多賀町と永源寺町がその各行政区域の境界につき右認定のような町の全図
を作成したのは、国土地理院あるいはその前図である旧陸軍省陸地測量部
の作成した日本全国の五万分の一の地形図に図示された境界線に依拠した
ものであることは推測に難くなく、ことに多賀町においては、同町全図を
右五万分の一の地形図により作成したものであることは、証人高橋正雄の
証言により認められる。右五万分の一の地形図は、町村の境界等を確定す
る効力を有するものでなく、その表示が実際の境と相違しているときは、
これを訂正すべき方途もないわけではなく、現に、乙第一七号証によれば、
昭和四六年一月三〇日発行の分については、「昭和四三年一二月一二日現在
永源寺町と多賀町の境界一部未定」と注記の上、両町の境界線の一部（本
件係争地附近を含む）を図示していない。しかるに、多賀町においては、
同町が昭和三八年八月に調整した「多賀町全図」（甲第四号証の二）におい

ても、本件係争地附近における両町の境界線を前記の鈴ケ岳—（イ）点—（ロ）点の線と記載しているのであり、このようなことから、多賀町としては右図面調整の前後の時期までは、右の線を同町と永源寺町との境界と認識していたことは明らかであり、その後発行された甲第一九、第二〇号証に搭載された地図に照らしても右町境はそのまま維持され、その他これが変更されたと認められる資料は全く存在しない。

（四）右（二）に認定した事実に前記（一）認定の本件係争地付近の地形と滋賀、三重両県の県境、（イ）点と鈴ケ岳の間の稜線およびこれを北西方向に延長した稜線が多賀町と永源寺町との境である（この線は弁論の全趣旨から認められる）こと等からして、前記（イ）点と（ロ）点を結ぶ稜線（別紙第二図面赤線）が両町の境界であると認めるべきであり、これは決して不自然ではなく、むしろ合理的なものであると考える。

（五）被告は、本件係争地附近ことに御池岳は、江戸時代から犬上郡旧大君ケ畑村に属していたと主張し、乙第二ないし第三号証、同第六、第七号証の各一ないし三、同第八号証、同第一〇号証の一、二、同第一一ないし第一三号証、同一四号証の一ないし一〇、同第一五、第一六号証の古地図、古文書等を提出する。右の古地図等には御池岳が犬上郡の一部に属するように、また鈴ケ岳が犬上郡に属し、その付近に池が存在するように図示されているけれども、右古地図類が何人により作成されたものか、またどの程度の信用性があるものかは、必ずしも明らかではない。一方、甲第九号証、同第一二号証の一ないし三、同一三号証の一、二によると、右乙号証各証と反対に御池岳が旧愛知郡（現神崎郡）に属するように記載された古い地図も現存する。また、前記被告提出の古文書類についても、その歴史的意義はともかく、現実の地理を判別する上においては、必ずしも信用できないものであることは、その各文書の記載自体から、また証人末松修の証言によっても窺うことができる。仮に、被告主張のように、本件係争地附近が古来犬上郡の大君ケ畑村に属していたものであるならば、（右土地は相当広大な場所であり、古地図、古文書にも記載されたほどの有名な土地である。）何故に、如何なる経緯によって現在においては神崎郡（旧愛知郡）永源寺町（旧君ヶ畑村）の区域に属するものとして取扱われるようになつたのであろうか。このことが解明されないかぎり、右被告提出の古地図、古文書類によっても、本件係争地附近が犬上郡大君ケ畑村に属していたと認

めることは困難である。他に口頭弁論に提出された全証拠を検討しても、両町の境についても前記認定を左右するに足るものはない。

二　次に、本件係争地の所有関係について考える。

(一)　成立に争いのない甲第一、第二号証、同第三号証の一、二、証人瀬戸栄吉の証言、原告両名各本人尋問の結果によると、「　滋賀県神崎郡永源寺町大字君ヶ畑字冠リ御池平二六二番地山林一四五町一反三畝の土地は、君ヶ畑村の村有であったが、明治二二年二月二八日、亡小椋林蔵、同辻庄八の二名が右村民の代表となり右土地の共有者として滋賀県より地券の発行を受けたが、これは土地の所有名義人を右両名とするに止まり、実質上の所有者は旧君ヶ畑村であり、同村が東小椋村に、更に永源寺町に合併され、右君ヶ畑村の区域が大字君ヶ畑となるようになって、右土地は大字君ヶ畑住民の所有となり、ただ、不動産登記については、現在原告両名が右大字住民を代表して所有者として登記権利者とされている。」ことが認められる。

(二)　証人児玉孜、同児玉元吉、同瀬戸栄吉の各証言、原告達男本人の供述、この各証言、供述から真正に成立したと認められる甲第一一号証の一、二、本件係争地の検証（第二回）の結果によると、「明治三五年に大字君ヶ畑の住民と本件係争地の東北側に接する大字茨川字黄和田ケ坂の所有者らとの間に土地の境界について紛争が生じたが、その結果双方で和解し境界を確定するについて、本件係争地附近の土地は、双方とも大字君ヶ畑所有の御池平であると認めている。」事実が認められる。また、弁論の全趣旨からして大君ケ畑の住民も君ヶ畑の住民も、古来、本件係争地附近を御池と呼称していることが認められる。

更に、前説示の各事実から、永源寺町大字君ヶ畑と多賀町大字大君ケ畑とが本件係争地附近で相隣接していることは明らかであるところ、成立に争いない甲第一五号証の一ないし三によると、大字君ケ畑の字限図には小字名として「冠り御池ノ平」なるものがあることが認められるが、大津地方法務局彦根支局保管の大字大君ケ畑の字限図（同図の検証結果）によると同大字には「御池」ないし「平」なる名称のつく小字は存しないことが認められる。

(三)　右のような事実、前認定の行政区画、また冒頭認定の本件係争地の地形、地物等と証人児玉又助、同児玉好、同児玉孜、同児玉元吉、同白木寅一、同瀬戸栄吉の各証言、原告両名本人尋問の結果を総合すると、本件係争地（ただし、その範囲は後期のとおり一部不明確なところがある。）は、前記

冠り御池岳二六二番の土地で、原告ら（大字君ケ畑）の共有の土地である、と認定するに十分である。

（四）弁論の全趣旨から真正に成立したと認められる乙第九号証、証人（以下、省略）の各証言によれば、大君ケ畑側においては、古来、本件係争地を御池の山と呼称して雨乞いなどの信仰の対象としたり、同地内で炭焼き、狩猟、灌木の伐採等をして来たことは認められるけれども、これらのことをもって、前認定を覆えし、本件係争地が大君ケ畑側の所有であったとすることは相当ではない。

また、被告提出の乙第一号証の一、二の大字大君ケ畑字奥山の字限図には、前記認定のような本件係争地内に散在する池を図示していると思われる記載のあることから、右字限図は、本件係争地を図示しているようにも見えるが、一般に字限図そのものは公定力を有するものではなく、また、本件係争地の検証（第一、二回）の結果によると、本件係争地内に在る池なるものは、石灰岩が雨水に溶けてできた窪みに雨水が溜まった程度のものであるのに、右字限図に池を図示し、それぞれ名称まで付記されているのであって、字限図にこのように詳細な記入がなされていることは通常はない（大津地方法務局彦根支局保管の大字大君ケ畑の字限図の検証結果によっても、右字奥山の図面以外は単に各地番の大きさ、形状、配置を図示するに止まり、池沼等は一切記入されていない。）ところであり、かつ右字限図の検証の結果からしても、同図の作成自体について若干の疑問が残存するのであって、このような点からして、乙第一号証の一、二、またこれと同様の記載のある同第二号証も前記認定を左右するに足らない。

三、被告が滋賀県犬上郡多賀町大字大君ケ畑字奥山一番の二山林七一九町七反三畝五分の土地を所有していることは当事者間に争いなく、本件係争地の検証（第一、二回）の結果、前記認定の各事実並びに弁論の全趣旨によれば、被告所有の右土地と原告ら共有の前認定の冠り御池平二六二番の土地は別紙第二図面（イ）点と（ロ）点を結ぶ稜線において接しているものと認めることができる。

したがって、右両土地の境界は、右稜線すなわち別紙第一図面の赤線で表示した稜線と確定するのが相当である。

四　原告らは、本件係争土地に対する所有権確認の訴と境界確定の訴とを選択的に訴求するところ、右所有権確認の訴については、本件係争地の検証（第一、

二回）の結果その他原告らの全主張、立証によっても、所有権確認を求める土地の範囲（周辺）が明瞭になしえないから、境界確定の訴について前認定に従って判決することとし、訴訟費用の負担につき民事訴訟法第八九条を適用し、主文のとおりとする。

大津地方裁判所民事部
裁判長裁判官　　石　井　　　玄
　　裁判官　　上　田　豊　三
　　裁判官　　木　村　修　治

第9章　明治初期の郡界地引絵図について　217

第9章

明治初期の郡界地引絵図について
——絵図が語る明治初期の地租改正と村の分合

龍谷大学教授　牛尾洋也

1　はじめに

　ここに、次ページの滋賀県東近江市永源寺地区から発見された一枚の絵図の写真データがある（図1）。

　本稿は、この絵図を中心に、関連する文献資料を手掛かりとして絵図の意味を探り、明治初期に行われた地租改正にあたり地域がいかなる問題に直面し対応をしていったのかを村の分合を中心に検討し、今日の地域の地域性と自治の課題について示唆を得ようとするものである。

2　絵図の特徴

　まず、当該絵図面の特徴を把握する。

(1)　表紙、表題

　本絵図面の表紙には「愛知郡茨川村ヨリ同郡北坂本村マデ十八ケ村　郡界地引絵図面」と書かれている。

　作成年月日は、明治八（1875）年六月と書かれており、平成16（2004）年5月、永源寺町が「町史」作成のために高野町の「地券取調絵図」（明治7〔1874〕年1月）とともに絵図原本を写真撮影した際に収録されたものであり、写真データに記された標記は「高野地引絵図」となっている。

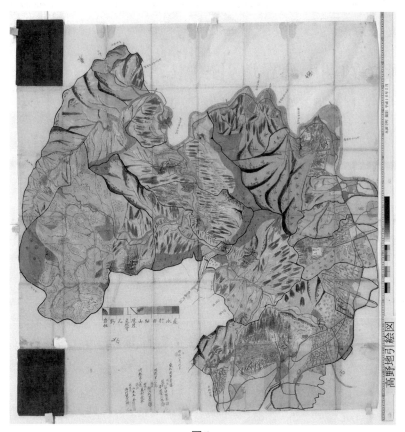

図1

しかし、これは高野町に保存されていた地引絵図という意味にとどまり、実際の原本の標記は、上記のように「愛知郡茨川村ヨリ同郡北坂本村マデ十八ケ村　郡界地引絵図面」である。

(2)　絵図面の作成者

　続いて、絵図に署名された名前は、下記の3つの区の区長と副区長である。

　　愛知郡第一区　　区長　　谷田市平
　　　　　　　　　　副区長　吉村友次郎

愛知郡第二区　　区長　　鯰江利右衛門
　　　　　　　副区長　　奥村茂平
愛知郡第三区　　区長　　山本太平
　　　　　　　副区長　　西川重左エ門

(3) 絵図面に描かれた郡界、村界その他
　絵図面の方角は、南東が上で、北西が下に描かれている。

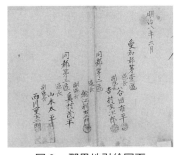

図2　郡界地引絵図面

　次に、郡界として明確に描かれているのは、上から右回りで、伊勢国堺、犬上郡堺、神崎郡杠葉尾村堺、神崎郡蓼畑村堺、神崎郡萱尾村堺、神崎郡佐目村堺、神崎郡相谷村堺、神崎郡山上村堺、愛知川筋、平柳村堺（愛知郡第4区）が描かれている。
　しかし、絵図面の下および左に当たる南西角と北西角の絵図部分は、不自然な形で途絶えており、その部分に当たる各村の境界は必ずしも明確ではないが、凡そ、この絵図に描かれた各村のまとまりは提示されており、本件絵図面の主題を指示しているものと思われる[1]。

(4) 絵図面内の村名その他
　描かれている村は、絵図面の上（図1左）から見ると、東に「茨川村」、「黄和田村」、「政所村」、北東に「君ヶ畑村」、絵図中央付近に「蛭谷村」、「箕川村」、南に「九居瀬村」、最南端に「永源寺寺地」を含めた「高野村」が、次に、絵図面の右側の南西に「外村」、「小倉村」、さらに「東光寺寺地」を含めた「平尾村」、絵図中央付近には「旧大萩村」が、さらに絵図右側の西に向かって「大覚寺村」、絵図下側の北西に向かって「百済

1）明治期の府県境や郡界が江戸期の国界や郡界を踏襲している場合には、江戸幕府撰国絵図が用いられることが多いとされている。喜多祐子「明治期における国絵図の利用　府県境、国界、郡界を中心に」小野寺淳・平井松午編『国絵図読解辞典』（図書印刷、2021年）263頁。本郡界地引絵図面は、それとは異なると思われるが、村絵図とは主題が異なると考えられる。

寺寺地」を中心に絵図右側から、「旧市ノ原村」、「旧上山本村」、「旧下山本村」、「旧北小屋村」、「旧北坂本村」が同一の境界線内に描かれており、「旧」の文字を取ったこれら全ての村の合計は18ケ村であり、絵図面の表題に一致する。

(5) 凡例

絵図に記された凡例は次のようである。

郡界地引絵図の凡例は、右から、道（赤色）、水（水色）、村（桃色）、田（山吹色）、畑（黄緑色）、山（淡萌黄色に新緑植で樹木の挿絵）、境界（黒実線）、飛地分（黒点線入り）、禿（土色）、野（灰色）、岩岨（黒灰色で黒線入り）の11色である。

これに対して、下記の同時期の近隣の村の地券取調絵図は、右から、村境（黒線）、字分（黄色地に黒点線入り）、木山（灰色に黒スケッチ）、道（赤色）、水川池（水色）、木荒（灰色）、村（桃色）、田（薄黄色）、畑（薄群青色）、藪（緑地に黒点）、門樋（黄色の仕切り絵）、草荒（灰色地に灰）、草山（薄緑色）、公有地（土色）であり、種類と数が異なる。

図3　郡界地引絵図面

図4　高野町地券取調絵図（明治7年1月）

絵図は、これらの色彩と線で極めて具象的に描かれていることが特徴であるが、地券取調絵図と比較して、各土地所有境界やその面積、地番など

図5　相谷町地券取調総絵図（不詳）

図6　郡界地引絵図面

は描かれておらず、また絵図面全体は実際の面積や地形とは異なって大きく変形している。

　他方で、黒実線による郡境、村境が明確である。さらに黒点実線で描かれた飛地については、黄和田村内には九居瀬飛地、茨川村内には君ヶ畑飛地、君ヶ畑村内には箕川村飛地が6か所と蛭谷村飛地が4か所がその飛地境界とともに克明に描かれており、それぞれ極めて広大な土地領域を示している。「飛地」が主題の一つであったことが伺われる。

　また、土地境界を跨いで○─○（黒丸線、図6上部）が描かれ、村境界を跨いで○─○（赤丸線、図6下部）が描かれているが、意味は判然としない。しかし、黒丸線は飛地境界に描かれ、赤丸線は村の境界を跨いでおり、いわゆる「分合」を示すものではないかと推察される。

　続いて、水色の川筋やため池が明確であり、桃色の村敷地、山吹色の田地、黄緑色の畑地、そこには茶畑と思われる点が振られている個所もある。また、淡萌黄色の山地は針葉樹林や松林、雑木林と思われる絵が描かれている。「水利」や「勧業」も主題の一つであったと思われる。

　さらに特徴的であるのは、各村の社寺が社寺林とともに比較的具体的にスケッチが描かれていることである。

　その他、御池岳は愛知郡側に位置し、御池岳中の湧水地も具体的に描かれており、いわゆる犬神郡との郡界の一つであり、これは昭和40年代に入って君ヶ畑村と大君ケ畑村との間で行われた境界を巡る裁判に関わる内容

郡界地引絵図面　　郡界地引絵図面　　郡界地引絵図面

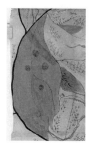  

郡界地引絵図面　　郡界地引絵図面　　高野町地券取調絵図

図 7

となっている（第 8 章参照）。また、山の峰や稜線を中心に灰色の野地や崖のある岩岨が描かれ、土色の禿地も点在するが僅かである。他方で、同時期の絵図である地券取調絵図には土地境界と地番、面積が記されていることと対比すると、郡界地引絵図の主題は、地番や面積ではなかったことが際立つ[2]。

以上から、明治 5（1872）年制定の区制の下にある愛知郡第 1 区の全 8 ケ村と、第 2 区 11 ケ村中の 2 ケ村と、第 3 区 15 ケ村中の 8 ケ村の合計 18 ケ村を、いかなる意図で一枚の郡界地引絵図として描く必要があったのか、飛地や村境界、郡境界が主題であったのか、さらに社寺地が詳細に描かれ

2）佐藤甚次郎『明治期作成の地籍図』（古今書院、1986 年）78 頁によれば、壬申地券地引絵図の中には、江戸時代の村絵図などの手法を踏襲し、神社仏閣などに関して色を使ってリアルに描いた例もみられるとされる。

ていることの意味などを検討する必要がある。そこで、以下では、当時の土地を巡る政府および県の動向をたどり、その意味を検討する。

3　地券制度と地租改正

(1)　壬申地券交付

明治新政府は、新政権の承継直後から新たな貢租に対する政策を検討しそのための準備を進めた。

明治2（1869）年6月17日「版籍奉還」に続き、明治4（1871）年1月5日に「社寺上知令」、同年7月14日には「廃藩置県」が行われ、地方政治と土地改革の前提を整えた。

さらに、明治5（1872）年2月15日の太政官布告第50号により「地所永代売買の解禁」が発布され、同月24日大蔵省達第25号で、郡村地券に関する「土地売買譲渡ニ付地券渡方規則」が示された（「今般地所永代売買被差許候ニ付今後売買並譲渡ノ分地券渡方等別紙規則ノ通可相心得事」（別紙）「地所売買譲渡ニ付地券渡方規則」）。

それに先立つ明治4（1871）年12月27日太政官布告第682号「東京府下地券発行地租上納」による市街地券の発行により、土地の地価に基づいて税（沽券税）が課される仕組みへの転換が示され、郡村地券発行にさいして土地取引がなくても見込みで（明治5〔1872〕年7月4日大蔵省達第83号「方今適当ノ代価」）地価等級が設定されることとなった。

上記「地券渡方規則」は当初14ケ条であったが改正増補（同年9月4日大蔵省達第126号）され、そのなかで絵図に関する箇所は以下のとおりである。

明治5（1872）年2月24日大蔵省達第25号「地所売買譲渡地券渡方規則」[3)]
「第23条　一　従前切畝歩イタシ検地帳名寄帳小拾帳等ニ突合サルトモ現地ノ景況ニ従ヒ総テ地引キ絵図可差出旨説示可致事（従前分割売買したため検地帳や名寄帳、小拾帳などに突合しなくても、現地の有様にしたが

ってすべて地引絵図にて差し出すよう説示すること）

　第24条　一　反別等持主申立ヲ以テ検地帳へ引合セ相違無之分ハ据置ノ積相心得検地竿入等取計不及候ヘトモ地所境界紛雑取調差支候向ハ一筆限畝杭ヲ打地引絵図為差出落地無之様実地検査可致事……」（反別の持主は申立てによって検地帳に引き合わせて違いがなければそれで据え置き検地竿入れの取り扱いは不要であるが、地所の境界が判然としない場合は、一筆限りで畝杭を打って地引絵図を差し出し落地がないように実地検査をすること）

　第25条　一　従前高内外ニ不拘社寺郷蔵ノ類或ハ埋葬地等地主定リ之レナク分ハ地引絵図中ニ其訳ケ記シ置ク可キ事（従前の石高の前後にかかわらず社寺経蔵の類や埋葬地等地主が定まらない分は、千曳絵図にその理由を記すこと）

　第26条　一　村持ノ小物成場山林ノ類ハ地引絵図中色分致シ可申事（村持ちの小物成税の対象の山林の類は地引絵図の中に色分けをすること）

　これを受けて、滋賀県は、明治5（1872）年8月に滋賀県布達第175号「地券取調方取扱心得方凡例書」[4]を出した。

　まず、第1条で「地所調方之儀ハ一筆限りニ標木ヲ為建」とされ、一筆ごとに、地番、字名、高、反別、持主を記載した標木を建てるものとされた。第2条では「一村限リ第1番ヨリ次第ニ地所取調野帳へ雛形之通記載シ持主並戸長副戸長百姓代之証書取被可申事」とされ、村ごとに地番を1番から振り地所の取調を行って雛形にしたがって野帳に記載し、その持主と戸長副戸長百姓代が署名することとされた。第3条では一筆ごとに「地価」を書くことが命じられるなど、政府の「地券取調規則」にしたがって

3）吉村薫男 編『地券規則全書』、吉村薫男、明14.4. 国立国会図書館デジタルコレクション https://dl.ndl.go.jp/pid/790703（参照 2024-05-14）。内容につき佐藤甚次郎「明治前期の地籍図—その1　耕地絵図と壬申地券地引絵図—」『歴史地理学』116号（1982年）17頁参照。

4）滋賀県公文書館所蔵資料、明治5年本県無記号達編冊3、明い31-1（36）

具体的な実施規則が定められた。

続いて地引絵図については次のように規定された。

「第一六条　地引分間絵図之儀ハ後年之証跡ニ相成候物ニ付一村限リ二枚宛一枚ハ県庁エ相納一枚ハ村方ニ備置為仕立可申併シ方今検見入其他繁雑中ニ付地所取調ト前後ニ相達候テモ不苦右村々之振合ヲ見テ指図可致事（地引分間絵図は後年の証拠となるものであるから、一村限りで２枚調整し、一枚は県庁に一枚は村方に備置すること。しかし、検地その他で忙しいであろうから、地所取調と前後して提出しても良く、村の実情に応じて指図すること。）」

こうして、地引絵図は地券取調の証拠として地券台帳と対になっており、県庁と村方にそれぞれ一枚ずつ保管することとされた。地所取調・野帳の作成と前後してもよいという達しからは、まず野帳のみの提出を求めており[5]、地引絵図の調整にかかる経費や負担により遅れがちであったことがうかがえる[6]。

滋賀県では、明治6（1873）年7月18日滋賀県布達678号により、同年8月20日までに野帳と地引分間絵図の提出を要求するが、実際にはこれに遅れる村々も少なくなかった。

(2)　地租改正と実施上の課題について

明治政府は、明治6年7月28日太政官布告第272号「地租改正法」、「地租改正条例」を公布し、地租改正を本格化させた。この地租改正法令は、(1)「上諭（勅諭）」、(2)「地租改正法（太政官布告）」、(3)「地租改正条例（右

5）古関大樹「滋賀県における明治前期地籍図の成立とその機能の変化―佐藤甚次郎説の再検討を通して―」『歴史地理学』51巻1号（2009年）23頁参照。

6）佐藤・前掲注3）によれば、地券交付調査の手順は、地引絵図の提出が起点であり、それが調査作業の不可欠の要件であったとする。実地検査が困難であるなか、地所の画定と反別、所有権者の確定に果たした地引絵図の役割は大きかったとする。

布告に添付する別紙)」、(4)「地租改正施行規則（大蔵省の地方官への達)」、
(5)「地方官心得（大蔵省の地方官への達)」からなる。

　これまでの壬申地券発行の期間は改組事業の道を切り開く準備段階であ
り、いよいよ本格的な地租改正を実施するにあたり、政府は、上記５つの
法令を同時に発信し、統一的・画一的に実施することを目指した。

　地券制度において既にみられるように、各府県において「地券取調方取
扱心得」を発布することにより、実情に応じた制度の実施に努めてきたが、
地租改正をより実質的に実施するにあたり、かつての検地のようにまとも
に権力が農民と対向せず、できるだけ農民の支持協力をえて実施・穏和な
方式がとられた[7]。地租改正は、地租を地価の100分の３とし、郡村費は
本税金の３分の１を越えないこと、豊凶による増減がないことなどを内容
とする。柔軟な対応を行う必要から、上記の政府による(4)「施行規則」と
(5)「地方官心得」を受けて、府県は、その実情に即した手引書として、下
記のような「人民心得書」が作成された[8]。

　滋賀県では早速、明治６（1873）年10月に「地租改正取調方心得書」と
「地所取扱条例書」が布達されさらに明治７（1874）年10月に一度「改正
取調心得書」を発布し改正に着手し、明治７年秋の収穫後から同８年の農
閑期に、実地調査と地価の算出を行い、野帳と校正地引絵図を差し出せて
いたが、地券交付に係る作業を進めているところであり、本格的な実施は
度々延期がなされ、明治10（1877）年９月にようやく終了するに至った。

　そこで、実質的に地租改正に向けて出されたのが、13ケ条からなる明治
８（1875）年４月13日に滋賀県第298号布達「地租改正取調方人民心得書」

　7）福島正夫『地租改正の研究〔増補版〕』（有斐閣、1970年）239、259、273頁。福
　　島によれば、農民の地券に対する態度として「地券発行によって、農民は権力の期
　　待したように、所有権の確認を心から喜んだであろうか。その喜びが全くなかった
　　のではあるまいか。もともと耕地に対する農民の支配意識は強固なものに発展して
　　いたことを忘れてはならない」と述べる。
　8）桑原公徳「『地租改正ニ付人民心得書』にみる改租事業の府県差」『鷹陵史学』13
　　号（1987年）85頁以下。

第9章　明治初期の郡界地引絵図について　　227

である。

明治8（1875）年4月13日滋賀県第298号布達「地租改正取調方人民心得書」[9]

「本年ヨリ管内村町一般始祖改正着手ニ可及付更ニ別紙地租改正人民心得書及頒布候条右旨趣ヲ熟知シ精覈取調各村町成功次第野帳並ニ地位等級総計調書地引絵図等差出可孟子尤モ詮議之次第有之ヲ以テ当県昨七年一〇月第千三百八十二号ヲ以テ改正取調方心得書及布達置候旨趣ニ基キ既ニ野帳成功相成候旨ハ今般相達候心得書ニ照準シ主意ニ不戻分ハ其儘存シ其増加之箇所ヲ補正之上来ル五月一五日限可差出候事

但シ明治六七年着手改正済之村町モ本文布達ニ準シ再調相受候儀ト可相心得事

（ここでは、別紙の「地租改正人民心得」を頒布しその趣旨を熟知して詳しく取調をして、各村町は改組を成し遂げ次第野帳と地位等級、総計調書、地引絵図を差し出すよう。もっとも、既に当県が昨7年10月の布達1382号により「改正取調方心得書」を布達した趣旨に基づいてすでに野帳を成し遂げた場合は、今回の心得書の趣旨に戻らない分についてはそのままでよく、増加した箇所を補正し、来る5月15日までに差し出すよう。

ただし、明治6、7年に着手し改正が終わっている村町も本文の布達と合わせて再度調査するよう心得ること。）

右管内ヘ無洩至急布達スル者也

別紙　十三ケ条

明治八年四月十三日　滋賀県参事籠手田安定　　」

「第一一条　先般地券取調ノ節野帳並地引絵図地所之順次ヲ以番号

9）田中知邦 編『現行滋賀県布令類纂』第1編　第2巻、田中知邦、明15-24. 国立国会図書館デジタルコレクション https://dl.ndl.go.jp/pid/788521（参照 2024-05-14）29コマ

飛々ニ不相成様調査可致旨相達置候処中ニ調査遺漏ニ流レ不都合ノ絵図面モ不少右ハ最前差出候絵図面ニ不拘更ニ改正可致尤縦令不都合ハ無之共旧地引絵図へ記載之反別ト今般更正ノ反別トハ必ス多少トモ差異ヲ可生付テハ実地ト祖語シ永世証拠ニ難相成依テ村々何レモ更正可致事

　但絵図仕立方之儀ニ付テハ詮議之次第モ有之追テ実地調査相済候迄ハ裏打等不致其儘ニテ差出シ申事」

（第11条　先般の地券取調の節に野帳並びに地引絵図の地所の順次をもって地番が飛び飛びにならないよう調査するよう達したところ、中には調査に遺漏があり不都合な絵図面も少なからずあるので、先に差し出した絵図面であるにもかかわらず改正すべきである。もっとも、たとえ不都合はなくとも旧地引絵図に記載された反別と今般の更正の反別とは必ず多少の差異を生むので、ついては実地と齟齬すると永世の証拠となりがたいので村々ではいずれも更正すべきである。

　ただし、絵図の仕立ての件については、詮議すべきであるため追って実地調査が済むまでは、裏打ちなどせずにそのまま差し出すこと。）

　このように、滋賀県では、明治7（1874）年10月にすでに発布していた「改正取調心得書」を書き改め、上記「地租改正取調方人民心得書」に併せて実施すること、および明治8（1875）年5月15日までに野帳と地位等級、総計調書、地引絵図を差し出すよう命じた。

　その内容は、第1条（本条項にしたがった地価取調帳作成）、第2条（地所調査に遺漏、隠蔽のないこと）、第3条（野帳の作成方法）、第4条（地位等級）、第5条（宅地）、第6条（田畑収穫取調）、第7条（小作地の取調）、第8条（地価について）、第9条（宅地内畑地）、第10条（墓地）、第11条（地引絵図）、第12条（藪地など）、第13条（山地）についてである。これはのちに条数を増やし順次改定された[10]。

　また、地引絵図に関する心得を記した第11条が示され、先般の「地券取

10）福島・前掲注7）273頁。

調」段階での野帳や取調絵図は、地所の地番が飛び飛びになっているなど遺漏もあり反別も異なり改正すべきであるが、絵図を新たに仕立てるについては検討すべき点もあるので追って沙汰するまでは、そのまま差し出すよう命じた。

このように、村の経費負担のかかる絵図の調整については、おそらく「地券取調総絵図」において村の負担も相当であったと考えられ、さらなる絵図の調整に関しては県においても慎重な検討が必要であったと思われる。実際、永源寺地区では、新しい絵図を発見できない村が多く、新たに地租改正のための地引絵図が描かれた村は比較的裕福な村であったと考えられ、実際に多くの村ではそのまま旧の絵図が用いられたと考えられる。

4 　地券発行および地租改正と村の合併、自治

(1) 町村分合の促進

明治初期から始まる地券発行及び地租改正は、江戸期までの税制と統治のあり方を根本的に改める大きな改革であった。そこで、その全国的動向と滋賀県における対応に焦点を当て、絵図に係わる幾つかの重要な課題について検討する。

この村費の関係を含め、地租改正に取り掛かる前の諸種の準備的改正として、第1に土地の境界を定めること、第2は、官民有の所属を判明にすること、第3に地所の名称区別のこと（種別により免税)、第4に社寺の境内の整理があった[11]。

とりわけ、実際の土地の整理と丈量をするにあたり、第1の課題を解消する方法として、村、字境界および飛地の整理と合村の動きがあった[12]。すなわち、壬申地券の発行の際は、早急に全国に地券を発行し地価総額を点検するために原則として、申出を基本に旧来の検地帳にしたがい地券調

---

11) 有尾敬重・福島正夫『本邦地租の沿革』（御茶の水書房、1877年）62-72頁。
12) 福島・前掲注7）322頁、325頁。岡山県の心得書第17条、福岡県人民心得第11条、三潴県達など地方官によっては中央当局以上に合併に熱心であったとされる。

をなし、竿入測量も減歩の場合だけにとどめたが、地租改正における改組の実施は、その土地収益を基礎に地価を算定する改組方法を採用した以上、地積や土地状況も正確にしなければならず、そのための土地の整理と測量の仕事が重要となった。

そのため、土地整理事業にあたり最初に当面する問題は土地の境界を正すことであり、それは個別の地片境界の問題よりも、まず村字の境界が問題となった。

政府は、明治6（1873）年11月に内務省を設置し、税制とは異なり、全国の官民有地の所有権を管轄することを目的として地籍編纂事業に取り組んだ。明治8（1875）年5月には内務省は「地籍編成地方官心得書」を通達し、滋賀県でも同年6月に「地籍編成区戸長心得書」を布達するが、この段階ではまだ、地籍図の作製は求めておらず、明治17（1884）年6月にようやく作製を求めた[13]。

それに先立って、政府は、太政官布告をもって、地券取調の段階ですでに町村合併を進めるべきことを方針としていた。

明治5（1872）年4月10日太政官布告第119号「一ケ村分界ヲ立ル者合併一致ノ見込み取調可申出」[14]

「旧来一村ノ内分界ヲ立取扱来候村々ノ義ハ以来其区分ヲ廃シ合併一致ノ一村ト相成候様改正ノ見込相立テ大蔵省へ可伺出尤余儀ナキ情故之レアリ即今改正シカタキ分ハ漸ヲ以テ改正可致候間其旨ヲモ巨細申出ベシ

　　但諸帳面類旧仕立ノ銘廃シ難キ分ハ朱ニテ書入スヘシ

（旧来一村であった中で境界を分けて取り扱ってきた村々の件は、今後その区分を廃止し合併して一つの村となるよう、改正の見込みを立てて大蔵省に伺い出ること。もっとも、やむを得ず事情があって今改正をす

---

13) 佐藤甚次郎「明治前期の地籍図―その2―」『新地理』30巻4号（1983年）1頁以下。

14) 福島正夫・丹羽邦男編『明治初年地租改正基礎資料　補巻』「例規類集　第1巻」（有斐閣、1972年）115頁。

るに至らない場合は、少しずつ改正を進める間、その旨を事細かに申し
出ること。

　ただし、諸帳面の類の仕立ての名称の廃止が難しい場合は朱書きで書
き入れること。)」

それを受け、滋賀県でも、上述の明治5（1872）年8月に滋賀県布達第
175号「地券取調方取扱心得方凡例書」
　第8条、第11条に次のように規定された。

「第八条　往古一村ニテ中古分村ニ相成其境界判然不致田畑山林等入交
リ検査不行届分合村申付候テモ可然仍テ右等之場所ハ其見込ヲ付ケ県庁
エ進達可致事
　附リ元別村ニ候共境界不明ニテ地所耕作検査行届兼候分是亦合村申付
候テモ不苦縦令一村ニ候共地勢ニ寄リ分村申付候儀モ不苦総テ後来ノ便
宜ヲ計リ総論ノ基ニ不相成様注意シ篤ト実際ニ当リ其見込みヲ付本庁エ
申立事（昔から一つの村にかつて分村しその境界が不明であり田畑山林など
が入りまじって検査が行き届かないところは合村を申し付けても良い。しか
るにそのような場所は見込みを付けて県庁に進達すること。)」
「第十一条　村境其外ニテ論所有之候場所吟味之上示談行届候ヘハ其者
清書取之地券渡方ニ差支無キ様取計可致格別入組様掛ノ説論ニテ承服不
到候ハ早々県庁エ進達可致事（村境やその他において所有が問題となる場
所は吟味した上で示談が成立すればその者の土地として地券を渡すことに差
し支えないように取り計らう格別の組み入れを説論し、承服に至らない場合
は早々に県庁に進達すること。)」

このように、地券の交付に当たり、分村や境界不明瞭な地所の取り扱い
が課題となり、「合村」という村の合併による解消と、村境に関する所有
を巡る争いには示談を勧め、それが承服されない場合は県庁に進達するこ
とを達するなど、村境界や土地境界を巡る問題が地券交付の手続を進める
うえで新たに課題となり、滋賀県においても、少なからず合村による問題

の解消については積極的であったことがうかがえる[15]。

さらに、滋賀県は、おそらくこの件に関わって、明治5（1872）年10月22日に、大蔵大輔にあてて地券取調において各村の「境界不明」につき臨機の処置を願い出た。すなわち、地券取調において実地検査をする中で、「各村境界不明之分」「地所犬牙交錯或ハ棋布星羅致シ検査行届兼候場所」は「其勢ニ従ヒ合村申付」け、あるいは「地勢隔絶分村為致候方便宜之場所」でやむを得ず分村を申し付けるなど適宜処分を致したい旨を願い出た。

これに対して租税頭の陸奥宗光は、地券取調は人民銘々の持地に応じて地券を渡すものであり、上述のような理由により安易に町村分合をすることは聞き届け難しとして戒めたが、滋賀県は再度同じ理由で村の分合を申し出た結果、翌年、分合は正院への伺いを経てなされるため、ひとまず分合のつもりで調査し、後日まとめて伺い出るよう指令を受けた[16]。

この経緯から、地券取調の実施にあたり村の分合は大きな課題であり、その進捗を司る県の立場としても前向きであったことが伺われる。

その結果、明治6（1873）年7月の「地租改正法」の公布、同年10月滋賀県における「地租改正取調方心得書」と「地所取扱条例書」の布達を経て、滋賀県は、同年10月27日から11月20日にかけて、合併10件、境界変更4件、村名改称1件が県から関係町村に達されている。そこで政府は、地租改正に当たり障害となる境界不明確や村の分解を合併により解消しようとして下記の布達を行った。

明治6（1873）年12月25日大蔵省達186号[17]

「旧来一村内分界ヲ立テ取扱来リ候村々合併一致ノ村落ト相成候様見込

15）福島・前掲注7）325頁注（12）では、すでに壬申地券発行の頃からこの問題は出ていた。新潟県出張官員に対する租税寮指令、福島県伺いなどで、数村適宜合併すれば実地上の紛争錯雑、分界のできないものも、民費その他すべて簡易になることが理由とされている。

16）滋賀県市町村沿革史編さん委員会『滋賀県市町村沿革史・第3巻』（弘文堂書店、1988年）150-151頁。

17）福島・丹羽編・前掲注14）115頁。

相立テ申シ出ヘク旨壬申第百十九号公布相成居候処猶旧慣ノ儘分界ヲ存
シ区々ノ取扱致シ候向モ有之哉ニ相聞不都合ニ之レアリ候間右等ノ類有
之分ハ取調ヘ可申出其他従来独立ノ村落タリトモ戸口多カラス反別稀少
ノ分ハ便宜合併致サス候テハ毎事無用ノ労賃ヲ掛区入費並村費モ相嵩ミ
人民ノ不便利ト相成候村々ハ漸次合併ノ積見込相立テ本年当省第九十九
号布達ノ手続ヲ以テ伺出ヘシ

（これまで一つの村に分界を立てて取り扱ってきた村々は合併し一つの村とな
るよう見込みを立てて申し出ることを、明治5年第119号で公布したところで
あるが、なお旧慣のまま分界を立て異なった取扱をしているという話も聞こ
えており不都合であるため、そのようなことがある分は取り調べ、なおそれ
ぞれ独立の村であっても人口が少なく反別も少ない分については、便宜合併
しなければ改正にあたり毎度無用の労賃がかかり区入費や村費もかさみ人民
の不便となる。村々は次第に合併の見込みを立て明治6年大蔵省達第99号の
手続をもって合併の伺をすべし。）」

そこで、県は、県内全域の町村分合につき次のように申立てを行い許可
がなされた[18]。

① 明治6（1873）年12月2日申請分（明治7（1874）年5月2日許可）で
　は、合併88件申請（内75件許可）、分離17件申請（内13件許可）、改称
　16件申請（内13件許可）
② 明治7（1874）年7月7日申請分（同年10月7日許可）では、合併23
　件申請（内23件許可）、分離11件申請（内11件許可）、改称17件申請（内
　17件許可）
③ 明治8（1875）年4月24日申請分（同年7月18日許可）では、合併12
　件申請（内12件許可）、分離2件申請（内2件許可）、改称2件申請（内

18）井戸庄三「滋賀県における区制と明治6～12年の町村合併」『人文地理』13巻5
　号（1961年）432-439頁参照。

2件許可）

　以上から、明治6年から8年にかけて、県から大蔵省に対して行った合併の申請数は、計123件であり、許可は110件であった。

　しかし、町村から県への合併の伺の件数は、明治6年分が11件、明治7年分が119件、明治8年分が222件となっており[19]、県の国への申請件数、明治6年分88件、明治7年分23件、明治8年分12件と対比すると、当初、合併は県の押し付けであり、明治8年頃は逆に村からの申請に対して県は抑制的であったこと、その理由として、当初は、地所錯雑・境界不分明を合併理由とする地券取調用掛の意向を受けた県の合併申請であったこと、明治8年段階では、戸口の寡少・独立不可能を合併理由とし地租改正費の抑制を目指した町村の意向による合併申請であったこと[20]、あるいは、この時期の町村合併は地租改正による財政的逼迫を直接の契機とするものであり、中央政府から押し付けられた合併であり、関係町村村民の連帯意識は皆無に等しく、地租改正が一段落すれば再び元の町村単位に復元することを希望する全く便宜主義的なものであったこと、この期の町村合併は行政区画をつくるためのものではなく、旧来の町村を事実上の行政の末端単位としていた区制の矛盾的表現であったこと[21]が、がすでに指摘されている。

(2)　町村分合の抑制

　ところが、政府は町村の分合方針を突然転換する。

明治8（1875）年2月8日内務省達乙第14号[22]

「宿駅廃合村落合併ノ儀ハ人民格別便利ヲ得候儀之レアルカ或ハ実際不

19）井戸・前掲注18）434頁。

20）前掲注16）『滋賀県市町村沿革史』152-154頁。

21）井戸・前掲注18）436頁。

22）福島・丹羽編・前掲注14）115頁。

得止事故之レアル外ハ以来廃合及ヒ改称等相成ラス」

（宿駅廃合や村の合併の件は人民が格別の便利を得るかあるいはやむを得ない
事情がある以外は、今後廃合および改称をすることはならない。）

このように、地租改正に当たり村の分合は原則禁止の方針に転換した。
しかし、例外として認める余地を残した。こうした政府の方針転換に苦慮
した県は、次のような布達を行い調整をはかろうとした。

明治8（1875）年4月25日滋賀県第342号布達[23]

「本年ヨリ管内一般地租改正及其手続ニ付デハ当県本年第二百九八号第
二百九十九号ヲ以野帳図及等級調書等来ル五月十五日限可差出旨相違達
置候処各町村ノ中ニハ経界不明瞭ノ儀モ可有之仍テハ不日官員派出町村
経界遂検査候上改正申付哉モ難計然ル時ハ番号入狂ヒ二重ノ手数ニ相成
候儀ニ付野帳面差出期限ハ追テ可相達付テハ第二百九拾八号布達中来ル
五月十五日限野帳及等級調書差出候儀ハ取消候事」

（本年より管内一般地租改正およびその手続きについては、当県の本年第298
号、299号をもって野帳図および等級調書などを来る5月15日までに差し出す
よう達し置いたところ、各町村の中には、経界不明瞭の件もあるため、すぐ
に官員を派出し町村の経界を検査し改正を申し付けるも、このように計るこ
とが難しく、番号が入り狂って二重の手続になる場合は、野帳の差出期限は
追って達するので、県達第298号による5月15日まで野帳および等級を差し出
すよう命じた件は取り消す。）

明治8（1875）年7月31日滋賀県甲144号布達[24]

「今般地租改正ニ付後来ノ便否利害ニ注意ス村々合併願出候ニ付テハ其

23）田中知邦編・前掲注9）41コマ。
24）田中知邦編・前掲注9）42コマ

筋エ伺之上追テ可及沙汰尤モ差掛リ改組取調ニ付各村ニ於テ地位等級ノ
不問モ有之野帳番号打換等ノ儀ニ混雑致シ成功遅延ニ相成候テハ不都合
ニ付番号組替等之儀ハ追テ実地検査済之後ニ相廻シ先夫迄ハ兼テ取調置
候番号ノ儘各村別々ニ検査ヲ受候儀不苦候条其心得ヲ以テ野帳成功可致
尤モ検査済更正野帳ニハ合併ノ順番号ニ改正可致儀ト相心得最早今日
迄ニ合併順番ニ打替候儀村々之儀者合併ニテ検査ヲ可受候事
　但村界更正ニ付地所組入組出之分ハ即今ヨリ番号打替候儀勿論之事
一　今般村々合併願出候ニ付従前之正副戸長等相互ニ改組取調ニ因循致
居候者モ有之哉ニ相聞ヘ不都合之事ニ候前条之通ニ付各村正副戸長ノ儀
ハ当分従前之通ト相心得一村限地位等級其他取調事
(村々の合併の願出についてはその筋にお伺いをしており追々沙汰があ
るが、とりかかっている改組取調については各村で地位等級を不問にし、
野帳番号も打ち替えるなど混雑し遅延するのは不都合であるので、番号
の組替えなどは追って実地検査の後に回し、それまでは既定の取調番号
のままで各村は別々に検査を受けても良いのでその心得をもって野帳を
成功すべきである。もっとも、検査済みの更正野帳には合併の順の番号
に改正するべきよう心得え、もはや今日までに合併順番に打ち換える
村々は、合併にて検査を受けるべきこと。

　ただし、村界の更正に関する地所の組み入れや踏み出しの分について
は今から番号を打ち換えることももちろんである。

　一　今般、村々の合併の願出ている件について、従前の正副戸長など
相互に改組取調をぐずぐずしているものがいるように聞こえており不都
合であり、前条のとおり、各村の正副戸長は当分の間従前のとおり一村
限りで地位等級を取り調べること。)」

明治8 (1875) 年8月29日滋賀県甲第200号布達[25]

「今般該管内一般地租改正ニ付内務省官員出張協議ノ上実地検査ハ今明

---

25) 田中知邦編・前掲注9）42コマ

治八年中ニ成功可致見込ニ付テハ本年四月中兼テ当県第三百四十二号ヲ
以不明瞭ニ村界ハ更正可致旨相達候未合併或ハ地所組替等ニテ夫々地界
明瞭ニ相成候処郡界関係ノ村ニ限リ経界処分未タ着手不相成然ルニ改組
成功期限切迫ニ付テハ右郡界ニ関スル村界之処分等ハ改組調査済ノ後ニ
相廻シ候テモ可然儀ニ付一般郡界ニ関シ候村々ハ先ツ当村界之儘ニテ野
帳番号等級表等至急取調改組着手ニ差支無之様厚ク注意可致候事

(今般、当該管轄内の一般地租改正について内務省官員の出張協議の上実地検
査は明治8年中に完了する見込みであり、ついては本年4月中に発布した県
達第342号により、村界の不明瞭なところは更正すべき旨を達したが、未だ合
併や地所組替えにより地界が明瞭になっていないところで郡界が関係する村
に限り、境界の処分は未だ着手にならない。しかし、改組期限が切迫してい
るので、その郡界に関する村界の処分などは、改組調査が済んだ後に回して
も構わないので、一般郡界に関係する村々は、まずその村の村界のままで野
帳番号、等級表などを至急取り調べて改組に着手して差し支えないことを深
く注意すること。)」

　以上のように、国の合併禁止の方針を受けて、県は、第342号布達によ
り境界が不明確なところの町村の境界の検査を進め、それが進まないとこ
ろはまずは野帳を5月15日までに先に提出するよう達し、次いで、県達甲
144号により、合併の出願の件は追って沙汰があるので、それまでは、合
併前の取調番号のまま検査を受けて野帳を作成し、すでに合併された村は
合併の番号で検査を受けることにつき、各村の戸長達に速やかな実施を促
した。続けて、県達甲200号により、先の県達第342号にもかかわらず、未
だ合併や地所組替えにより地界が明瞭になっていないところで、郡界が関
係する村に限り、境界の処分は未だ着手せず、その郡界に関する村界の処
分などは、改組調査が済んだ後に回しても構わないので、一般郡界に関係
する村々は、まずその村の旧村界のままで野帳番号、等級表などを至急取
り調べて改組に着手するよう指示した。

　このように、まずは既存の村単位で改組の取調を進め、合併が認められ
た後に番号などを調整することと、さらに郡界が係る場合には、境界の処

分は後回しにすることが命じられた。

　同様の混乱は全国でも少なからずあったと思われる。そこで、政府としても何らかの対応策として次のように達した。

明治10（1877）年9月18日内務省達乙第83号（分合の禁止）[26]

「民費賦課ノ節略ヲ為スニハ自ラ地方区画ノ制置ニ関渉スヘキ義モ之レアルヘク候ヘトモ追テ一般御達シ有之マテハ何分事情有之トモ区画ノ改正及ヒ郡村町ハ都テ相成ラス

　但区町村等ノ役員ヲ減シ又ハ区役所ヲ合併スルテニテ区画ノ改正郡町村ノ分合ニ渉ラサル義ハ適宜施行苦シカラス

（民費賦課を節約するために地方の区画の制度に干渉することもあると思われるが、追って一般の達しをするまではいかなる事情があっても郡町村すべて区画の改正はならない。

　但し、区町村の役員を減らしまたは区役所を合併するなど郡町村の分合に関わらないものについては適宜行っても良い。)」

明治10（1877）年11月9日内務省達乙第104号[27]

「本年乙第八十三号達旨モ之レアル処尚ホ左ノ通相心得ヘシ

　　　　　第一条

　　　　　近年分合セシ町村ノ内ニテ実際差閊有之分復旧ノ為分合致シ候義ハ右達ノ限ニ無之事

　　　　　第二条

　　　　　他ノ町村ニ点在セル飛地又ハ錯雑セル地所ハ其所在ノ町村ヘ可組替事

（明治19年の第83号達があるが下記のことにつき心得るよう

第1条　近年すでに分合したけれど差支えがあるため分合する場合は、

26）福島・丹羽編・前掲注4）115頁。
27）福島・丹羽編・前掲注14）115頁。

右達しの限りではない。

第2条 他の町村に点在する飛地や錯雑な地所については其所在の町村に組み替えること）」

　町村分合はすべて禁止しつつ、区画に関わらない経費削減のための人員や役所の整理は構わないとしており、郡町村の合併は、政府の専権事項である地方の区画に干渉するものであるため一般的に禁止しつつ、それに関わらない役所の統廃合は認めるという便宜的な経費削減策である。

　さらに、政府は、合併禁止の原則にもかかわらず、既存の分合した村の再分合を認め、新たに「飛地」や「錯雑セル地所」を既存の村に組み替えるという合併を伴わない処分を進めるよう布達した[28]。

5　愛知郡の村の分合と郡界地引絵図

(1)　愛知郡における村の分合について

　ここで、現在の滋賀県東近江市の一部に当たる愛知郡および永源寺町をめぐる村の管轄についてみる[29]。

　慶應4（1868）年3月に大津裁判所が置かれ旧幕府領の神崎郡、愛知郡を含む十郡を引き継ぎ、同時に、大津代官所支配下の蒲生郡、神崎郡の一部も大津裁判所管下となった。同年4月に新たに大津県が置かれ、翌明治

28）福島・前掲注7）325頁、有尾・福島・前掲注11）62-63頁。桑原・前掲注8）111頁は、「村の入組や飛地は近世を通じて残存し、近世に持ち越されたところが少なくない。……町村界の錯綜や町村間の飛地の存在は改組事業を妨げる一因となるから、多くの府県ではその解消を目指した。『人民心得書』類に、これらの条項をみる府県が多いのはそのためである。ただし、これらに対する対応の仕方も、府県によって必ずしも一様ではない。」と述べる。

29）前掲注16）『滋賀県市町村沿革史』451頁以下、647頁以下、『滋賀県年表』（弘文堂、1986年）1頁以下、『滋賀県史・第4巻』（弘文堂、1986年）1頁以下、滋賀県市町村沿革史編さん委員会『滋賀県市町村沿革史・第6巻』（弘文堂、1988年）133頁以下、東近江市『永源寺町史・通史編』（2006年）727頁以下、東近江市史愛東の歴史編集委員会『東近江市史愛東の歴史・第3巻本文編』（2010年）25頁以下参照。

2 (1869) 年6月に、彦根藩、山上藩が版籍奉還し、藩主は藩知事となり、蒲生・神崎両郡下の井伊家領は大津県管轄下、その他は従来通り各藩（山上藩、川越藩、彦根藩）の管轄となった。

　明治4 (1871) 年7月に「廃藩置県」が実施され、各藩は県と改称され永源寺町域は4県の管轄となった。同年11月には山上県は廃止され、永源寺町域は神崎郡以南（甲津畑村を除く）は大津県、愛知郡以北が長浜県の管轄になり、明治5 (1872) 年1月に大津県は滋賀県と改称し、同年9月彦根県（＝犬上県〔元長浜県〕）を合併し、全区が滋賀県下に入った。

　明治5 (1872) 年10月10日大蔵省達第146号により、単一区制から大区小区制への転換が行われ、明治11 (1878) 年7月22日に郡区町村編制法、府県会規則、地方税規則といういわゆる「三新法」が公布され、大区小区制は廃止され、法制上はじめて町村が行政の最末端組織として位置づけられた[30]。

　この大区小区制により、県下の区制が統一され、新たに、蒲生郡第19区（石谷、一式、新出、市原野、高木、上二俣、池之脇、甲津畑）、神崎郡第7区（山上、和南、相谷、佐目、萱尾、蓼畑、杠葉尾）、愛知郡第1区（高野、九居瀬、黄和田、政所、箕川、蛭谷、君ヶ畑、茨川茶屋）に分属した。

【愛知郡・絵図関連区所属村】（「明治5年制定区制所属町村表」：滋賀県史第5巻（参考資料）478頁以下参照

　　（下線は、郡界地引絵図に収録された村）

　愛知郡12区　123ケ村

　第一区　8カ村：<u>君ヶ畑</u>、<u>箕川</u>、<u>黄和田</u>、<u>高野</u>、<u>茨川</u>、<u>蛭谷</u>、<u>政所</u>、<u>九居瀬</u>

　　第二区　11カ村：<u>小倉</u>、曾根、中戸村、上岸本、中岸本、青山、妹、

---

30) 井戸庄三「明治初期の大区小区制の地域性について」『歴史地理学』123号（1983年）12頁。明治期の地方自治体制の変遷とその位置づけにつき、松沢裕作『明治地方自治体制の起源』（東大出版会、2009年）、同『町村合併から生まれた日本近代』（講談社メチエ、2013年）参照。

鯰江、下岸本、外、梅林

　第三区　15ケ村：大萩村、籠村、下山本村、北小屋村、大林村、平尾村、上中野村、池之尻村、上山本村、市ケ原村、北坂本村、大覚寺村、園村、下中野村、池之庄村

　明治7（1874）年5月2日に茨川茶屋が茨川村に改称、明治8年7月に石谷・一式両村が、八日市市内の瓜生津・土器両村との合併を「経界不明瞭」であること、「小村ニテ独立ハ不都合」との理由で願い出るが、明治10年3月、「地租御改正ニ相成実施経界混淆致シ不明瞭之地所等一切無」くなったので取消しがなされた。

　明治8（1875）年7月には、新出・市原野両村、高木・上二俣・池之脇3ケ村も同じく合併を願い出る。さらに、明治8年8月、蓼畑・杠葉尾・黄和田・政所4ケ村も「境界不判ノ場所有之」りとの理由で合併を願い出るが、実現を見ていない。

　さて、絵図が描かれた明治8（1875）年6月、愛知郡は地租改正の真っただ中にあり、村や郡の境界の改正や飛地の整理とその解消に向けた分合、改称などが懸案事項であった。

　しかし、資料の上からは、愛知郡の第一区の8カ村中8ケ村（君ヶ畑、箕川、黄和田、高野、茨川、蛭谷、政所、九居瀬）、第二区の11カ村中2ケ村（小倉、外）、第三区15ケ村中8ケ村（大萩村、下山本村、北小屋村、平尾村、上山本村、市ケ原村、北坂本村、大覚寺村）の計18ケ村が関係する合併の出願の記録はない。

　もっとも、近世の井伊家の所領が廃藩置県により彦根県に編入された村は、上記愛宕郡第一区の8ケ村および第二区の外村、第三区の大覚寺村と平尾村、さらに第三区のその他の村も、井伊家の保護の下にあった百済寺領から後に彦根県に編入されている。また、第二区の小倉村は、井伊家所領から大津県に編入されたものの、小椋庄の発祥の地であった。このように、絵図面の18ケ村は近世から共通の利害関係の下にあった一つのまとまりを示しているものと思われる（後掲図9参照）[31]。

　愛知郡の合併申請の件数と合併件数をみると、明治6（1873）年3件、

同 7 年 3 件、同 8 年は11件申請されており、合併が認められたのは、明治 7 年の 3 件のみである[32]上述のように、県内での合併件数は明治 6 、 7 年は県や政府の合併方針が先行したが、明治 8 年はむしろ町村側の合併申請を抑制する立場であったことから、本件絵図面は、明治 8 年の愛知郡の合併申請11件中、あるいは合併のための準備のための絵図であったことが推測される。

実際、絵図で同一の村の境界内に描かれた「旧市ノ原村」、「旧上山本村」、「旧下山本村」、「旧北小屋村」、「旧北坂本村」は、明治16（1883）年11月にようやくこれらいわゆる百済寺村 5 か村が合併して百済寺村の大字となり、「大萩村」は、明治22（1889）年町村制施行により百済寺村および池の尻村ほか 7 か村と合併して角井村となった[33]。

したがって、本絵図面では、既に百済寺 5 ケ村が一つの大字の村として描かれ、大萩村はその村境界が明確に独立していることから、明治 8 年当時、愛知郡の 3 つの区が共同して合併申請をしたか、あるいは合併申請に向けて準備をしていたが、それを断念または延期することになり、絵図の村の合併は、ようやく明治16（1883）年になされたことを物語る絵図であることが推測される。

合併の出願にあたり、絵図面が必要であったかどうかについてであるが、次のような内務省の議定をみると、既に準備がなされていたことがわかる。

明治11（1878）年 7 月17日内務省地理局議定[34]

「十年九月十八日乙第八十三号達ニ依レハ町村ノ分合ハ為ササルノ主義ニ有之処地方ニ依テハ既ニ分合ノ目的ヲ以テ取調ヘ地租改正其他政治上ノ便宜ニ依テ然カセリ表面ハ未タ其筋ノ許可ヲ歴ラルヲ以テ下調ヘノ如

31）前掲注16）『滋賀県市町村沿革史』463頁第 1 表、655頁第 1 表参照。

32）井戸・前掲注18）434頁【第 3 表　明治 6 〜10年合併件数・合併申請件数の年次別変化】参照。

33）前掲注16）『滋賀県市町村沿革史』654頁以下。

34）福島・丹羽編・前掲注14）115頁。

クナレトモ其実ハ該町村ニ発令シテ諸帳簿ハ勿論地引絵図等マテ皆分合
ヲ以テ整頓シテ実ニ分合ノ結果ヲ為スモノアリ右ハ伺ヲ経スシテ施行セ
シ段甚不都合ニ候ヘトモ今更之ヲ更正セシムルモ只煩冗ノミニテ却テ官
民トモニ不便ヲ免カレサルヘシ故ニ是迄本省ニ伺出タルモノニシテ頻リ
ニ苦情アル分ハ特別ニ許可シ申牒ニ対シ左ノ通指令スヘシ

　町村分合ノ儀ハ総テ不聞届筋ニ候得トモ既ニ是迄町村分合の目的ヲ以
テ取調ヘ其実整頓致候ハハ今ニ至リ更正候モ事実不都合ニ付特別ニ聞届
候条例規ニ依リ取計フヘシ

　（明治10年内務省達乙第83号によれば、町村の分合は行わない方針で
あるところ、地方によってはすでに分合の目的をもって地租改正の取り
調べを行い〔地租改正その他の政治上の便宜により当然であるが〕表面
上は未だその筋の許可を経ていない下調べであるけれども、その実、当
該町村に命じて諸帳簿だけでなく地引絵図等まで分合を予定して整頓し
分合の結果を描いているものがあり、右は伺を経ずに施行しているため
不都合であるけれども今更元に戻させるもの却って煩冗であり官民とも
不便となるだけである。したがって、これまで本省に伺い出たもので苦
情が多いものは、特別に許可し文章により次のように指令する。

　町村分合の件は、すべて聞き届けない方針であるが既にこれまで町村
分合の目的をもって取り調べ実際に整頓したならば、今に至って元に戻
しても実際不都合であるため特別に聞き届け条規によって取り扱うべ
し。）」

　このように、境界の不明確さの是正や土地の入り乱れ、飛地などの整理
のために企図された町村の分合は、明治5（1872）年の地券取調から明治
6（1873）年の地租改正のいち早い達成のために、政府および県の諸布告
や布達により促進されており、既に関係町村ではそのための準備として、
一方で既存の村の一村単位で野帳や地券取調（総）絵図の調整を進めつつ、
分合を予定して地引絵図の調整も行っていた地域もあり、明治8（1875）
年の内務省達乙第14号以降の分合禁止の原則のなかで、関係町村は大いに
混乱し、しかしながら実質的な手続きを進めていたことが伺われる[35]。

問題は、その本来的な意味である。

(2) その後の展開

　政府は、明治11（1878）年7月22日太政官布告第17号により、いわゆる地方3新法の一つとして、郡区町村編制法を公布した。

　この3新法施行の理由については、明治11年7月22日「地方体制三大新法理由書の一節」[36]によれば次のようである。

　「区ヲ置キ区戸長ヲ置ク制置宜キヲ得サルノミナラス只弊害アルノミ云々抑地方ノ区画ノ如キハ如何ナル美法良制モ固有ノ習慣ニ依ラスシテ新規ノ事ヲ起ストキハ其形美ナルモ其実益ナシ寧ロ多少完全ナラサルモ固有ノ慣習ニ依ルニ若カス云々依テ今ノ区画ヲ変更シ古来ノ郡制ニ復シテ之ヲ行政区ト為シ各郡ノ広狭異同アルモ之ヲ分合セス云々地方ノ制度行政区画割〇タルト住民社会独立ノ区画タルト其主義ヲ混淆セリ之ヲ将来ニ考フルニ理勢此混淆ヲ分タサル可カラス然レトモ今概シテ欧米ノ制ニ倣フトキハ其形美ナルモ其実適セス宜シク我古来ノ慣習ト方今人智ノ程度トヲ斟酌シテ適実ノ制ヲ設クヘキナリ依テ前陳ノ主義ニ基キ府県郡市ハ行政区画ト住民独立ノ区ト二種ノ性質ヲ有セシメ町村ハ住民独立ノ区タル一種ノ性質ヲ有セシメ郡市吏員ハ二種ノ性質ノ事務ヲ兼掌セシメ町村ハ其町村内共同ノ公事ヲ行フ者即チ行事人ヲ以テ其独立ノ公事ヲ掌スモノトス云々」

　要するに、大区小区制の弊害を指摘し、むしろ旧慣に従い、古来の郡制に復してこれを行政区とし、広狭があっても分合しないこと、府県郡市は、将来的には区分するべきであるが、今のところは、行政区画とし

35）井戸・前掲注18）437頁は、明治12年当時の期の町村合併は、第1期〔明治6-8年〕合併時の便宜主義的合併促進の欠陥が暴露し、その事態収拾のためやむをえざる合併であったといってもよい、と述べる。

36）大森佳一 編『自治民政資料』［本編］選挙粛正中央聯盟、昭15. 国立国会図書館デジタルコレクション https://dl.ndl.go.jp/pid/1441016（参照 2024-05-14）大森佳一編『自治民政資料』（767-233）（1940年）86コマ。

ての性質と住民独立の区の性質の二つを混淆させ、したがって郡市の役人は二種の性質の事務を掌握するに対して、町村は住民独立の区の性質を有し、町村共同の公的事務を執り行うことが示されている。

このように、地域の実情に応じて区画を設置することとしたが、さらにその費用負担も慣習の旧法にまかせ、府県会議開設の速度も地方長官に任せ、地方税の税目も政府の裁定により徴収可能とするなど、大区小区制の下での地方自治の在り方を根底から変更させるものであった[37]。

明治8（1875）年4月まで滋賀県令を務めた松田道之は、滋賀県の現状認識と西洋の公私法二元論の理想との中間的な公私法合体方式を考案し、土地の利益単位を国・近江国・郡の3つとし、区画において滋賀県や大区小区を用いずに近江国と郡村を採用した区画制の改正への取り組みがあったこと、しかし内閣大丞に転任し三新法による地方制度改革を設計する中で、町村の自律的な自治を堅持しようとする松田の構想は貫徹されず、行政官による幅広い裁量権に基づく行政運営構想との二面的性質を内包させることとなり、その後の三新法体制の修正および明治20年代初頭の地方自治制に行きついたことが指摘されている[38]。以上から、本絵図面に描かれた愛知郡15ケ村の「郡界地引絵図面」の大きな主題の一つは、松田構想に沿った郡村区画の描写ではなかったかという推測が成り立つがその裏付けには本絵図面に関する史料の発見が不可欠である。

その後、愛知郡の関係地域では、明治18（1885）年5月に戸長役場の所轄区域が拡大され、同年7月から高木・山上・高野の各村に役場を設け3つの連合（上二俣、池之脇連合、高木村他6ケ村（石谷、一式、新出、市原野、高木、甲津畑）連合、山上村他6ケ村（山上、和南、相谷、佐目、萱尾、杠葉

---

37) 茂木洋一「三新法成立過程に関する一考察」『一橋研究』6巻4号（1981年）88頁によると、民費問題の解決という課題を包含することで区画問題に止まらない包括的な地方制度改革の早急の実現を要請される中で複合的な地方行政概念が性質したことを指摘する。

38) 湯川文彦「三新法の原型—松田道之の地方制度構想を中心に—」『史学雑誌』124巻7号（2015年）1-38頁参照。

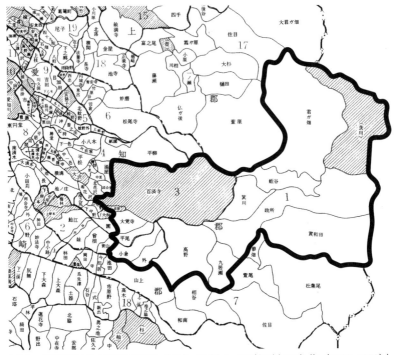

図9 「滋賀県市町村変遷図（Ⅰ）区制および旧村の変化（1868-1879）」
『滋賀県市町村沿革史・第1巻別冊』より

（滋賀県市町村沿革史編さん委員会編『滋賀県市町村沿革史・第1巻別冊』（弘文堂書店、1988年）

尾）連合、高野村他7ケ村（高野、九居瀬、黄和田、政所、箕川、蛭谷、君ヶ畑、茨川）連合）がつくられ、その連合を基礎に、明治22（1889）年に、市原野村、山上村、東小倉村の3ケ村にまとめられたが、まもなく、旧3ケ村のうち東小椋村で役所の立地を契機に分村問題が起こり、明治25（1892）年10月5日に高野村の分村が認められて、市原村、高野村、東小椋村、山上村4ケ村になった。その後、昭和に入って国の政策に基づいて県が戦時体制下の地方自治体の財政基盤の強化のために合併を推奨することにより、当初、東小椋村中心に強い反対があったにもかかわらず、昭和18（1943）年4月1日に山上・東小椋・高野の3ケ村が合併し旧永源寺村が誕生した。しかしその中で、22項目の申し合わせ事項（出張所を残すことや基本財産は合併前の旧村単位の財産として、部落有財産には手を触れないこと、水利その

他の慣行もそのまま残すことなど）が取り決められるなど[39]、各村々は行政の対応に対する不信を含め、独立の意識と地域性を保持し続けてきたことが伺われる。

　もっとも、本稿は、明治初期の地券取調及び地租改正に当たり、大区小区制下の愛知郡および永源寺地区における村の境界や飛地の整理、町村の分合、郡村の境界の変動を絵図の考察から検討を試みることにとどまり、明治11（1878）年以降の郡区町村制移行の地域の区画および境界の検討は今後の課題とする。

＊本絵図面について、補足する。
　法量は縦164cm、横156cmである。
　本絵図面は、西村和恭氏（元永源寺町役場、現東近江市市会議員）が永源寺市史を編さんするにあたり、永源寺地区の絵図面を集め写真撮影し、現在、東近江市能登川博物館に収納されているネガフィルムをプリントアウトしたものの一つである。牛尾洋也（龍谷大学）は、そのネガフィルムを、社会科学研究所のプロジェクトとして、甲賀市の藤原デザイン研究所（藤原スタジオ）に依頼しデジタル化し一部をリプリントした。
　西村氏によれば、本絵図面は高野町の他の絵図面とともに見つけ出し写真撮影をしたものであるが、筆者が高野町自治会館を訪問した際には原本を見つけるに至っていない。それは後日に期したい。

＊本絵図面を用いた本研究については、永源寺高野町自治会長の杉原増実氏よりご快諾を得て行った。また、写真データの利用その他については、嶋田直人氏（東近江市文化スポーツ部博物館構想推進課課長）、杉浦隆支氏（同埋蔵文化財センター・能登川博物館所長）、その他多くの方々の多大な便宜並びにご協力を得た。
　ここに記して感謝申し上げたい。

※本稿は、龍谷大学『社会科学研究年報』54号（2024年）1-16頁に掲載した論文に若干の加筆修正を加えて本書に再録したものである。

39）前掲注16）『滋賀県市町村沿革史』461頁以下。

第10章

地券取調総絵図の歪みと小地名
——栗東歴史民俗博物館所蔵図の分析を基に

慶應義塾大学准教授　笠井賢紀

はじめに

　日本の都市社会学と農村社会学のいずれにおいても重要な理論的貢献をした鈴木栄太郎は、かつて『都市社会学原理』において「いかなる理由に基づいているにしろ、人の生活は、事実上、比較的一定の地域内に限定されているという事は事実である」と述べた（鈴木1969）。そして鈴木は、人びとが集まって住む聚落を基礎に社会的交流が育まれる聚落社会を基礎的な地域的社会的統一と規定した。鈴木のいう聚落社会は村落と都市からなるが、村落について鈴木が想定したのはいわゆる「自然村」であった。

　鈴木栄太郎は日本の農村にある諸種の集団が三重に重なりあっていると論じ、空間的に小さなものから順に、第一社会地区（基本的地域社会、第一次社会地域）、第二社会地区（第二次的社会地域）、第三次社会地区と名付けている（鈴木1968：99-100, 1970：265-266）。第一社会地区は、2、30戸からなり、「組」などと呼ばれ、複数の地域集団が重なり合っている範囲である。それらが累積して形成される中位の累積体が第二社会地区であり、これが部落や郷土として意識されるものである。第一社会地区が小字と、第二社会地区が旧村あるいは大字と対応することもある（鈴木1968：57-58, 100, 325-328）。ただし、第一社会地区は必ずしも第二社会地区を分割するものではない。むしろ、講などの社会集団がさまざまな成員によって重なり合って組織されるのだが、そうした第一社会地区の多様な組織が超えな

い境界こそが第二社会地区という社会的統一の性質である。そして、鈴木はこの第二社会地区を「自然村」とし、その社会的統一として「精神」の議論を展開した（鈴木1970：297-298)[1]。

さて、本稿の興味関心はこうした地域社会の単位、すなわち人びとが社会的交流をもっている空間的範域にある。鈴木が第一社会地区における社会集団が、必ずしも第二社会地区を分割する形ではなく重なり合って存在することを示しているように、人びとの生活圏は何層にもなっているのは、もはや常識の範疇だろう。しかし、それらがどう重なりあうのかを具体的に明らかにすることは、私たちがどのように社会関係を構築しているかを知る上で重要である。

これまで筆者は、この問題に迫るために左義長や伊勢講といった民俗がどのような地域社会単位で形成され行われてきたかを論じてきた（笠井2019, 2022)。つまり、地域社会の「社会的交流」に焦点を当てて研究してきたわけだが、本稿では地域社会の「空間的範域」に焦点を当てて分析を進める。具体的には、筆者が社会的交流の研究を行ってきた滋賀県栗東市域を対象地域とし、同市の栗東歴史民俗博物館が所蔵する明治前期の地籍図について分析することを通じて、地域社会の単位についてあらためて考えてみたい。

もって、社会的交流と空間的範域のいずれもが多様性をもって重なり合い、現代につながる豊かな社会を作ってきたことを知り、古くからの史料や民俗もまた、未来の社会を志向するのに資する地域資源となることを示す一助となれば嬉しい。

1）こうした鈴木の自然村議論は広く知られるところであり、自然村と重なることもあるのが大字であった。大字の形成についてはいろいろなものがあるが、本稿においては明治期の市制町村制によって1889年（明治22年）に新たに町村が編制された際に、それまでの旧村単位が大字になったものを念頭においている。

1　地券取調総絵図の分析方法

(1)　地券取調総絵図

　1872年（明治5年）から、徴税基準となる土地所有者や土地の価格を明確にする地券（壬申地券）が交付され、地券と合わせて地引絵図などと呼ばれる地図類が作製された。こうした明治前期の地籍図について、網羅的に研究したのが佐藤甚次郎である。佐藤（1986：13）が「明治前期には壬申地券交付、地租改正、地押調査、地籍編纂のそれぞれの事業において4度にわたって地籍図が作成された」と述べているように、地籍図といっても目的・用途が複数あるため、分析に用いる地籍図が何を指しているかを明確にする必要がある。

　壬申地券と合わせて1872-1873年を中心に作られた絵図が壬申地券地引絵図であり、本稿で分析に用いるのは同図である。壬申地券交付のための作業は全国的に難航したが、佐藤（1986：62）に「〔明治〕5年11月までに交付を終ったのは旧栃木・木更津・敦賀・滋賀の諸県にすぎなかった」とある通り、滋賀県では初代県令の松田道之のもとで早い時期に交付を遂行した。滋賀県では壬申地券地引絵図が「地券取調総絵図」の名称で残っているものも多く、本稿ではこの名称も用いる。

　滋賀県における明治の地籍図については古関大樹による一連の研究がある。古関（2019a：25）は前掲の佐藤甚次郎の研究について、「同書を地方の実例に当てはめて解釈しようとすると困難が付きまとう」と指摘し、地方ごとの分析を進めた。その上で、滋賀県内の複数地域における地籍図の分析を通じて、「同じ地図の中にも、誤差が小さな地点もあれば、誤差が大きな地点もある。また、地図に表現された形や距離が正確でなかったとしても、土地台帳や関連資料には本来の数値が記されており、十分に検証に耐えられる場合もある」と古関（2019b：46）は指摘している。

(2)　栗東市域の地券取調総絵図

　滋賀県内では自治体史や郷土資料集で明治前期の地籍図を大きく扱ったり、明治前期に限らず地籍図等の絵図類を図録としてまとめて刊行したり

している自治体が少なくない（滋賀県土地家屋調査士会2021：85）。そうした中、栗東市では絵図類を網羅的にまとめる試みはなく、まとまって絵図類を図録化しているのは市立の栗東歴史民俗博物館の企画展図録に留まる（栗東歴史民俗博物館1995）。筆者は同館から地籍図類の撮影データによる提供を受けた。例として図１に示したのは、手原村（のち、大字）の1873年（明治６年）における地券取調総絵図である。

栗東歴史民俗博物館では2000年度から「小地域展」として、大字単位で歴史・文化を紹介する企画展を行っている。地籍図等の絵図類は小地域展で展示されるものの、網羅的な図録の発行やデジタルアーカイブ化が行われておらず、資料として使いやすい状況とは言えない。そのためもあってか、前掲の古関や滋賀県土地家屋調査士会の著作にも同市資料に関する言及はきわめて限定的である。

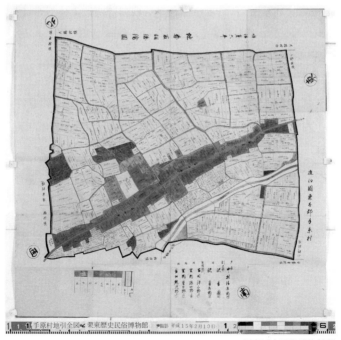

栗東歴史民俗博物館蔵

図１　地券取調総絵図（手原村）（明治６年）

例外的に、秦憲志による野洲川下流域の条里地割と平地集落の形成に関する秦（2011）などの一連の研究では、地券取調総絵図も含めた地籍図等の絵図類が多く用いられている。ただし、秦による研究は絵図類を資料として地域分析に用いるものであって、絵図類そのものを対象として分析するものではない。

　本研究では、十分な活用がなされておらず、資料としての評価が定まっているとは言えない同市の絵図類のうち、特に地券取調総絵図に着目して資料特性を分析する。地券取調総絵図を扱うのは、栗東歴史民俗博物館が所蔵しているか撮影データを保有している絵図類の中で、作製年代が明確であり、かつ多くの大字に渡っているためである。同館が何らかの絵図類を所蔵・撮影しているのは34大字のうち、市のほぼ全域におよぶ32大字（94％）である。そのうち、「明治6年」や「地券取調総絵図」といった記述により、壬申地券に関する地券取調総絵図であろうと推定できるのは、19大字（59％）である。その他、別種の地籍図が複数の種類を合わせて21大字分あるが、これらはどの地籍図であるかの同定が困難であるため分析に適さない。また、路線図や水路図もあるが、路線図は5大字に限られ、水路図は作製年代等の情報が欠けている。以上について、表1にまとめた。

表1　栗東歴史民俗博物館における大字別の地図類所蔵状況

行政村	自然村大字	壬申地籍図	地籍図類似図	道路	水路
金勝	御園	●			
	上砥山				
	荒張		●		
	井上		●		
	東阪				
	観音寺		●		
葉山	伊勢落	●	●		●
	林	●	●		●
	六地蔵	●	●		●
	小野	●	●		●
	手原	●	●		●

	大橋	●	●		
	出庭	●	●		●
	辻	●	●		●
	高野	●	●		●
治田	下戸山				●
	岡				●
	目川				●
	坊袋	●		●	
	川辺	●			●
	安養寺			●	
	上鈎			●	●
	下鈎			●	●
	小柿	●	●	●	●
	中沢	●			
	（渋川）	／	／	／	／
大宝	蜂屋		●		●
	野尻	●	●		
	綣	●	●		●
	苅原	●			
	笠川		●		●
	小平井	●	●		
	霊仙寺	●	●		
	北中小路		●		
	十里		●		
合計	34	19	21	5	18

※●印は当該地図類があるもの。複数枚ある場合も1件として計上した。
※渋川は現在の草津市域であるため、計上していない。

栗東歴史民俗博物館提供の撮影データを筆者集計

　なお、栗東市は滋賀県南部に位置する人口70,427人（2022年8月1日）、面積52.75平方キロメートルの自治体である。1889年（明治22年）に町村制により成立した金勝村、葉山村、治田村、大宝村の栗太郡（当時）東部4村の村域を合わせた地域が、現在の栗東市の市域とほぼ重なる。市域のうち、旧金勝村域の多くは山間部であり、他の旧3村には平野部が広がる。

平野部には広く条里地割が広がっている。

さて、以上のように地券取調総絵図が栗東市域全体にそろっているわけではないが、そうであっても、統一的な条件のもとで公的に用意された貴重な史料であることは確かであり、本稿ではまず地券取調総絵図について分析を試みる。その際、地図としての史料特性を明らかにするために、地理情報システム（GIS）を用いて地図の歪みを可視化してみよう。

⑶　古地図の歪み分析の方法

本研究で扱うような古地図において、その歪みについて GIS を用いて分析する方法は、日本でも2000年前後から取り組まれてきた。GIS を用いた古地図分析の研究について、塚本・磯田（2007：111）は、「古地図を現在の投影法にいかに幾何補正するかといった、方法論を主な関心としている」アプローチと、「幾何補正を施した古地図から、そこに描かれている記載情報を GIS データ化し、GIS の空間解析機能を用いた考察を試みた」アプローチに二分した上で、「GIS を用いた古地図の研究が、上述のような方法論に傾斜しているため、既存の歴史研究における問題・関心を考慮した知見を提供できていない」と論じている。

とはいえ、歴史研究等の特定領域における問題・関心への応答と、そのための方法論的探究は同時になされるものであって、いずれかに限定されるものではない。事実、塚本・磯田の論考もまた、誤差によるクラスター化という方法論を深めることにより、対象地図が複数の地図をもとに作られたという歴史研究上の仮説を検証したものである。

また、GIS を用いたものに限らず、認知地図の歪みに関する研究はより早い時期から取り組まれてきている。ここで、認知地図とは現実の地図ではなく、認知上の地図を指す。たとえば若林（1990）は、調査方法により現実の地図と認知地図との適合度が異なるといった方法論上の知見に加え、札幌の認知地図には格子状街路が影響を与えているといった対象地特性とのかかわりにも言及している。同論文で若林は、ユークリッド回帰分析によって、当該の認知地図全体に共通する歪みと局所的歪みを分け、局所的歪みについて意味づけを行うという方法を採った。

小嶋・玉川（2004）は若林論文も踏まえつつ、古地図の歪みに分析の範囲を広げている。その際、若林論文における「現実の地図」と「認知地図」は、それぞれ「現代図」と「古地図（地券取調総絵図）」にあたる。

現代図上の点 i の座標を (u_i, v_i)、古地図上でそれと対比する点 i の座標を (x_i, y_i) としたとき、ユークリッド回帰式は式(1)の通りである。

$$\begin{pmatrix} u_i \\ v_i \end{pmatrix} = \begin{pmatrix} a_1 & -a_2 \\ a_2 & a_1 \end{pmatrix}\begin{pmatrix} x_i \\ y_i \end{pmatrix} + \begin{pmatrix} b_1 \\ b_2 \end{pmatrix} + \begin{pmatrix} e_i \\ f_i \end{pmatrix}, 1 \leq i \leq n \tag{1}$$

ただし、(e_i, f_i) は残差行列であり、n は対比地点の数である。また、回帰係数 $a_1,\ a_2,\ b_1,\ b_2$ は、最小二乗法 $\sum_{i=1}^{n}(e_i^2 + f_i^2) \to \min$ により推定されるパラメータで、b_1 は水平方向の移動量、b_2 は垂直方向の移動量を表す。$a_1,\ a_2$ は拡大・縮小と回転に関与する係数で、$c = \sqrt{a_1^2 + a_2^2}$ とおくと、式(1)は式(2)のように書き換えられる。

$$\begin{pmatrix} u_i \\ v_i \end{pmatrix} = c \begin{pmatrix} \cos\theta & -\sin\theta \\ \sin\theta & \cos\theta \end{pmatrix}\begin{pmatrix} x_i \\ y_i \end{pmatrix} + \begin{pmatrix} b_1 \\ b_2 \end{pmatrix} + \begin{pmatrix} e_i \\ f_i \end{pmatrix}, 1 \leq i \leq n \tag{2}$$

ここで、c はスケールの変化量すなわち伸縮率、θ は反時計回りの回転角をそれぞれ表す。

現代図と古地図の間には何らの補正も加えていない状態において当然にズレが生じるが、これを「絶対的歪み」とする。次に、式(2)で表される平行移動、回転、伸縮は「図全体に共通した歪み」であるといえる。すなわち、古地図上の点 (x_i, y_i) を (b_1, b_2) によって平行移動し、c を乗じて伸縮させ、θ だけ反時計回りに回転させた点が、ユークリッド回帰式における現代図と対比される推定点であり、この座標を $(\hat{u}_i, \hat{v}_i)$ とする。そして、現代図上の実測値 (u_i, v_i) と推定値 $(\hat{u}_i, \hat{v}_i)$ の差が式(1)および(2)の残差 (e_i, f_i) であり、これこそが「局所的歪み」である。

本研究においても、小嶋・玉川論文に基づき、現代図と古地図で対比点を用意して式(2)の係数を得て、残差行列から対象となる古地図すなわち滋賀県栗東市の地券取調総絵図の局所的歪みについて分析する。

(4) 対比点同定作業上の注意点

上述のユークリッド回帰分析に基づく局所的歪みの分析を行うにあたり、

注意すべき点がいくつかある。対比点を同定する作業における注意点と、歪みに意味づけを行う上での注意点とに分けて論じる。

まず、対比点の同定作業に関し、歪みの誇張が起こる可能性がある。平井（2011：233）が名東郡十一小区之内観音寺村細密画という資料を用いて誤差値（本研究における局所的歪み）を計算した際の考察として、「集落のある絵図中央部については航空写真で確認される同一地点が数多く析出できるが、田畠がひろがる周縁部については中央部ほど多くの CP が抽出できないため、数少ない CP の歪みが誇張されてしまうという問題もある。誤差値の大きな CP を削除して位置補正の精度をあげることもできるが、その場合、絵図の「歪み」を正確に押さえることが難しくなる」と論じている（平井の「CP」は本論文における「対比点」である）。

つまり、地図上に対比点が同定しづらい範囲があった場合、その範囲における数少ない対比点によって、大きな局所的歪みが生じているかのような結果が導かれてしまう。これを避けるためには、可能な限り地図全体にまんべんなく対比点を置くことが求められるが、そもそも同定困難であるからこそ生じる問題であるため、解決が原理的に難しい。そこで、本研究では現代図、古地図の双方ともに複数種類の地図を用いることで、同定困難範囲における対比点を少しでも多く置くように工夫する。

また、誤差値の大きな対比点、つまりユークリッド回帰分析の外れ値については、それを排除するとその他の点について回帰式の適合度が上がることが期待できるが、局所的歪みが観察できなくなる。本研究では、外れ値を排除するのではなく、やはり外れ値となる点の周辺に対比点をできるだけ増やすことで局所的歪みを観察することを優先する。

加えて、清水ほか（1999：91-92）が「基準点設定の妥当性の確認」を挙げ「残差の著しい基準点を抽出し、基準点の信頼性を確認できるようにしている」と論じていることも参考になる。つまり、特に外れ値が生じた場合には、仮に同定根拠が寺社仏閣のような移動が少ないと思われる対象であっても、移動が現に生じたということがないか確認する等、一定の検証作業を行う。

第10章　地券取調総絵図の歪みと小地名　　257

(5)　局所的歪みの意味づけの注意点

　測量技術が異なる以上、ユークリッド回帰式の推定値は実測値とは異なるのが当然であり、ほぼすべての対比点で局所的歪みが観察される。ただし、相対的にその歪みが小さい範囲については精確に描けているものと考えてよく、過剰な意味づけを行わないように注意しなければならない。

　そして、意味づけを行う場合に、小嶋・玉川（2004：24-25）が指摘するように、歪みには大きく分けて心理的な歪曲（認知地図の歪み）と、それ以外の歪みがあることに注意が必要である。このうち、心理的な歪曲について、認知地図に歪みをもたらす基本作用として、(1)階層組織（上位の領域間の関係によって場所間の位置関係が規定される）、(2)整列ヒューリスティクス（不揃いのものが直線状に整列したものと想起される）、(3)回転ヒューリスティクス（基本方位などと一致するように想起される）、(4)潜在スケーリング（基準点との距離が近いほど地点間の距離が過大評価される）の４つが挙げられている。

　そして心理的歪曲以外の，地図作成過程で生じる要因がありうる。たとえば、単純なミス、紙幅に合わせた変形等である。

(6)　地券取調総絵図の分析作業手順

　ここまで述べた通り、本研究は滋賀県栗東市の地券取調総絵図を対象に、ユークリッド回帰分析における残差行列を局所的歪みと捉えて分析を施すことで、その地図の特性をまずは明らかにしようとするものである。そのためには、現代図と古地図との間に対比点を多く設け、ユークリッド回帰式を導く必要がある。

　地券取調総絵図は市域19大字について確認されているが、写しもあるため、(1)県令名と日付が入った裏書があること、(2)欠損部分が少ないこと、(3)色彩が他の大字と類似していることの順に優先し、各大字につき１枚のみを分析対象とした。

　19枚の地券取調総絵図それぞれに対し、GIS ソフト上で現代図を開き、対比点をプロットしていく。この際、現代図のベースマップとして、年度別空中写真（1961年〜1969年）の地理院タイルを用いた[2]。これは、上述し

たように栗東市の平野部には条里地割が広く見られ、特に田畑の地割は地券取調総絵図に描かれているままの姿で1960年代まで残存していた地域が少なくないことが作業過程において明らかになったためである。田畑が多い範囲ほど対比点を多く設けることができるのは、平井の挙げた事例とは異なる状況だといえる。ただし、当該タイルはズームレベルが10〜17であることから、ズームレベル2〜8である淡色地図の地理院タイルも併用した。

　プロットした現代図上の対比点にはIDを付与し、地券取調総絵図の対比点にも同じIDを付与した。そして、大字ごと（つまり地券取調総絵図ごと）にID（i）によってデータを統合し、現代図上の点iの座標を（u_i, v_i）、古地図上でそれと対比する点iの座標（x_i, y_i）を得て、式(2)の各係数を導いた。

2　地券取調総絵図の分析結果

(1)　分析結果の提示方法

　計算・分析の提示に先立ち、対象となる地券取調総絵図の歪みについて、前述の方法を用いずに目視による確認をする。そのために、19大字の地券取調総絵図をそれぞれ大字境界で切り抜き、黒塗りにした。これらを、現在の自治会境界を参考に作成した大字境界図の上に重ねたのが図2である。

　図2を見ると、平野が広がる西側では大きな歪みがみられないが、山林が広がる東側では歪みによって大字境界が整合しない箇所がみられる。本稿では、前述の方法を用いることによって、一見すると歪みが小さく見える西側においても、局所的歪みが生じていれば発見することが可能である。

　2）ただし、当該タイル自体が地図とずれていたり局所的な歪みを有していること、また複数タイル間でその歪みの個性が異なることなどが考えられる。全体に共通する歪みであれば式の過程で無視可能になるが、タイル間に異なる歪みがある場合には、それが原理的に無視できると言い切れるものではなく、本稿の方法上の原理的課題として記しておかなくてはならない。

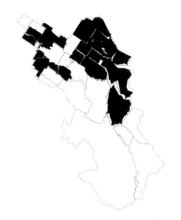

※破線が大字境界、黒塗りが地券取調総絵図の輪郭
栗東歴史民俗博物館提供の地券取調総絵図
および字限図より筆者作成
図2　栗東市域の地券取調総絵図の輪郭描写

　以上を踏まえて、本節では前述の方法に従った計算結果を用いた分析を述べる。19の大字について網羅的には紹介せず、各小節で典型的あるいは特異な局所的歪みについて説明する。その際、大字に言及するときには［大字名］の形で表記する。

　結果は図3のように両端に点を持つ単方向矢印を用いて示すことができる。矢印の根元は現代図上にプロットした対比点そのものである。矢印の終点は、地券取調総絵図上の対比点に、ユークリッド回帰式による平行移動、伸縮、回転を施した上での推定点（$\hat{u}_i, \hat{v}_i$）であり、矢印の起点である現代図座標（u_i, v_i）との差、すなわち局所的歪みが矢印で表されている。局所的歪みの大きさ s_i は式(3)で計算される。

$$s_i = \sqrt{(\hat{u}_i - u_i)^2 + (\hat{v}_i - v_i)^2} \tag{3}$$

　s_i の大きさは大字の面積等の影響を受ける。そこで大字ごとに変動係数 CV を、平均値 $\bar{x}$ と標準偏差 σ を用いて計算する（式(4)）。

$$CV = \frac{\sigma}{\bar{x}} \tag{4}$$

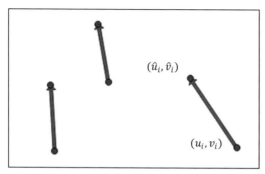

※矢印の起点が現代図における位置、終点が絵図から推定される位置

筆者作成

図3　分析結果の表示に用いる矢印

　また、大字の説明にあたり、秦（2011）に倣って街路村、塊状村、複数居住域村の表現を用いた。ただし、秦の図示では各大字をどの類型にあてはめているか判別できないものもあり、類型の判断は本研究で独自に行い、表2にまとめた。

　念のため、街路村、塊状村、複数居住域村といった村落構造によって局所的歪みの大きさに違いが生じるかどうかを検討したが、表3に示した通り、CVはいずれの村落構造によらず、いずれの村落構造の場合にもばらつきが大きく、個別に異なるといえる。

(2)　山林・池沼・墓地の歪み

　平野部の端にある山や、旧金勝村域に広がる山林部では、当該範囲の形状自体が明白に現代図とは異なっている。ただし、山、池のいずれも面積は書き込まれており、測量は行われていたと考えられる。鮫島信行が「山林原野の土地丈量は、耕宅地に比べると大幅に着手が遅れた。理由は、主たる課税対象であった耕地の調査が優先されたためだ」と説明しているが（鮫島2011：22）、この遅れは滋賀でも例外ではなかった。

　また、地券取調総絵図の作製が急いで進められている1872年（明治5年）の11月17日付で県令の松田道之が発した達には「山林絵図之義平地之

表2　栗東市域の大字別村落構造

村落構造	特徴	件数	大字
街路村	街道筋に形成される１つの集落のみ	5	伊勢落／六地蔵／手原／川辺／綣
塊状村	街道筋を除く１つの集落のみ	5	大橋／辻／野尻／小平井／霊仙寺
複数居住域村	2以上の集落	9	御園／林／小野／出庭／高野／坊袋／小柿／中沢／苅原

秦（2011）の村落構造類型を参考に筆者作成

表3　村落構造別の変動計数

村落構造	CVの平均値	CVの最大値
街路村	0.6883	1.0279
塊状村	0.6318	0.7853
複数居住域村	0.6857	0.9705

筆者作成

分ハ分間モ行届可申候得共、山谷高低又ハ山ノ面背等有之候場ハ事実田畑之如ク分間行届兼候義ニ付、其村之所轄四方之経界凡何百何十間ト見積リ」とある（滋賀県立公文書館、明－い－32）。山林の絵図は、平地とは異なり測量が行き届きづらいこともあるので、村の所有する部分がおよそどれくらいなのかを見積もればよいとしているわけである。

　なお、栗東市域の地券取調総絵図では、山林に限らず、絵図上の面積は実際の面積を精確に反映したものとは考え難い。

　ここで、山林・池沼に加えて墓地も有する［川辺］を例に、それらの周囲における歪みの大きさを確認する。図4で黒く塗りつぶしているポリゴンは山林・池沼・墓地であり、それらから25メートルごとのリングバッファを125メートルまで作成した。○や●は現代図における対比点の位置に、色の濃淡によって歪みの大きさを表した。区切られたリングごとに歪みの大きさを集計し、各範囲における最小値をグラフにまとめたのが図5である。これを見ると、山林等の境界線付近には局所的歪みが顕著に大きく表れるものがあることがわかる[3]。

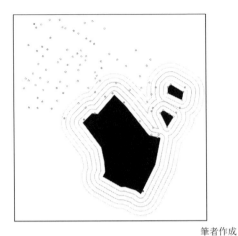

筆者作成

図4　［川辺］の山林・池沼・墓地と歪みの大きさ

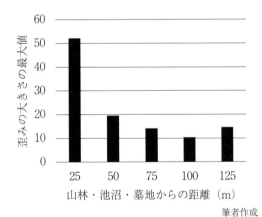

筆者作成

図5　［川辺］の山林・池沼・墓地からの距離別の歪みの大きさ

3）山林・池沼・墓地からの距離が125メートル以上離れたときに、歪みの大きさが再び上がっているのは、後述する地図端の歪み等、他の要素による歪みが生じたためだと考えられる。

(3) 中心集落からの距離と歪みの大きさ

　次に、中心的な集落からの距離と歪みの大きさとの関係について検討する。大字ごとに、1ないし複数の集落をポリゴンとし、当該ポリゴンからの等距離リングバッファ内にある対比点の歪みの大きさを確認した。

　ここで、中心的な集落とはその大字の単一集落、あるいは複数集落がある場合には、他の集落より軒数が顕著に多いものを指す。ただし、複数の集落間に顕著な規模の差がない場合には、いずれの集落も中心的集落とみなす。ただし、こうした中心的集落の措定は定量的な把握に偏っているため、のちに別の視点から「中心的」であることの意味を問い直すこととする。

　さて、図6は複数居住域村［小柿］について、規模に顕著な差がみられない3集落を中心として100メートルごとのリングバッファを作成した。区切られた範囲ごとに歪みの大きさを集計し、各範囲における最小値をグラフにまとめたのが図7である。これを見ると、特に集落から700メートル以上離れると歪みが顕著に大きくなっていることがわかる。つまり、中心集落から距離が大きく開くと後述する地図端でなくても歪みが大きくなる傾向がみられた。

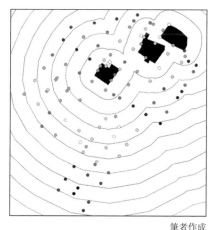

筆者作成
図6　［小柿］の集落と歪みの大きさ

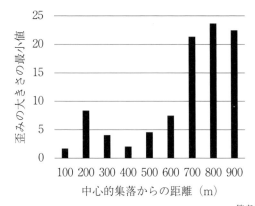

図7 ［小柿］の中心的集落からの距離別の歪みの大きさ

(4) 村界と地図端の歪み

　村界や地図端にみられる局所的歪みについては、複数の解釈が可能である。第一に、前述した中心的集落からの距離が大きくなるためである。第二に、地券取調総絵図は大字ごとに独立しているために、村界部分では伸縮や回転が雑に行われても、他の描写に影響を与えないためである。第三に、地図を描くための余白が足りなくなったためである。

　これらはいずれも絵図作成過程をめぐる問題である。古関（2019b：46）は「一村全図を作る場合は、一般的に廻り検地という方法がとられ、周囲や骨格となる部分の計測値を基に地図の全体的な形が作られる。各筆の情報は、その中に埋め込んでいく形で書き加えられていくが、図の骨格が上手く形づくられていないと歪が生じる部分が出てくる」と説明している。

　たしかに、廻り検地で最初に歪んだ大枠が描かれた場合には、その中でどれだけ精確な測量をしても枠にうまくはまらなくなり歪みは生じる。だが、栗東市域の地券取調総絵図を見る限りにおいては、局所的歪みが周縁部に強く出ており、廻り検地による全体的歪みとしては説明が困難な事例も多くみられた。むしろ、中心的集落を最初に丹念に描き、そこからは小字単位または一筆単位で描き足していく方法をとっているのではないだろ

うか。そうであれば、周縁部で異なる方向に伸縮したり、村界がまっすぐになっていなかったり、紙が足りなくなって急激に縮める小字が出てきたりすることについての説明が可能である。

中心的集落を精緻に描くこと自体は、耕地面積が最重要であると考えられる地券に付随する地図には強く求められることではない。そのため、耕地よりも集落を優先的に書いたことは対象地域における認知地図の特性だといえるだろう。また、歪みが生じていたとしても、各地割の隣接等の布置関係は問題なく描かれていることは、地券に付随する地図として求められる水準を満たすものだろう。

(5) 栗東市の地券取調総絵図の史料特性

本研究では、滋賀県栗東市を対象地域とし、同市の栗東歴史民俗博物館が所蔵する明治前期の地籍図の歪みについて分析してきた。

当該地籍図群には、(1)中心的集落が優先的に精緻に描かれること、(2)中心的集落から順に描き足しているかのような性質が見られ周縁部に行くほど歪みが集積しやすいこと、(3)周縁部においては余白の不足によると思われる大きな歪みが見られること、(4)山林・池沼・墓地には歪みが生じやすいことといった局所的歪みの特徴が見られた。

このうち、(1)については対象地における心理的・認知的な特性であると考えられ、地籍図としては田が優先されてもおかしくない中、集落を重視した可能性があることは興味深い。だが、地券取調総絵図はあくまで大字レベルであり、その中の集落だけに注目した空間的分析には困難が生じる。そこで、次節以降、小字レベルの地図群を用いて、地域社会の空間的範域について分析する。

3 字限図の分析方法

(1) 小字と地名

ここまでの議論を受け、小字レベルの地図を示し、その分析を始めるべきところであるが、そもそも小字とは何であるかということは、必ずしも

自明ではない。加えて、大字に比して小字は量的に膨大であり、小字レベル地図が仮にあったとしても、何らかの属性を用いて情報を抽出・処理しなければ、分析は困難である。その際、本稿で用いるメタデータは小字の名称である。以下、順にみていこう。

　まず、小字とは何であるかということについて、辞書には、「町村などの字をさらに細分化した行政上の単位」（デジタル大辞泉）、「町村の字を、さらに細かく分けた区域」（日本国語大辞典）とある。これらの定義にあるうち、「字」は大字のことであると考えられるが、大字より相対的に小さな地域区分を小字と呼ぶことには、その名称上も首肯できる。さて、辞書の定義を素直に受け取るならば、まずもって町村があり、そこに字があり、それを細分化すると小字になるという順がある。

　ところで、明治初期の行政区分は大きな変更が何度も加えられている。1878年（明治11年）の郡区町村編制法により1872年（明治5年）の大区小区制が改められたのち、1884年（明治17年）には連合戸長役場制が導入される。さらに、1889年（明治22年）、いわゆる明治の大合併を伴った市制町村制は劇的な変化をもたらした。すなわち、「連合戸長役場制と異なり、これまでの村はなくなり、新しい村が生まれるのである。歴史学上の用語として、この新しい村を、江戸時代の村と区別するために行政村と呼んでいる。江戸時代の村は大字と呼ばれるようになり、新しい村の内部の単位となった」（松沢2022）。

　江戸時代の旧村Xは、新村（鈴木の自然村に対応するならば「行政村」）Aの一地域となったために村ではなく字と呼ばれるわけである。ところが、そもそも旧村Xにも村内を区分するための字があった。すると、村Xを表す字と、当該村内の地域区分を表す字とが生じているため、前者を大字、後者を小字と呼ぶと便宜が良い。必ずしもこういった論理による大字・小字の区分が採用されるわけではないとしても、本稿の対象地である栗東市域はこの説明が成り立つように考えられる。

　さて、小字について検討を加える際、名称、空間的布置、機能などに注目することができるだろう。小字が機械的・事務的な境界の線引きに過ぎないのか、あるいは生活に密接にかかわる地域区分といえるのかといった

機能をめぐる問題設定も重要である。ただし、小字の機能は一律であったとは考えられない上、大字単位のものとは異なり小字名を冠した文書等は少ない。そこでさしあたって重要になるのが名称と空間的布置をめぐる分析である。このことを通じて、集落に関する認知に迫っていこう。

　かつて柳田国男は『地名の研究』において「地名は我々の生活上の必要に基いて出来たものであるからには、必ず一つの意味をも」つと論じ、生活に密着した小地名の研究を始めた（柳田2017）。柳田は同書で、地名を生活の必要によって命名する「利用地名」、自分の土地だと宣言する「占有地名」、そして地名を分割する「分割地名」に分類した。

　また、水津一朗は小字名と用水名の一致等から「小字こそは生態地域の最小単元たる Physiotop や Biotop の機能的統一体であるという表現が、条件付きでゆるされそうである」とし、やはり小字と生活の関係について、小字の名称も用いながら論じている（水津1957）。そのほか、現在に至るまで、地名——とりわけ小字等の小地名——に注目した研究には枚挙にいとまがないが、紙幅の関係で本稿では必要に応じて各所で紹介するに留める。

　以下、本稿において大字やそれに対応する地域の名称は引き続き［手原］のように、加えて、小字の名称は【里ノ内】のように、それぞれ異なる括弧を用いて記す。

(2)　栗東市域の地域区分

　表1で確認した通り、旧村のうち、現在の栗東市域にあったのは34件である。金勝村は［御園］、［上砥山］、［荒張］、［井上］、［東阪］、［観音寺］の6件から、葉山村は［伊勢落］、［林］、［六地蔵］、［小野］、［手原］、［大橋］、［出庭］、［辻］、［高野］の9件から、治田村は［下戸山］、［岡］、［目川］、［坊袋］、［川辺］、［安養寺］、［上鈎］、［下鈎］［小柿］、［中沢］の10件と［渋川］（現在は草津市）から、大宝村は［蜂屋］、［野尻］、［綣］、［苅原］、［笠川］、［小平井］、［霊仙寺］、［北中小路］、［十里］の9件から成る。

　これら大字の空間を分割する形で、現在の栗東市域には自治会が120余り組織されている。たとえば［下戸山］には下戸山自治会のほか、下戸山

親交自治会など五つの自治会があるが、原則として自治会は大字の境界をまたがない。

栗東市域の小字に言及した先行研究として、統一条里内における異方位条里地割に着目した一連の研究がある（高橋・小林・宮畑1979；水津1957；金田1985）。また、集落の空間構造を把握するために小字界の入った集落立地図を復元し、分析にも小字単位を用いた秦憲志の研究がある（秦2014）。

大字ごとの字誌でも小字については言及されている。たとえば、[綣]は『民誌・綣の歴史と文化』では、「綣の集落」の説明にいくつかの小字名が用いられているほか、条里地割と小字の関係がわかる図が付録にある。また、[大橋]は『大橋区誌』で「大橋の耕地名（小字名）」として小字名が列挙されるとともに、[綣]同様に条里地割と小字の関係がわかる図が付録にある。

ここで、栗東市において大字の名称には出てこない地名について例を見ておこう。それは、1873（明治6）年申請・翌年認可の、旧村間の合併に関連するものである。栗東市域では金勝中村と上山依村の2村が［御園］、小坂村と土村と今里村の3村が［高野］、東目川村と西目川村の2村が［目川］、上鈎村と寺内村の2村が［上鈎］、半苅村と市川原村の2村が［苅原］になった（栗東町史編さん委員会1992）。これら合併前の村名が大字として残らないのは当然のことである。そして、小字が旧村内の区分名称であったことから、合併によって消失した村名は小字にも残っていない。ただし、（金勝）中村、小坂、今土は自治会名として現在も用いられている。

(3) 小字名

さて、柳田が指摘したような地名の重要性を踏まえて、栗東市域の小字についてできるだけ網羅的に名称を手掛かりに空間的分析を試みたいが、字誌では網羅性に著しく欠ける。

一般的に、小字の名称と場所を確認する方法がいくつかある。名称については、(1)旧土地台帳簿冊、(2)公的な字名調査結果、(3)「eMAFF農地ナビ」、(4)『角川日本地名大辞典』等掲載の一覧、(5)地籍図・字限図等の地

図類、(6)先行研究、(7)地域住民への聞き取り等が考えられる。空間については、このうち(3)、(5)、(6)、(7)を用いることができる。以下、それぞれの方法について本稿における採否について述べる。

　(1)旧土地台帳簿冊については簿冊数が膨大におよぶことと、基本的には(2)、(5)と同一の結果が得られると期待されるため用いない。(2)公的な字名調査結果は1881年（明治14年）の『近江国栗太郡百拾壱ケ村字取調書』（滋賀県立公文書館　明-こ-14-2）が栗東市域全体を含むのでこれを用いる。(3)「eMAFF 農地ナビ」では栗東市域の小字名称は得られないため用いない。(4)『角川日本地名大辞典』（25 滋賀県）の資料は(2)を基に作られたものであり、かつ(2)の表記との異同を少なからず含むため用いない。

　(5)地籍図等のうち、栗東市域に関して利用に適したものは、地券取調総絵図であるが、地籍図には小字名が書き込まれていないこともあり、網羅的に情報を得ることができない。その点、大字ごとに綴じられ、小字ごとに地割が描かれている「字限図」（あざきりず）[4]は有用である。字限図をパズルのように組み合わせて大字形状を復元することにより、小字間の位置関係を把握することが可能となる。ただし、旧金勝村域の字限図は栗東歴史民俗博物館に所蔵されていない。字限図は旧土地台帳付属地図と基本的には同図であるが、それぞれ後の書き込みの有無等、保管・利用過程における異同は生じ得る。

　(6)先行研究では条里地割の地域について、名称や配置がわかるものもあるため、適宜参照しうる。(7)地域住民への聞き取りは小字名の読みや境界、そして小字または小字名の利用実態を知るには適しているが、本稿では原則扱わない。

(4)　栗東市域の小字データ化

　以上を踏まえて、次の工程をたどり、小字の名称と空間を同時にデータ

---

4 ）いろいろな呼称があるが、ここでは史料所蔵先の栗東歴史民俗博物館による呼称に倣う。

化した。

　(1)『近江国栗太郡百拾壱ケ村字取調書』から栗東市域の34大字にある小字名称（フリガナを含む）をすべて抽出する、(2)GISソフト上で、地籍図を参考に大字境界を、字限図を参考に小字境界を描きポリゴンデータを作成し、前工程までのデータを各ポリゴンに紐づける。

　ただし、旧金勝村域は山地である上に字限図がなく、限られた地籍図からのみの空間同定がきわめて困難である。また、［安養寺］、［小野］、［六地蔵］についても、字限図からの空間同定が困難であり、現時点ではポリゴンデータを作成するに至っていない。以上より、本稿が扱うのは図8に示した通り栗東市域北部・平野部を中心とした限られた地域である。

　工程(1)における『近江国栗太郡百拾壱ケ村字取調書』には、図9で示したように大字ごとに小字名称が一覧化されているが、一覧化にあたり次の四つのパターンがある。すなわち、①字名を維持する「維持」、②字名のみを変える「改称」、③単数の字名から複数の字名を生成する「分割」、④複数の字名を単一の字名へと統合する「合併」、⑤複数の字名を異なる複数の字名へと変更する「再編」である。このうち、③④⑤については名称変更のみならず、空間的な変化があったと考えられるが、変化前の空間情

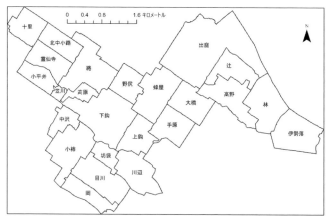

筆者作成

図8　小字分析の対象とする大字

第10章　地券取調総絵図の歪みと小地名　271

図9　小柿村の合併字の例

表4　字取調書にみる栗東市域の小字名称の変遷状況

	継続	改称	合併	分割	再編	合計
変化前	1,017	61	497	20	12	1,607
変化後	1,017	61	179	52	12	1,321
増減	0	0	▲318	32	0	▲286

筆者作成

報を得る手段を筆者は有していない。それぞれの件数を表4に示した。これを見ると、字取調書の調査前後において、字名（字空間）が継続されたものが1,017件（変化前の63%、変化後の77%）と多いものの、合併によって318件（20%）もが減少している。

　小字データに含まれる大字は34件中25件（[六地蔵]は一部のみ）、小字は1,321件中の974件（74%）である。以上を踏まえて完成した小字データについて名称・空間を共に示したのが図10である。

図10　栗東市域の小字名称と空間境界

筆者作成

4　字限図の分析結果

(1) 小字の表記——「カイト」を例に

　小字名は1文字から6文字で、漢字を主としているがカタカナやひらがなも用いられることがある。漢字が実際の意味を表しているものもあれば、音が意味を表しており漢字は当て字に過ぎないと思われるものもある。特に、字限図と『近江国栗太郡百拾壱ケ村字取調書』で表記に異同が生じている場合、漢字は当て字であると推測できる。

　たとえば「カイト」に連なると思われる小字名を見てみよう。【大貝戸（オガイド）】、【櫃ケ海道（ヒツガカイドウ）】、【枝海道（エダカイドウ）】、【大街苔／大街道（オオカイドウ）】、【北ノ海戸／北ノ海道（キタノカイドウ）】、【野海道（ノカイドウ）】、【海道田（カイドダ）】、【海道山（カイドウヤマ）】、【立海道（タチカイドウ）】、【大和海道／大和街道（ヤマトカイドウ）】、

【平街道（ヘラカイドウ）】、【筋街道（スジカイドウ）】、【上海道（カミカイドウ）】、【後世海戸／語是ガ糸（ゴゼガイト）】、その他、海道／街道に方角を付けた【東海道（ヒガシカイドウ）】などが見られる。カイトには多様な表記があることがわかる。また、［小柿］には【垣之内（カキノウチ）】がある。

　ここで挙げたすべての「カイト」が同一の語源であるかは個別に慎重な調査と推測を要し、ここで断言できるものではない。だが、たとえば『民俗地名語彙事典』（日本地名研究所2021：145-147）では「カイト」の項に、ここで挙げたうち「街苔」、「ガ糸」を除くすべての表記が例示されている。同書によれば「本来の意味は、将来、耕地化することを予定して囲った地域をいう」が、「琵琶湖畔など、条里の遺跡に整然と格子形になった道路、畦道などの残ったところ」では「村内に新たに開墾する余地なく、耕地は限定せられて村落の大きさもほぼ一定している」集落、すなわち垣内（カイト）集落が形成されたとする。

　カイトが集落そのものを指すのか、集落外の地域を指すのかという点について、カイトである可能性のあるすべての小字を図11に斜線で示した。後述するように図11の里①と里②が集落を構成する主たる小字であるが、中には集落の最外縁を形成しているカイトもあった。たとえば、図12に字限図と地券取調総絵図の拡大図を示した［出庭］における【大和海道】は集落の一部を成しており、カイト地名と集落の関係は稿を改めてさらなる分析が必要である。

(2)　分割地名——方角と順番

　方角、順番を含むものも少なくない。順番は上・中・下や奥・口のことである。【北薑】・【南薑】、【上田中】・【中田中】・【下田中】、【奥フコス】・【口フコス】といった例が見られ、方角・順番は接頭することが多い。方角と順番が組み合わさる場合もあり、たとえば【北上市】・【南上市】・【北下市】・【南下市】は、先に上市・下市があったのだと推測される。ほかの組み合わせの例として、【北世坂上】・【南世坂上】・【北世坂中】…という複雑なものもあるが、この場合は世坂が最初にあり、それが北世坂・南世

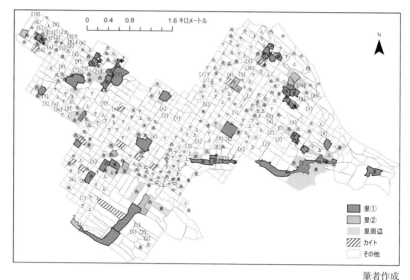

筆者作成

図11　栗東市域小字名に見る「カイト」地名、分割地名、里地名

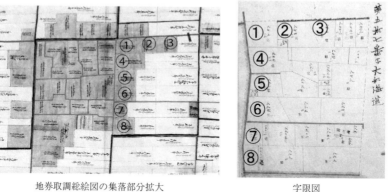

地券取調総絵図の集落部分拡大
※方位は字限図に合わせた
※丸数字は共通する宅地

字限図

筆者作成

図12　集落を構成する［出庭］の【大和海道】

坂と分かれ、さらにそれぞれに上・中・下の順が生じたと考えるのが自然だろう。順にはほかに【一ノ大張】・【二ノ大張】…と数字を用いる例、方角には【乾】・【坤】・【巽】・【艮】と八卦を用いる例がある。これらの接

第10章　地券取調総絵図の歪みと小地名　**275**

頭・接尾辞が付く小字名は、それらを除いた幹にあたる部分が幹となる地名である。なお、接頭・接尾辞が付く小字のみが連なっている場合もあれば、連なりの中に幹となる地名のみの小字を含む場合もある。

　八卦を除く方角や順番の接頭辞は図11に示されている。数字については、条里との関係等の解釈を敢えて行わず、数字が含まれるものについて算用数字で記した。図11に示したもののうち、里周辺の方角は後述するように基準となる集落からみた方角を示している。その他の方角や数値を除く順番は、原則として2、3の小字がセットになっている。つまり、それらの小字群の分割地名だと考えられる。図11から明らかなように、上中下の別がある場合、原則として東南側（上流域、条里の始点。）が「上」である。

　ここで示した分割地名の接頭辞は「東西南北」、「内外」、「奥口」、「上下」、そして奥口・上下とともに用いられる「中」である。いずれかの接頭辞を有するのは326件（25％）に及び、市域全体で大規模な地名分割が行われたことがうかがえる。出現度数は、「東」25件、「西」36件、「南」45件、「北」43件、「奥」10件、「口」3件、「外」3件、「内」3件、「中」24件であった（複数の接頭辞を持つ小字もあるため合計数が一致しない）。方角のうち「西」が「東」と比べて明らかに多い。たとえば［上鈎］では、ある小字名の幹に対して、西・下・中・上の四つに分けている例が4件見られる。

(3)　集落と小字
◆「里」と「村」

　最後に、集落——大字の中でも特に人が集住している宅地部分——と小字名との関係を直接確認する。大字の中で中心的な集落には【里ノ内】、【里内】や【村ノ内】が用いられる。たとえば［下鈎］は中央にほぼ【里ノ内】がある。この大字には前述のように、ほかに【額田井】と【蓮台寺】の2集落があるが、これらには「里」の字は用いられない。同様に［出庭］には現在、出庭と宅屋の2自治会があり、それぞれが集落を持つが小字名では出庭の集落が【里ノ内】であり、宅屋の集落は【上宅屋】・【下宅屋】である。

［目川］の【村ノ内】のように、一つの大きな小字が集落部分をすべて含んでいる場合もあるが、集落を複数の小字で分ける場合、しばしば方角（あるいは「中」）＋「出」の記法が採られる。つまり、【北出】・【中出】・【南出】のように用いられる。この表現は【里ノ内】と併存する場合もあれば、そうでない場合もある。もしくは方角＋「里」の記法が取られる。方角を加える場合は「里ノ内」は採用されず、【北里】のようになる。

　ここで、【北里】は主要集落の一部分だが、【里ノ北】は集落外であり、この用法はいずれも［下鈎］で見られる。同様に集落周辺に特徴的な小字名として、【東浦】と【西浦】は互いに隣接しているよりも、集落を挟んで東と西に分かれている例が多い。つまり、「浦」という幹となる小字を東西に分けたのではなく、里（集落）起点で見たときに東側の浦と西側の浦ということになる。

　この「浦」と類似の例として【南平】がある。ただし、【南平】の場合は、旧小字名「里ノ南」が改称された数例は該当するものの、それ以外では里周辺とはいえない【南平】もあるため一概には判断できない。なお、北平は市域に存在しない。

　「平」のように対応する方角を欠いたり、「浦」や「平」のように幹となる小字名を持つ小字が近くに見られなかったりする場合、その方角は集落からの方角を指し示すものと考えられる。たとえば［里中］を取り囲む形で【北ノ川】、【西浦】、【南口】がある。このことは、それぞれの地区がどの大字に属するものであると認知されていたかを示す例であり、【北ノ川】は［綣］の南端境界であるが──「南ノ川」ではない以上──、あくまで［笠川］の一部であることがわかるのである。

　以上の例からわかるのは、集落を示す小字の名称は原則として、固有名ではなく一般名（里・村）を用いているということである。

◆集落と小字の対応不在

　［坊袋］、［川辺］、［安養寺］、［上鈎］は集落と合致する小字は無く、集落と農地を分けずに小字境界が引かれている。

　［蜂屋］は【竹ケ鼻】、【中木戸】【湯田】等、集落部分のみの小字もある

ものの、【東馬場】、【矢士】のように集落と農地が混ざっている小字もあり、ここで例示したように「里」のような集落表現は用いられていない。なお、【中木戸】に見られる「木戸」について、集落の一部を構成する場合、集落周辺に隣接する場合の両者が見られ、市域で統一的ではないためここでは詳細な分析を避ける。

◆集落と小字の部分的対応

［綣］では【北出】と【南出】に加え、【七里】も集落を構成している。同様に、［辻］では【里中】、【東出】、【西出】に加え、【久保】と【市場】も集落を構成している。

［高野］では北の集落について、【中出】、【西出】、【東出】に加え【梅田】、【カケトエン】も集落を構成している。［伊勢落］は地籍図においては東海道に沿って集落が長く伸びているが、【里之内】はその一部のみである。その他の集落構成部分と対応する小字はない。

［苅原］には北と南に集落があり、北の集落は【四反町】にほぼ収まるが、南の集落は対応する小字がない。だが、地籍図には現在の南の集落にある【堂森】、【堂ノ西】といった小字名ではなく、「字　里中」、「字　里西」、「字　里南」の名称が書き込まれている。これらの「里」を明示的に示す小字名が、いつ存在したのか不明であるが、【苅原】は半苅村と市川原村の合併によることが何らかのかかわりを持つかもしれない。

◆合併の影響

集落については、主要集落と枝郷等の集落とを分け、主要集落は【里ノ内】等の表記を用い、枝郷等は固有名を当てるものと考えられる。ただし、同じ大字内の複数の集落がいずれも固有名を用いていない例や、主要集落が固有名を用いている例もある。

まず、複数の集落がいずれも固有名を用いていないのは［高野］である。この大字には三つの集落があり、それぞれ、①【中出】、【西出】、【奥出】、②【中出】、【西出】、【東出】、【カケトエン】、【梅田】、③【里ノ内】で構成されている。特に①と②については小字名が重複している。これは、

［高野］が小坂村と土村と今里村の合併によることが関係していると考えられる。

◆主要集落名称の固有名

　次に、主要集落に固有の名称が与えられている3例を見る。

　［小平井］では、集落は【栗元】という小字名である。［六地蔵］では、集落は【梅木】という小字名であり、同地は東海道の梅木立場でもある。［岡］では、集落は【岡】という小字名である。大字名を冠した小字はこれが唯一の例である。

◆集落の図示

　図11では、大字内の主要集落である「里」（北出・北里等を含む。）を「里①」とした。ここには、【栗元】、【梅木】、【岡】を含んだが、それ以外は固有名ではないと考えられる。また、枝郷など大字内のその他の集落を「里②」とした。ここには、里①に含んだ三つの例外的な集落以外の固有名をもつ集落が含まれる。つまり、本稿における里①と②の区分は原則として小字名によるものであり、集落間の何らかの序列を示すものではない。

　さらに里①と②の周辺にある「里周辺」（里ノ北・北浦等）も図示した。このとき、里①・②と里周辺との間が空いている場合がある。これは、「堂」、「屋敷」、「寺」、「宮」など集落を構成している要素を本稿では里①・②のいずれにも入れていないためであり、その整理と分析は今後の課題としたい。

　ここまで示してきたように、栗東市域においても大字ごとに集落と小字との対応関係は一様とは言えない。そのことは、里①・②を塗り分けた際に、市域を走る東海道や中山道沿いの集落がきれいに立ち現れないことからも明らかである。こうした大字ごとの違いについては注目に値しよう。

　とはいえ、合併村である［高野］の例を除き、大字内の集落間では異なる名称がつけられ、区別が可能であるといった基本的性質が見られた。里①は原則として固有名を用いていない以上、生活において「里ノ内」や「村ノ内」と呼んだ際に、どの里のことか明らかになるような地域社会の

第10章　地券取調総絵図の歪みと小地名　**279**

範囲があったのだと考えられる。ただし、そうした地域社会の範囲はいつからいつまで有効であったのかについて、小字名自体が変遷していることに留意しなければならない。

(4)　通称地名の例

　ここで、集落全体が一つの小字である［目川］の【村ノ内】の例について補足する。【村ノ内】は長い小字であり、他の大字同様に複数の小字に分けられていてもおかしくない。このことについて、実は［目川］にも、北出・中出・南出といった地域区分が使われていた時期がある。

　この事実は左義長がこの三つの地域に分かれて実施されていたという住民の語りからわかる（笠井2019）。北出は北ノ町とも呼ばれていたが、栗東町（当時）が町史編纂に先立ち行った昭和末期の民俗調査の調査票によれば、北出が地蔵町と栄町、中出が樋ノ川町と中町、南出が寺町と南町に分かれたという。このうち、地蔵町については、もともと北ノ町であったものが1940年（昭和15年）に隣保班が組織され、その第一組が地蔵町と名付けられたものである（地蔵町伊勢講文書）（笠井2022）。このように、小字名としては残っていないが、生活上は他の大字同様に用いられていた典型地名があることにも留意を要する。

　こうした事例は、字取調書や字限図といった文書類だけに頼る調査の限界も示すものである。地域社会における地域区分やその名称については、文書類に加えて現地調査も併用する必要がある。とりわけ地名の読み（発音）については文書類に記載のフリガナと実際とが異なる場合も少なくない。一例をあげれば［荒張］の【走井】は、少なくとも現在の住民は「ハシリ」と読むが、字取調書には「ハシリイ」と書かれている。

おわりに

　本稿は、地域社会を構成する社会的交流と空間的範域のうち、特に滋賀県栗東市を事例として空間的範域について地図・絵図類を中心的な史料として迫ることを試みた。第一に、大字レベルの地籍図（地券取調総絵図）

の局地的歪みについて GIS ソフトを用いて可視化し分析した。このことを通じて、集落が認知的歪みを形成している可能性にたどり着いた。第二に、大字内でも特に人が集住する集落の空間的特性を明らかにするために小字レベルの字限図の特性について、小字名称の変遷および空間的布置から迫るべく、名称と空間の2情報を統合したデータを作成し GIS ソフトを用いて可視化し分析した。このことを通じて、明治期の字取調の前後において、原則として一つの大字には一つの中心的集落を一般名（里・村）によって示し、枝郷などの相対的に小さな集落は固有名によって示すような名称布置が分割地名などを用いることで整備されたことがわかった。つまり、小字レベルの字限図においても、中心的集落を認知的に重視する様子がうかがわれた。隣接する大字においても「里」がそれぞれに生活している以上、生活している大字において「里に行く」とか「里にいる」といえば、それは自身の暮らす生活圏の大字における中心地を指すのである。

　本稿は、技術面でも考察面でも、まだ多くの可能性・課題が残っているものである。ただ、本稿のように分析・考察過程を明らかにすることを通じて、地域住民らが自ら史料を用いて同様に（場合によっては本研究に対して批判的に）分析・考察をすることも可能になる。加えて、本稿では特に地域社会の空間的範域に注目したが、こうした空間において、どのような社会的交流が培われてきたのかを統合して分析することが地域社会の理解につながる。そのようにして地域社会の統合的分析が可能になると、地域社会の何が変わり、何が変わらなかったのかが明らかになる。このことは過去を明らかにするだけでなく、どのような地域社会を作っていくかを志向する際の地域資源として有用であると考えられる。

初出

　本稿の地券取調総絵図に関する論考は、地理情報システム学会における次の報告の予稿に基づいています。笠井賢紀・玉川英則・岡部佳世・飯守光太郎・飯田壮一郎・高宮圭介・花牟禮優大・村林颯太・中川敦之・竹山和弘・松本章伸（2022）「栗東歴史民俗博物館所蔵の地券取調総絵図の局

地的歪みについて」地理情報システム学会第31回学術研究発表大会。共編者には本稿における改編に伴い、本稿を筆者の単著論文として寄稿することを認めていただきました。

本稿の字限図に関する論考は、笠井賢紀（2023）「栗東市域の小字データベース作成過程―分割地名と集落小字名に着目した分析を添えて―」『栗東歴史民俗博物館紀要』29, pp.1-9、およびKasai, Yoshinori, "Visualization and Analysis of Small Place Names in Japan Using Data from Official Surveys and Cadastral Maps from the Meiji Era : A Case Study of *Koaza* Names in Ritto City, Shiga Prefecture, Japan", *Art Research*, 24-1, pp. 3-18, 2023に基づきます。

本稿は、以上につき一つの論文として再構成し加筆・修正を加えたものです。

謝辞

本研究はJSPS科研費JP20K02093, JP21H05339, JP21H03722, JP23H01583, JP23H03895および立命館大学アート・リサーチセンター ARC-iJAC 国際共同研究（個別テーマ型）として助成を受けたものです。また、栗東歴史民俗博物館には貴重な史料の撮影データおよび撮影機会をご提供いただきました。お礼申し上げます。

参考文献

笠井賢紀（2019）『栗東市の左義長からみる地域社会』サンライズ出版
――――（2022）「基盤型アソシエーションとしての講―滋賀県栗東市目川の伊勢講勘定帳を読み解く―」日本生活学会『生活学論叢』41, pp.15-29
金田章裕（1985）『条里と村落の歴史地理学研究』大明堂
小嶋敏夫・玉川英則（2004）「古地図における歪みの意味付けと補正モデルの構築に関する基礎的研究」『GIS―理論と応用』12(1), pp.23-33.
古関大樹（2019a）「地籍図類の歴史（30）―滋賀県の明治の地籍図（まと

め1）―」『登記情報』686, pp.25-36.

――― （2019b）「地籍図類の歴史（31）―滋賀県の明治の地籍図（まとめ2）―」『登記情報』687, pp.41-52.

佐藤甚次郎（1986）『明治期作成の地籍図』古今書院.

鮫島信行（2011）『日本の地籍　その歴史と展望』新版, 古今書院.

滋賀県土地家屋調査士会（2021）『滋賀の地籍―土地家屋調査士の視点から―』サンライズ出版.

清水英範・布施孝志・森地茂（1999）「古地図の幾何補正に関する研究」『土木学会論文集』625, pp.89-98.

水津一朗（1957）「小字の歴史地理学―基礎地域の構成要素としての小字―」『人文研究』8(10)、pp.1075-1096.

鈴木栄太郎（1968）「日本農村社会学原理（上）」『鈴木榮太郎著作集』Ⅰ, 未来社, pp.1-378.

――― （1969）「都市社会学原理」『鈴木榮太郎著作集』Ⅵ, 未来社, pp.1-580

――― （1970）「農村社会の研究」『鈴木榮太郎著作集』Ⅳ, 未来社, pp.1-374

高橋誠一・小林健太郎・宮畑巳年生（1979）「古代栗太・野洲郡の開発と条里」『滋賀大学教育学部紀要』29、pp.98-110.

塚本章宏・磯田弦（2007）「『寛永後萬治前洛中絵図』の局所的歪みに関する考察」『GIS－理論と応用』15(2), pp.111-121.

日本地名研究所（2021）『民俗地名語彙辞典』筑摩書房.

秦憲志（2011）「近江平野野洲川下流域条里地割における用水系統と集落居住域形成―近江平野野洲川下流域における条里地割と平地集落の空間形成に関する研究　その1―」『日本建築学会計画系論文集』76(659), pp.43-51.

――― （2014）『近江平野野洲川下流域における条里地割と平地集落の空間形成に関する研究』福井大学博士論文

平井松午（2011）「画像データを用いた歴史GIS分析」杉本史子ほか編『絵図学入門』東京大学出版会, pp.230-235.

松沢裕作（2022）『日本近代社会史—社会集団と市場から読み解く1868-1914』有斐閣.

柳田国男（2017）『地名の研究』中央公論新社.

栗東町史編さん委員会（1992）『栗東の歴史　第3巻（近代・現代編）』栗東町.

栗東歴史民俗博物館（1995）『企画展　村むらのすがた—近江国栗太郡の村落と暮らし—』栗東歴史民俗博物館.

若林芳樹（1990）「札幌における認知地図の相対的歪み」『地理学評論』63（A-4），pp.255-273.

第11章

明治初期の分村の経緯と村の領域確定
──東近江市永源寺地区茨川村

龍谷大学教授　牛尾洋也

1　はじめに

　本稿は、茨川村に残る村の成立に関する古文書[1]を解読することを目的とするが、関連資料と併せ、旧幕府体制から明治新政府の下で、地券公布・地租改正という土地・税制の一大改革を通じて村落の構造がどのように変更され、それが今日の土地をめぐる様々な問題にいかなる基底的要因をもたらしているのかを批判的に検討するため、その一素材として、現在の東近江市永源寺地区における幾つかのエポック取り上げ考察するものである。

　近世村落の構造論や近世から近代への移行に伴う村落や地域社会の構造変化などについては、既に多くの先行研究があり、「地券取調」直後のある村のわずかな資料のみに基づいて考察する本研究は、それらの研究を手掛かりに検討課題を見出すにとどまらざるを得ないことを予めお断りせざるを得ない。

1）本文書は、2021年頃に、茨川村出身の筒井正氏（名古屋商科大学・非常勤講師）の依頼で、茨川村の絵図をデジタル化し原寸大を和紙印刷した際に、筒井氏から託されたものである。茨川を含む東近江市永源寺地区の地券取調総絵図や地籍図等の発掘に伴い注目した後述の「郡界地引絵図」の分析に併せて漸く翻刻を行い、この度、検討を行うものである。全文の翻刻は、牛尾洋也「資料　茨川村境界確定万代記録」『龍谷法学』57巻4号（2025年）を参照されたい。

第11章　明治初期の分村の経緯と村の領域確定　　**285**

　まず、本研究が対象とするこの地域には、平安末期に冷泉宮領庄園、の
ちに近衛家へ伝領された小椋庄があり、文徳天皇の皇子惟喬親王が住みつ
いて木地師の祖神としての信仰が行われていた領域を含む一帯である。応
仁3年（1469年）に小椋七カ畑の庄民が大萩庄の山の利用をめぐり大萩側
と争った記録や、天正20年（1592年）の箕川・蛭谷・君ヶ畑と甲良畑庄と
の山争論の記録からこの地域が共通の利害関係で結ばれていたことがわか
る。幕藩体制が整い旧彦根藩の藩領となったのち、慶長7年（1602年）に
は検地が行われたが、この地域は当時ほとんど田畑のなかった山間集落で
あったにもかかわらず茶畑による茶運上により平坦地と比較して年貢率が
高く、蛭谷と君ヶ畑はいわゆる「氏子狩」による多くの金銭の収納と戸籍
人数があったとされる[2]。愛知郡の一つに属する6か村（君ヶ畑村、蛭谷村、
箕川村、政所村、黄和田村、九居瀬村）は、1871（明治4）年（1871年8月29
日）に廃藩置県により彦根県所属となり、同年11月22（1872年1月2日）
の第1次府県統合により全域が長浜県管轄に、1872（明治5）年2月27日
（1872年4月4日）には長浜県が改称して犬上県となり、同年9月28日
（1872年10月30日）に滋賀県の管轄とされ、1874（明治7）年5月27日に君
ヶ畑村からが分村・改称して茨川村が加わった。

　1871（明治4）年4月4日に戸籍法〈太政官布告第170号〉が公布され、
従来の宗門改帳を廃し各町村内各戸の人口・年齢・続柄などを登録する戸
籍簿（壬申戸籍）が編成されることとなり、同法施行のため、全国に新た
に区が設けられ（単一区制）、戸籍事務を取り扱う役人として戸長、副戸
長が置かれた[3]。しかし、戸籍法第2則では、戸長・副戸長と圧屋・名
主・年寄ら旧来の町村役人との関係がはっきりせず、府県によっては両者
が併置されるなど、一般行政の遂行上の種々困難があったことから、政府
は、1872（明治5）年4月9日に太政官布告第117号を公布し、従来の荘屋、
名主、年寄等を全て廃止し、戸長、副戸長と改称して、戸長・副戸長の職

　2）滋賀県市町村沿革史編さん委員会『滋賀県市町村沿革史・第3巻』（第一法規、
　　　1964年）451-461頁参照。
　3）東近江市『永源寺町史・通史編』（ぎょうせい、2006年）730頁。

務内容および権限を明確にした。さらに、同年10月10日、大蔵省達第146号（「庄屋、名主、年寄等改称ノ儀ニ付、当四月中御布告ノ趣モ有之候処、右ニ付テハ一区総括ノ者無之事務差支ノ次第モ有之哉ニ付、各地方土地ノ便宜ニ寄リ一区ニ区長壱人、小区ニ副区長等差置候儀ハ不苦候」）により、大区小区制の法的基礎を定めた。

　合併前、犬上県は、1872（明治５）年の初めに大区小区制を施行し、県下の945町村を６大区91小区に分轄し、旧滋賀県は、同年４月７日に単一区制を採用し県下の942町村を67の区に分轄したが、同年９月29日に犬上県の一部〈近江北部〉と旧滋賀県〈近江南部〉が合併して現在の滋賀県が成立し、それに伴って、同年10月に「自今何郡第何区ト改認」することになり、単一区制のもとで滋賀県の区は158区となった[4]。

　茨川村は、滋賀県東近江市の旧永源寺地区にあり、琵琶湖の東で愛知川の上流、標高560m の鈴鹿山系北部に位置する山村であり、四方を山に囲まれた山あいの集落である。東方は治田（はつた）峠（君ヶ畑越）を経て伊勢国へ、西方（ノタノ）坂を越え御池川沿いに下ると君ヶ畑村へ出る。茨川の淵源は、残存する史料上は中世後期までたどることができるが、その発祥は史料上明らかではない[5]。元禄年間までは君ケ畑銀山（蛇谷鉱山）が幕府直轄下にあり、茨茶屋から治田峠を越え伊勢治田郷に至る道筋は、銀銅山に囲まれ別名「銀山越」とも呼ばれて賑わい、近江と伊勢をつなぐ峠筋の茶屋として発達し、一時はかなりの戸数を数えたが、1660年代に閉山となり、鉱山業の衰退とともに衰退したとされる。近世は愛知郡君ヶ畑村の枝郷となり郷帳類には記載がないが、彦根藩の管轄下におかれ、茨川茶屋（村）ともいわれた。1695（元禄８）年の「大洞弁天寄進帳」では人数41（男18、女23）の記録が残る。1874（明治７）年に愛知郡（第１区）茨

４）井戸庄三「明治初期の大区小区制の地域性について」『歴史地理学』123号（1983年）19頁。

５）中島伸男『近江鈴鹿の鉱山の歴史』（サンライズ出版、2006年）77頁以下によれば、『江源武鑑』（1538〔天文６〕－1623〔元和９〕）に1549年の銀の発見が伝えられている。

第11章　明治初期の分村の経緯と村の領域確定　　287

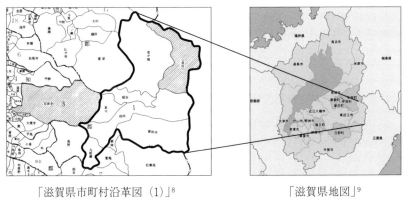

「滋賀県市町村沿革図（1）」[8]　　　　　　　　「滋賀県地図」[9]

図1

川村として分村・独立した当時（明治11年頃）は14戸58人をかぞえ[6]、1890（明治22）年に東小椋村、1943（昭和18）年に旧永源寺町の大字となった[7]。

2　文書の内容とその検討

本文書は、1872（明治5）年2月24日に明治政府が発出した郡村地券に関する「地券渡方規則」の達し、及び同年8月に滋賀県の「地券取調方取扱心得方凡例書」を受け、当時、愛知郡第一区の六か村（畑）の枝郷として位置づけられていた「茨川茶屋（村）」がその内容に驚き、村としての領域（テリトリー）の確認を求め県庁（当初は犬上県庁、後に滋賀県庁）に出した明治5年の「願書」を中心として、県庁とのやり取り、及び郷中六か村との交渉経過、最終的には村名の改称（分村）に至った「茨川村」の

6）「滋賀県物産誌　巻之七」（1878〔明治11〕年）（滋賀県市町村沿革史編さん委員会編『滋賀県市町村沿革史　第5巻資料編』〔1962年〕所収）485頁。
7）前掲注3）737-756頁、筒井正「廃村茨川の歴史と伝承」三重民俗研究会編『論集　三重の民俗』（三重大学出版会、2000年）108-142頁参照。
8）「滋賀県市町村沿革史（1）区制および旧村の変化（1868-1879）」『滋賀県市町村沿革史・第1巻別冊』（弘文堂書店、1988年）から一部抜粋。
9）Map-It マップイット（https://map-it.azurewebsites.net/）より。

分村設立の経緯について、村の「万代記録」として残すべく綴った袋綴じの冊子本（見開き1頁として36頁からなる）である。

それは、以下の10件の内容から成る。

①表紙：「明治六年癸酉第一月吉日　当村内地境界相定ニ付万代記録」。

②見開き：「諸願成就村中繁栄之基礎与一沪謹で奉賀」と書かれた明治6年1月1日付の見出し（2頁）。

③「愛知郡第一区茨川茶屋村」の戸長、副戸長、惣代をはじめ村民14名の署名による県庁への「願面」の「差出経緯の概要」（3頁1行目～5頁4行目）。

④地券取調において「字八田茨川内山内の流水三里、横幅二十町」につき、茨川茶屋（村）の領内と定めていただくよう理由を添えた犬上県庁への「願面」（明治5年8月20日付）（5頁5行目～8頁末）。

⑤犬上県庁の「願面預り置き」処遇を受け郷中六か村との話し合いを経た「再願面提出のための下書き」（9頁1行目～12頁12行目）。

⑥犬上県庁への「再願面の清書」（明治5年9月28日付）（12頁13行目～15頁11行目）。

⑦願面の趣旨に関する犬上県庁と茨川村との「問答」並びに郷中村々との「交渉経緯」（15頁12行目～28頁17行目）。

⑧茨川茶屋村と郷中六ケ村との立会山の「境界取替一札之件」（明治5年11月29日付）（28頁18行目～30頁19行目）。

⑨「茨川茶屋の分村願書」並びに茨川村の周囲の境界を確定した内容を記す「境界約定取替一札事」（明治6年1月4日付）（30頁20行目～34頁末）。

⑩滋賀県令松田道之への「分村願」並びに同県令より「茨川村」への改称（分村）の許可書（明治7年5月27日付）。

3　内容

(1)　ことの起こり

　上記③では、明治5年8月、犬上県令神山郡廉[10]は区長らに、明治6年の「地券発行」のための「取調」において、「田畑山林屋敷野藪式入会地弁別致し村々持之場所取調画図面ニ委敷認メ可差出旨」を仰せ渡した。これを受け、区長は帰村して茨川茶屋村の立会場所（入会地）についての取り扱いについて郷中六ケ村の一つ「箕川村」で評定を行った。

　問題の地（麦野之河内）は（郷中6か村の）立会場所であり、茨川茶屋村はそこに立ち入って山稼ぎをしており、近隣六ケ村が年々41石3斗の小物成を納め、茨茶屋としても元禄年中から8斗の上納をしてきている地である。しかし、上記の王政御規則では、「立会場所者夫々村毎ニ割付致シ村毎之画図面ニ組込可差出規則」であるため、上述の評定では立会山は残らず茨川茶屋村を除く六ケ村で山割をすべきということになり、茨茶屋村の戸長にその旨が申し伝えられた。戸長は大変当惑し、帰村して村人に話したところ、この地は往古より茨茶屋村が運上・年貢を納め、手広く相稼ぎをし村中で相続してきた地であるため、たとえ天朝の御規則といえども承服できないとして、犬上県庁に「願面」を出すべく村の代表3人を彦根表に向かわせた。

(2)　願面

　文書④の願面には、冒頭

　君ヶ畑村箕川村蛭谷村政所村黄和田村九居瀬村　立会
　　一　字八田茨川内山内　流水三里　横幅二十町　此山手銀弐拾匁宛古来ヨリ上納仕来リ候　元禄七戌年六ケ畑立会場所開キ正米八斗上納仕来

10）幕末の土佐藩士出身で、明治4年末に長浜県令となりそのまま犬上県令となった。日本歴史学会編『明治維新人名辞典』（吉川弘文館、1981年）392頁ほか参照。

リ候

とされ、結びでは「当村領内ト相定メ被下置候」と記されている。日付は、明治5年8月20日であり、戸長、副戸長、総代の3名で出向いた。

　願面の内容は、君ヶ畑村、箕川村、蛭谷村、政所村、黄和田村、九居瀬村の郷中六ケ村の入会山である字八田茨川山内の流水3里、横幅20町の地は、古来から茨茶屋村が山手銀20匁を上納し、元禄年間からは六ケ村の立会場所として開いているが村として正米八斗を上納してきた地であるため、茨茶屋村の領内と定めていただきたいというものである。

　その理由として、茨川茶屋村は、①厳しい山中の村でありこの地で山稼ぎや炭焼き、石灰炭などで細々と露命を繋いでいたこと、②旧藩（彦根藩）の支配中に憐憫の情をもって村方よりこの地で新田開発の許可を得てやってきたこと、③しかしこの地は元来の冷気により田の出来は思わしくなく、六ケ村の立会いとなって難渋してきたこと、④今般の地券取調により、六か村の立会山であるとして各村に割付けることになれば、茨茶屋村の稼場がなくなりたちまち難渋することになり、山割は村役人も心を痛めるほどの愚考であること、⑤山内には茨茶屋村の村民が居住し地面を有しており、山からは運上金を、地面からは年貢を旧藩に直に納め一村として独立して取り扱う旨の御下ケ書きももらっていたが、村には年貢を（直接）上納する村方がいなかったこと、村中ではこれまでこの地を相続し何かを植え付けるにあたり皆で相談し杉檜桑を植え付け、油実玉や雑木などを刈り立ててきたことなどが述べられた。

　すなわち、村々入会の山について、当初は一村の領内として山手銀を納めてきた土地であり、元禄年間からは郷中六か村の立会山として今回の地券取調の方針により立会山の山割が行われれば村として成り立たないとして、茶屋川流域の3里、横幅20町について茨川茶屋村の領地として認めてもらうよう願出たものである。

(3)　犬上県庁への説明と郷中村々との交渉

　④によれば、犬上県庁は、この願面をみて、（地券取調は―引用者）この

ような場所を山割して村に迷惑をかけるような取り扱いを指示しているものではないこと、地券取調は大変混雑しているためこの件は改めて願出るよう区長に申し渡したが、その趣旨は、願面の趣旨を了解して区長に申し付け、犬上県が預かるということであった。

それを受け、同年8月26日に帰村し、郷中六か村にこの件の取り扱いを知らせるべく、君ヶ畑村で集会を開いたところ、郷中の村役人は、早速入会山を割付なければならず、茨川茶屋の件については、それぞれの村が開発した田畑を有しているため六ケ村に割り付ける方針を示したが、村方がこれに反対したため、茨川茶屋村を含めた七か村で割り付け、これまでの小物成41石3斗の上納も七つの村で割り付けるという評議がなされた。

しかし、茨茶屋村の戸長はこの村方の評議を聞いて、これでは往古より年貢・運上を納め山内で村稼ぎをしてきた村としては村の存立が困難となるためとても受け入れられる内容でないとして、「一切承知得不仕候」と述べた。郷中役人は思いがけないこととして赤面しその場を退座しその後何の音沙汰もなくなったため、茨茶屋村で対応を話し合いこのままでは、「此度御維新御改正之折柄ニ地所境界相不立候而ハ是迄数百年ノ来ノ苦心悉皆反古ト相成候」ということで、再度県庁に願面を提出することとなった。

そこで、村の代表3名が出庁しまずは、郡惣代の岸善平[11]に内々に対面し県の考えと対応ついて相談したところ、岸善平からは、申し上げにくいが、「此度県庁ノ思召ハ双方共成丈ケ合併為致候様之御規則ニ有之候間其村方ハ親郷政所村ノ付属為致地券取調べ画図面共政所村与一紙ニシテ差可為出旨申被居候間内々通達可申候此度一大事之場所ニ候間情々勘考致シ難願可仕ガ可仕ト申被聴候」ということであった。すなわち、県庁はなるべく合併する方針であり、茨茶屋村は親郷の政所村の付属であるため地券

---

11) 明治初期の郡惣代の役割及び位置づけは不明であるが、単一区制の下で愛知郡の郡惣代として村と県庁とをつなぐ県の役人であったと思われる。しかし、1872（明治5）年10月22日の滋賀県令の布令により犬上県の郡惣代制は廃止された。滋賀県公文書館デジタルアーカイブ「明治5年本件無記号達編冊4、明-い-31-2（56）」。

取調は、政所村とともに行い一枚の紙で提出することが内々の通達内容であること、一大事之場所であっても情々勘考できないことが伝えられた。

　しかし、茨茶屋村の再願書の下書きを見た岸善平は、この願出は実現されるべきであろうと述べ、役人の中居弥五八[12]の手により下書きに筆を入れ清書して、再願書は明治5年9月28日に県庁に提出された。

(4)　再願面（文書⑥）

　　　以書附御願奉申上候
　　　　　愛知郡第壱区茨茶屋村
一　字八田茨川内　流水三里
　　　　　　　　　巾　廿拾町
　　御運上銀弐拾匁八田鉱銀
　　　　　　　　　不出ニ付
　　定納山手米八斗

　右当村之儀ハ、往古ハ鉱山業を業と致シ罷在候者共ニ而、其節御公儀江御運上相納居り処、鉱山業者休山ニ相成其已来御旧藩江相納メ銀弐拾匁之御運上ニ而右之地所手広く山拵罷有候ヘ共、いつ者なく追年貧窮仕亡消ニも可及場ニ至り所持不行届ニ相成ニ付、下郷中与リ追々地内江被立込自然ト立木無数ニ相成、漸く元禄年中ニ至り一同相励み難願仕米八斗上納之上所々開発山稼相兼耕作茂仕罷在候処、度々火災も有之亦倍困窮に落入其日之渡世ニ当惑仕御領主御役場迄も罷出兼、宝暦年間政所村手次相頼ミ御年貢迄も上納仕候之儀ニ及ヒ候ヘ共、御領主様之御蔭ヲ以て御百姓相続仕其後追々成立候儀ハ全く御引立を蒙り候故之儀与難有承知仕就而ハ、大切之御年貢政所村与リ上納仕候筈之様に相成右様他村之手次を以て上納罷在候儀ハ御国恩ヲ忘却之基与心付深く奉恐入付、以前之

12）彦根藩の一等執事試補で竜宝寺清人といわれる。大久保治男「資料・彦根藩政史資料集成4　竜宝寺清人留書」駒澤大学政治学論集5号（1977年）115頁。

通リ諸事当村御役場へ罷出御年貢も直納仕度郷中茂申談した処、尤之儀
ニ被聞請倶ニ調印致被呉候ニ付則御役場へ御願申上候処神妙之儀卜早速
御聴届ニ相成、御旧藩中壱村ニ御立置戸籍並ニ地所画図面等も当村与リ
認メ指上候一村立ニ罷在候間、今般御一新之御時節伊勢堺辺遠之小村ニ
而御手数奉懸候儀甚夕奉恐入候得共、従前之通り御引立一村立被成下前
書御年貢も上納仕来リ開発之田畑並ニ苅畑等茂即今面々所持仕居候儀ニ
付、何卒此上御県庁様之御慈悲ヲ以テ前書之地券当村へ御下渡し被成下
候様与も、御県庁様御定法通り上納可仕候万一今般地券御下渡しニ相洩
候而者数百年奉蒙御国恩候故卜ハ乍申、極山中之困苦ヲ凌キ小村たり共
一同相励ミ互に助合候而今時迄一村立相続仕数十代之苦心一時ニ空敷相
成候儀ハ、村中者共一死にも難替嘆ハケ敷次第与指廻しニ付、此段　御
嘆願奉申上候何卒数百年之苦心今時一村之情実深く御憐察被成下別段之
御憐愍ヲ以願之通り御聞上ケ被成下候得バ、村中一沶誠ニ以難有仕合ニ
奉存候依之以書付御嘆願奉申上候已上
明治五壬申九月廿八日
　　　　　　　右村戸長　石井勝太郎
　　　　　　　　副戸長　小椋　儀平
犬　上　県
　　　御　庁

　まず、願出の趣旨は、「字八田茨川内　流水三里　巾廿拾町」につき、
茨茶屋村でかつての御運上銀弐拾匁を納めてきた土地であったが、八田鉱
銀の産出がなくなったため、その後は山手米八斗を納めてきた地であるこ
と、すなわち、地券取調における村の領域の確定を求めたものである。
　次に、その来歴について、①当村は、往古ヨリ鉱山業を営み御公儀（幕
府）に運上を納めてきたが休山となって以来旧藩（彦根藩）に運上銀20匁
を納めこの地で手広く山稼ぎを行ってきたこと、②しかし次第に貧窮して
所持も行き届かなくなって下郷の村々が次第に地内に立ち入って自然に立
木が無数植えられてきたこと、③元禄年間に願出て米8斗を納めるための
山の開発を行ったが、火災などもあって困窮が進み、宝暦年間に政所村の

仲介により年貢を納めてきたこと、④御引立てにより以前のように年貢の直納をするよう役場に願を出し聞き入れられ、旧藩では一村として位置づけ戸籍並びに地所図面も当村から提出する手はずになっていたこと、が述べられている。

そのうえで、従前どおり一村として引き立ての上、年貢も上納し、開発した田畑や刈田も村の者が所持しているため地券を当村に下げ渡していただくよう願出た。

(5) 県庁との問答と近隣六か村との交渉（文書⑦）

この出願に対して県庁からの質問とそれに対する村の応答をまとめるならば次の通りである。

第一の質問は、「其村方之儀ハ下六ケ村ゟ山番として往古遣し置候由申立居リ候間此儀如何」として、村としての独立性について、村の現在の立ち位置とその根拠を聞くものであった。

これに対して村は、往古から鉱山業をしてきたが鉱山師運上として出高に応じて「定納仕流水三里幅弐拾町之間御運上地与相成」ったが、その領地は「何村之地所と相（ママ）相定りも無之御定納仕居リ候地所与罷在候」と述べ、鉱山業としての運上をするにあたり、その領域が「流水三里幅弐拾町之間」であったこと、しかしその後、村は次第に貧困になり、「自然ニ立入郷中之枝村ト唱候儀ハ全く空意に無之候」と述べ、「枝村」という位置づけは意味がなく、いつごろから枝分かれしたかについて郷中の古事書でも確認できなかったと答えた。

第二の質問は、「何之頃与リ其村方初リ何国与リ来ル」として、村としての来歴を尋ねるものである。

これに対して村は、「村方之儀ハ惟喬親王已前ゟ住居ハ何村ヨリ来ル共相知れ不申候」として、木地師発祥伝説のある惟喬親王以前から村として存立していたが、火災によりその古事書は消失しており村の発祥は不明確であると答えた。

以上の質疑の結果、県庁は「被仰渡候儀ハ尤モ願面之趣相分リ候ニ付付属之向ハ御免ニ相成候へ共画図面之儀ハ郷中一沪打寄リ相認メ其村方之境

界速ニ相立指出すべき旨被仰渡候」として、村が他村の付属ではなく独立していることを前提に願面の趣旨を了承した上で、画図面については郷中で協議して速やかに村境界を定めて提出するよう求めた。

ところが、その最中、犬上県は廃止され滋賀県に合併され地券取調の管轄が滋賀県管轄となったことに伴い、茨茶屋の嘆願も滋賀県に回送され、滋賀県令松田道之[13]に逐一報告がなされたうえで、区長に申し渡されたのは、「七ケ村合併ニ相成候歟又ハ茨茶屋別村に相願候歟又別村相立候得者右村相続致様領地相定メ相立可申候」として、県としては、七か村を合併するという選択肢か、茨茶屋村を別村として分村を認めるか、その場合、村は相続すべき領地を相定めることとして振り出しに戻され、それでも「彼是故障申立ルニ於テ入会山御取上ゲ之上県庁ニ於テ之ヲ取計置何れ成共下付可申候否哉返答ニ（ママ）ニ及ふへき旨申被付」として、もし郷中でまとまらない場合は、入会山を一旦取り上げ県庁の取り計らいにより下付するとされた。すなわち、茨茶屋の件は「此度境堺之処者郷中一沪熟談之上相定メ別村願五人一紙連印之上画図面相添指出すべき尚又此儀熟談行届不申而ハ郷中合併申被付候趣尤モ郷中江茂申渡置候」として、単に入会山だけでなく、村々の独立性についても、郷中七か村の運命共同体的な方向付けが示されたものといえる。

これに対して、郷中役人は、「誠ニ案外之事程何共勘考相付不申候間何れ量取計ニも相成不申彼是ト評定致シ被置候」として、現場の郷中村役人はその取扱いや方向性について大いに戸惑ったものの、「帰村次第熟談致し茨川茶屋一村相続可仕候様急度境界相建分村願共可仕様答書可差出旨申被付御請書一紙連印ニ而奉差上置」として、茨茶屋を村として独立させる方針が定まったものといえる。

この取り扱いは、滋賀県庁の示唆によるものであるといえるが、それは当時の県令松田道之の独自の行政指導によるものと考えられる。このよう

13）松田道之は鳥取藩出身で、1872（明治4）年末に滋賀県令となった。人となりにつき、馬場義弘「初代滋賀県令松田道之の人物と思想」滋賀大学教育学部紀要（人文・社会科学125）69号（2019年）125–137頁参照。

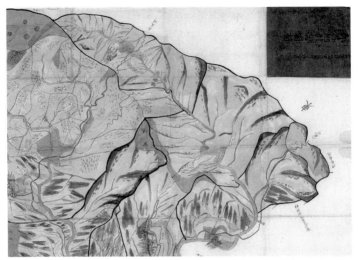

図2「郡界地引絵図」(一部拡大、矢印の黒線内が茨川村) 明治8年

に、地券取調にあたり生じうる入会山や茨茶屋のような枝郷の取り扱いの難しさに対して、まずは関係村々の郷中の協議による解決を優先し、それがかなわない場合には入会山を一旦取り上げて差配するという手法を示しており、地券取調の実施過程における村々と県との交渉過程を知るうえで貴重な情報が示されている。

　10月末日に帰村した村代表から知らせを聞いた村の人々は「大悦至極」であり、早速郷中を回って境界確定に向けた協議の催促を行ったが、他村からの反応は低調であったため、同年11月14日に改めて彦根表に出向き地券取調掛の役人に伺ったところ、11月18日までに境界確定した図画面を提出するよう促され、急遽、17日に茨茶屋村に郷中の村役人その他代表を集め協議を行うこととなった。

　さしあたり実際に村役人たちが川の上流、下流を手分けして境界を確認したが、広大な土地であり、かつ開発地やかつての開発地など混淆し免租地もあるところ、県庁からの「地所境界混淆不致様境界相立申べく様被仰渡」に沿うよう、谷や尾、道、川など判然としているところをもって境界を建てようとしたが、村役人の中には、茨茶屋村の示す通りに境界を建て

るならば、立会山の山上の上下で境界を隔てることになり、立会山を使っている郷中の村々が難渋することが指摘された。特に他村の小前之者からは、一部を金高に見積り茨茶屋村に売り払うよう求める意見が出されるなど、今回の地券取調の趣意に反する反対意見もあるなどまとまらなかった。しかし、実際に絵図を見ればそれぞれの場所に村々の開発地があり金高見積の意見ももっともであり、茨茶屋村としても少々の出金は覚悟しなければならないが、皆が知るように貧村であり格別の出金もままならないということで、村境界の確定は膠着状態となった。3日間をかけた集会でも絵図面が提出できず解散することになれば県庁の仰せ渡しにも悖る状況であった。

　そのとき、政所村の一人の村役人から、今回の茨茶屋からの申立て境界の場所は代金に見積もると500円であり、そのうち400円は政所村の境界の分であるため、残りの100円について茨茶屋村より他の村々に出金すればその申立て通りの境界分けがかなうという新たな申し出がなされ、一旦話合いがまとまる様子となった。しかし、実際に入会山の山稼ぎで生計を支えている他村の小前之者からは、示された境界では承服できないとされ、当初の茨茶屋村から示された境界案を若干縮小し、代金100円のところ30円を引いて70円の出金と定める案が出されるなど協議は難航した。これは必ずしも金高の問題ではなく、「養水掛リ二而大切成場所二候得ハ行末場普請等の節彼是と口論出来候も難計二付其儀者聞入不申」とされるなど、入会山の共同利用の必要性が語られたため、この点につき何度も話し合いが続けられ、一部の地域については立会を残すという案で協議が整うこととなった。

　このように入会山の境界画定にあたっては、水管理など自然利用における共同利用の合理性の考慮がもとめられたことがわかる。

　こうして七か村の熟談協議が整い、明治5年11月29日に「境界取替一札事」が七か村一紙連署にて取り決められた。

　その内容は、一方で、茨茶屋村のある麦野河内山堺界の東西南北と川上川下について「其御村方持地与相定メ候分広太之山地二付下郷へ百円出金申請候右境界之内永世御支配可被成候」として、茨茶屋村が下郷六か村に

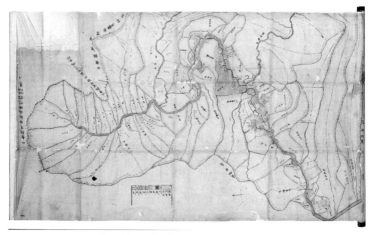

図3　茨川絵図（年代不詳、筒井正氏より提供）

冥加金として100円を出金し、その境界内の地については永世支配することが確認された。他方で、「奥堺善右衛門谷上ミ尾堺字土倉谷下ノ尾堺ゟ奥者雨落有限リ茨茶屋与六カ村都合七カ村の立会ト相定メ川下モ堺南ハ字太夫谷与リ下モハ政所村山堺清水谷下モノ尾堺迄北ハ鞍骨上ミノ尾堺与リ下モ政所山堺鷹落下モ尾迄六カ村立会与相定メ」られ、一部は六か村、七か村の入会地であることが確認された上で、「境界相定メ申候上ハ今後決而双方共他の地へ立入申間敷候」と取り決められた。

　こうして村々との境界に関する協議書が整い、明治6年1月4日に「熟談済答書」と「分村願書」をもって滋賀県庁を訪れ、それを受けて、明治7年5月27日付で滋賀県令松田道之の押印のある「茨川村」への改称（分村）の許可書が出された。

4　検討

(1)　枝郷、共有地について

　次に、共有地ではあっても枝郷としての独立性がある場合の取り扱いについて検討する。

第11章　明治初期の分村の経緯と村の領域確定　　**299**

　本郷村と枝郷村との関係は、新田開発などによる新たな村の誕生という関係も多いが[14]、藩政村を構成する「小名」という日本社会の普遍的存在としての「自然村落」は中世村落に規定され、近世村落に持ち越され、あるいは新たな藩政村とは別個に入会権の帰属主体としての部落としての存在があったといわれる[15]。

　枝郷としての茨茶屋（村）は、御池岳、藤原岳と竜ヶ岳の山に挟まれ、東は伊勢国内の青川と多志田の上流域から西は近江国の君ヶ畑まで広がる「治田鉱山」の一角にある銀銅山であり、戦国期末頃の近江守護佐々木氏の頃よりから銀・銅を産出し、その後、鉱山は幕府直轄領として直接管理されていた。伊勢国の治田郷は桑名藩領と幕府藩領など度重なる管轄の変更を経て治田財産区として独立性を維持してきたが[16]、茨茶屋は、銀銅の産出が少なくなった後は衰退し、小椋庄をまとまりとする郷の一つの君ヶ畑村の枝郷として彦根藩の管轄に属し近代を迎えた。

　このように、茨茶屋村は、中世の銀鉱山の村として独立性が明確であり、そのことは「御運上銀弐拾匁八田鉱銀」の記載からも明らかである。郷中6ケ村の共有地となった経緯については、「追年貧窮仕亡消ニも可及場ニ至り所持不行届ニ相成ニ付下郷中与リ追々地内江被立込自然ト立木無数ニ相成」と述べ、村の衰退による領域管理の減退と他村から地内への立ち入りが増えた結果であるとして元来独立した村でありその領域の存在が主張され、地券取調における政府の共有地の分割原則が妥当しない事情が認められた。

(2)　地券取調と立会山の境界確定および分村

　1872（明治5）年2月24日に大蔵省達第25号により、全国に郡県地券に

14）礎永和貴「熊本県における集落形態の歴史的変遷と『村落領域』」『佛教大学大学院研究紀要』16号（1988年）106頁。

15）岩崎公弥「幕末・明治初期の藩政村規模とその変動」『地理学報告』51号（1980年）8頁、野崎清孝「村落研究の歴史地理的アプローチ」『奈良大学紀要』21号（1993年）90頁。

16）塚本明編『「治田文書」調査報告書（近世文書編）』（2017年）参照。

関する「土地売買譲渡ニ付地券渡方規則」が発出されたが、それを受けて同年8月には、犬上県に愛知郡各区長・副区長らが召し出され、県令神山郡廉より「其区村々地方取調田畑山林屋敷野藪　式入会地弁別致し村々持之場所取調画図面ニ委敷認メ可差出旨被仰渡」され、地券渡方規則について指示がなされた。

　また、滋賀県は地券渡方規則に応じ、同年8月、県内に「地所取扱心得書」を発布した。すなわち「……右ハ全官庁ニ於て人民之所有地ヲ保護し人民ニ於てハ銘々之所有地を永年相続する之証拠ニいたし候主意ニ而甚大切なる義ニ候間反別無相違正路ニ可書出候仍而検地帳名寄帳等々之面と反別と相違致し候とも不苦ニ付現今在り之儘反別書出義と可相心得然ル上ハ現在一反有之地所を八畝と書出し地券申請受ケ若他日二畝隠田之旨相顕る、等之事有之ニ於てハ屹度厳重之沙汰ニ可及ハ勿論自今都而地券無之地所ハ其者之所持地ニ難相立候事」[17]。このように、滋賀県としては、現在の人民の所有地をそのまま保護するための証拠として「地券発行」をすること、したがって反別など面積は現況を正しく反映したものを提出することを厳しく諭している。

　入会地については、当初、明治政府の「地券渡方規則」14ケ条に明示的な規則はなかったが、その増補版である1872（明治5）9月4日大蔵省達第126号増補第35条では、「両村以上数村入合ノ山野ハ其村々ノ組合トシ前同様ノ仕方ヲ以テ何村何村ノ公有地ト認メ券状可渡置尤其券状ハ組合村方年番持等適宜ニ可相定事」[18]という規則が設けられた。そのことから、既に増補版が出される以前に入会地に関して多くの県庁からの伺が多数あったものと思われる。犬上県の独自の「地券取調方取扱心得方凡例書」等が存在したか否かは不明であるが[19]、県としては、入会地は村々持の場所

---

17) 滋賀県市町村沿革史編さん委員会編『滋賀県市町村沿革史　第6巻』（第1法規、1963年）16-17頁。

18) 国立公文書館　請求番号：太00331100-00200 簿冊名：太政類典・第二編・明治四年〜明治十年・第百九巻・地方十五・土地処分二、件名：地所売買譲渡ニ付地券渡方規則（https://www.digital.archives.go.jp/item/1382109）

について取調をするよう区長らに申し渡した結果、郷内の評定において、「立会場所者夫々村毎ニ割付致シ村毎之画図面ニ組込可差出規則ニ候間不残立会山割附可致」として、村々への分割方針が出されることとなった。

　これは、政府の村々入会地の分割政策に沿っており、原則としてその方針で地券取調が進められるはずのところ、上述のように、茨茶屋では村の独立性を主張し村の領有地を確保すべく願書を出した。しかし、既に政府は、1872（明治5）年4月10日太政官布告第119号[20]により「旧来一村ノ内分界ヲ立取扱来候村々ノ義ハ以来其区分ヲ廃シ合併一致ノ一村ト相成候様改正ノ見込相立テ大蔵省へ可伺出尤余儀ナキ情故之レアリ即今改正シカタキ分ハ漸ヲ以テ改正可致候間其旨ヲモ巨細申出ベシ　但諸帳面類旧仕立ノ銘廃シ難キ分ハ朱ニテ書入スヘシ」として、地券取調においてできるだけ村の合併をする方針を示しており、県庁の考えとしては親郷の政所村とともに一紙にて地券交付を受けるよう促したところ、茨茶屋の切実な願いとその理由を聞いた岸の心を動かし、県への再願書の提出にこぎつけた。

　文書⑥の再願面および⑦の県庁との問答からわかるのは、犬上県としては村の独立性と由来を尋ね、納税の事実と今後の直納の考えを聞き、あとは郷中で村の境界が確定することを前提に村の独自の領域を承認する姿勢を示すなど、村の願いに極めて寄り添った態度を示したことである。廃藩置県から府県官制のもとで各地方の官としての姿勢が問題となるが、犬上県は、従来の村の独立性や入会地の帰属に関する旧来からあり方を根本から改める政府の方針を貫徹する必要性を感じていなかったこと、さらに地券取調の迅速な完了や紛争回避の姿勢があったと思われる。

　しかし、1872（明治5）年9月28日（1872年10月30日）に犬上県が滋賀県に合併され、地券取調の管轄が変更されたとたん、「七ケ村合併ニ相成候

19）後に合併される滋賀県は、1872（明治5）年8月滋賀県布達第175号「地券取調方取扱心得方凡例書」第9条において、入会の村々からの願出により戸数に応じて地所を割り付けるよう示されている。滋賀県公文書館所蔵資料、明治5年県無記号達編冊3（明い31-1（36））。

20）「一ケ村分界ヲ立ル者合併一致ノ見込み取調可申出」福島正夫・丹羽邦夫編『明治初年地租改正基礎資料　補巻』「例規類集　第1巻」（有斐閣、1972年）115頁。

歟又ハ茨茶屋別村に相願候歟又別村相立候得者右村相続致様領地相定メ相立可申候」として、①再び政府の合併方針に従うか、②茨茶屋の分村を認めるか、③さらに一旦入会地を取り上げ下付するかの選択が迫られることとなった。①は上記1872（明治5）年太政官布告第119号の方針、③は上記1872（明治5）年滋賀県布達第175号第9条の方針に見られるいわゆる「払下主義」をしめしたものと考えられるところ、滋賀県庁は、もし民間の話し合いで自主的な話し合いにより②が整わない場合には、①とするという姿勢を示すことにより、（官有地あるいは公有地）払下げとは異なり村持山野を承認する前提で郷中の関係者間の協議を促し、村の分村を認める姿勢を明らかにした。

　この点につき、滋賀県令松田道之は、同年11月19日第123号達において「従来郡村山村等之経界を合併分割いたし候節民間に於て種々苦情申争候弊習有之処右ハ如何様変更いたし候とも地所持主ニ変りハ無之又追々田法改正日ニ至り候得ハ掛り物等之事ニ付其村之損益も無之儀ニ付彼是申立候ハ畢竟無謂事ニ候元来右経界合併分割之義ハ施政之便宜と土地之景況とに依て定むる所にして此権ハ専ら官庁ニ有之民間ニ於て之を停止する権ハ無之候条心得違致す間敷候事」[21]と通達し、「種々苦情申争候弊習」に対し、経界の合併分割の権限は民間になく専ら官庁の専権事項であることを示すが、必ずしも自主的な話し合いによる分割までも禁止するものではなかったことが伺われる。

　後に県令松田は、明治6年（1873）7月18日「立会の山林原野分割の告諭」[22]において、この見解を明らかにした。すなわち「地券御発行ニ付従前立会之山林原野取調ニ付テハ分割可相成分ハ成丈ケ分割所有ニ可致分割難致場所ハ其地續村之絵図面へ組込ミ可差出旨及布達沖候処中ニハ広大之山野数十ケ村立会ニテ分割難致且地續ノ村方モ数ケ村ニ渉リ夫カ為メ彼是争論ヲ生シ候向モ有之哉ニ相聞候ニ付更ニ詮議ノ次第有之右等分割難相成

　21）前掲注17）『滋賀県市町村沿革史　第6巻』22頁
　22）前掲注17）『滋賀県市町村沿革史　第6巻』26頁。

立会地ニ限リ別絵図ニ相認四至　経界ヲ記シ村々連印ヲ以差出候義不苦尤モ野帳記載之儀ハ別紙雛形ノ通リ可相心得事」として、立会山林原野は、分割可能であればなるべく分割所有をし、分割しがたい場所はその地続の村の絵図面に組み込み差し出すよう布達したが、広大な山野で十数ケ村の立会いがあり分割が難しく且地続きの村方も数ケ村に及び、分割により争論を生じるような場合には、詮議の上、等分分割が難しい立会場所に限って、別の絵図面で四至境界を記して村々の連印を差し出しても良いという告諭を行った。ここからは、実態的な経界の確定を村や民間の話合いによる解決を促し、その結果を受けて権限をもってそれを許可認定する権限は官庁に置くという柔軟かつ実質的な姿勢を読み取ることができる。

　その例の一つが、まさに茨茶屋の例であるが、滋賀県には外にも同様の村々入会が存在したため、村々入会之場所を明確にして面積や地価等を野帳に記載することを認めたものといえる。

　最終的に、文書⑩のように、明治7年5月27日付で「茨川村」への改称（分村）が許可された。この経緯は、第9章の町村分合の一事例といえるが、明治8（1875）年2月8日内務省達乙第14号以降の町村分合の禁止に見られる地租改正および土地の新たな「地位等級」の取調の優先による動向のなかで、新しく出発した村は新たな課題に直面することになる[23]。

(3)　公有地：地租改正

　さて、上述の「地券渡方規則」増補版第34条では、「村持ノ山林郊原其地価難定土地ハ字反別ノミ記セル券状ハ従前ノ貢額ヲ記シ肩ニ何村公有地ト記シ其村方へ可相渡置事」とされたが、それは1872（明治5）9月4日以降のことであり、それ以前に茨茶屋が村の領域として主張し、定納山手

23）松沢氏によれば、「廃藩置県によって支配の錯綜は整理され、同心円状の世界を生み出す条件は外枠だけ整ったが、「大区小区制」にしても町村合併にしても、その内実を変えていくものではなかった」とし、モザイク状の世界から同心円状の世界への制度の張り替えは、地租改正から始まり、それに基づいて制度が全面的に見直されるのは明治11年（1878）年のいわゆる「三新法」の公布からであると述べる。松沢裕作『町村合併から生まれた日本近代』（講談社選書メチエ、2013年）78頁。

米八斗を直納すると述べて認められた村の山野に対する地券取調による地券には特に種類が示されておらず、増補によって「公有地」と種別分けされ、あるいは同26条で「村持ノ小物成場山林ノ類ハ地引絵図中色分致シ可申事」において「村持小物成場山林ノ類」とされても、同様に村持の山野であることのみが認められたと考えられる[24]。先の文書に見られるように、当時は従前の貢額を原則とすることが村人の前提とされており、規則上もそれを地券に記載することで足りた。

　この意味合いが大きく変わり、「所有」と「公有」、あるいは「私有」と「公有」の概念的対立が明らかになるのは、1873（明治6）年3月25日太政官布告第114号「地所名称区別」の公布以降であるとされる[25]。

　さらに、同年7月28日「地租改正法」の公布により、改組事業が本格化するが、山林原野の改組について、福島氏の整理に従って耕地との比較を見るならば、(1)山林原野は10倍以上の反別を改出増加したこと、(2)地租額は旧貢租額に対して5倍近い増大を示したこと、(3)山林原野の総面積は耕宅地に比べ5割以上多いが地租はわずかその1.5％にすぎないこと、(4)林野地租は額としては微小であるが、耕地の若干の減少に対し高比率の増加となり、新租の旧貢租額（耕地の減租分を賄う）維持に貢献したとされる。さらに山林原野の地租改正により大量の土地を国家の手中に取り上げ払下げをするなど強烈な本源的蓄積過程と捉え大規模な土地処分と性格づける[26]。

　たしかに全国的規模で地租改正法の政策的位置づけを行う場合、官有地編入による収奪とその払下げによる財政的措置、入会を巡る紛争などからその政策的意図を把握しうると思われるが、官有地として収奪する価値が

　24）筒井・前掲注7）119頁によると、1874（明治7）年の茨川村の独立当時、茨川村の山林（清水谷口より本流真の谷まで）を茨川村の入会山として、時の戸長筒井利助が連印して受領したことが記録されており、1880（明治13）年頃には、宮山だけを残し当時の総戸数14戸で山分けしたとされる。

　25）福島正夫『地租改正の研究〔増補版〕』（有斐閣、1970年）544頁以下、特に556頁以下参照。

　26）福島・前掲注25）566頁以下、569頁参照。

表1　滋賀県物産誌（明治11年）より抜粋

村名	人口	人戸	反別(町)	地価金(円)	旧高	田地(町)	山地(町)(ha)	農作物	備考
茨川	58	14	1531	362	8斗		1524	麻、製茶、156円	杉雑木のみ薪トス、大ニ衰ヘリ、茶園益盛ナリ
君ヶ畑	620	65	2507	4269	17石1斗	1.6	2492	麻、繭120円、製茶1400円	杉雑木のみ、木材薪、大ニ盛ナリ
蛭谷	972	27	449	1262	18石7斗		442	麻、繭40円、製茶1020円	杉檜雑木、木材薪、濫伐ノ弊、今ヤ大ニ衰ヘリ
箕川	106	25	300	1955	27石5斗	1.5.	291	糠、麻、繭35円、製茶1065円	材木、薪、異同ナシ
政所	611	138	1362	8432	81石2斗	1.5	1333	糠、麻、製茶6890円、114軒	杉雑木、炭、薪、木材、異同ナシ、茶大ニ盛ナリ
黄和田	149	34	535	5981	55石7斗	8.4	518	繭53円、製茶1179円31軒	炭焼、採薪、茶・材木商、養蚕製糸、異同ナシ
九居瀬	448	104	356	7364	78石2斗	3.8	320	糠、繭162円、製茶3384円60軒	採薪、炭焼、木挽、負担稼、桑衰ヘリ茶増々盛ナリ
高野	437	122	846	25561	396石2斗	21.0	770	製茶1500円、繭380円、炭2000円、薪96円	松雑木、木材薪少々雄衰ヘリ、林地の松杉採薪日々衰ヘタリ、牛15頭、炭窯75か所

認められにくくそのまま村持ち山野であったところでは、地租改正による貢租額の増大に対しそれを「社寺地」とするなどで対抗し、その後「生産森林組合」や「公社・公団有」、「部落有」など今日まで様々な形態で共有森林が維持されてきた。

(4) 茨川村のその後の推移

　下記の表1[27]は、地租改正直後の1878（明治11）年当時の郷中7ケ村の人口、戸数、村の領域内の面積、山地の面積および農作物や森林、生業の盛衰についての記載を抜粋したものである。旧愛知郡第一区の村々は、基本的に雑木と炭焼きおよび製茶を生業としてきたことがわかるが、耕地のほとんどない山村であり広大な山林を抱えているため地価金の額は低い。

---

27) 「滋賀県物産誌　巻之七　愛知郡」滋賀県市町村沿革史編さん委員会編『滋賀県市町村沿革史』第5巻資料編所収（昭和37年）483頁以下参照。

同じ愛知郡の村のなかでも扇状地に耕地が広がる高野町は地価金も高額である。

坂口慶治氏によれば[28]、1887（明治20）年の土地台帳では、茨川村の山林面積1507町歩（内約32町歩は隣接集落の君ヶ畑、蛭谷の共有地や私有地）の内そのほとんどは個人所有地であり、記名共有地は178町歩にすぎず、それも1892-95（明治25-28）年には一部が分割され大部分を村外に売却して消滅しているとされる。さらに、1887年ころの全戸数13戸中上位2戸に共有地を除く村内者所有地の72.6%が集中し、さらに50町歩以上の所有者5戸に88.4%が集中しており、茨川の廃村化は、これら上位の所有者の中から早期の離村者が生じて、さらにその山林の多くが村外に売却されたことに起因し、明治30年代には在村者の所有地が茨川地籍全体の約30%にまで減少し1935（昭和10）年以降ではわずかに3%程度になったとされる。廃村化の要因としては、第1に集落の立地環境の劣悪さ、第2に隔絶性（行政的には政所まで山道約3里）、第3は集落内の大きな階層間格差、第4は天理教の浸透、第5は教育問題、第6は結婚問題とされる。早期の離村者は第4の理由によるものとされている。

上記文書の茨川村の独立分村との関係では、第1に、隣接集落による共有地化または個人有地化からは、すでに文書内に見られた茨川村の境界の確定段階で見られた郷中近隣村間のわだかまりや利害関係が、土地所有権の移転の形で決着したことが伺われる。第2に、茨川村の約7割、900町歩もの山地が上記上位2戸の単独所有登記とされた経緯については、「一応個人有が確立していたものとみなしてよい」とされ[29]、この単独所有が廃村化への大きな要因の一つと位置付けられている。しかし、本文書②における「諸願成就村中繁栄之基礎与一沪謹で奉賀」と書かれた明治6年1月1日付の文言からは、当初から個人有地化がなされていたものとはに

28）坂口慶治「鈴鹿山地における奥地集落（茨川）の廃村化過程と移住域の変化」立命館大学文学部地理学教室／立命館大学地理学同攷会 編『地表空間の組織』（古今書院、1981年）156頁以下。

29）坂口・前掲注28）164頁。

わかに考えにくく、また当時の近隣村の地券取調総絵図の発行時に土地境界で区切られた多くの奥山の部落有地が一旦個人名義とされた後、社寺地の形を含め様々な形態で部落有地として存続してきたことを考え合わせると、むしろ地券交付段階では前掲注24が示すように、当時の有力者の単独名義であったとしても部落内では部落有地として把握されていたものと推測される。

　ところで、すでに明治30年頃には村の山林の70％が村外流出したのは[30]、もっぱら第4の理由による特殊事情によるものと考えられるが[31]、明治5年―7年にかけて大いなる喜びをもって村の領域を確定し分村を成し遂げた茨川村が約20年間で実質的に村の領域の大半を失い村の経営基盤を喪失した理由については、鉱山集落として始まった村の経済的体力の脆弱性と、元来、犬上県愛知郡として三重県側との交流の盛んな郷が滋賀県に編入され、役所も遠方に置かれ交通面での近代化が進まなかったことにより、先の第1、第2、第5、第6の理由と共に、やはり個人の自由処分を可能にする土地所有権の自由を基調とする地租改正と村の入会山の山分け、登記制度の浸透が村の資源の分散化につながったものといえる。しかし他方で、同様の地租改正・登記制度のもとで、他村では村の資源の流出を防止し村有財産を維持存続してきた理由とその今日的意味が問われる。

　昭和に入った頃の茨川村の状況はなお、養蚕と製茶があっても山稼ぎ（炭焼き）が主であるとされたが、山は個人持ちばかりで総山はなく、また山には古木は少なく20年くらいの植込みが多く、昭和8年には伊勢の人が山を買って板にして出す以外は、炭焼が主であり炭は茨川全体で1万貫（炭俵で約2千俵）あったとされる[32]。

　隣接する君ヶ畑村を比較対象としてみるならば、1878（明治11）年の物産誌によれば、山林は2492町歩とされるが、1955（昭和30）年の資料では

30）坂口・前掲注28）160頁、図3参照。
31）筒井正氏への聞き取り調査（2024年9月）から。
32）小牧實繁「愛知川上流の村々―その生活の断片―」『地理論集』第3輯別冊（昭和9年）320頁以下。

1892町歩でその内930町歩が部落有林で319町歩が神社有林（大皇器地祖神社）、残り643町歩が私有林とされ[33]、2024年現時点でも、部落有地（森林の他若干の雑種地を含む）は1187町歩[34]、うち神社有林が332町歩[35]となっており、君ヶ畑の山林の約半分が神社有地を含め部落の山林として村と共に維持されてきていることがわかる。これは本文書に関わる旧小椋庄の当該郷中村に共通した現在までの傾向であり、茨川村の山林の村外流出や個人有化と際立った対比を示している。

　第二次世界大戦後、木材需要が急速に高まり、茨川の太夫谷付近に植林山を所有していた村外の製紙会社と商社が、木材運搬目的で道を付け、地元も負担金を支払って、1954（昭和29）年に、杠葉尾から茨川村までをつなぐ茨川林道が完成した。交通の便の改善に茨川の人々は喜んだが、数年で地域の山林資源は枯渇し生活は急激に変化するなか、1959（昭和34）年には伊勢湾台風が集落を襲い、1965（昭和40）年に、茨川村は実質的に廃村となった[36]。山林の分割私有化と林外への資源の流出がその一要因といえる。

　1881（明治14）年1月18日に、滋賀県令籠手田安定は県民に対して「共有森林保護ノ件」を告諭したが、それは森林繁殖を妨げている要因が「共有森林」にあり、村山を分割し個人所有にすることにより生産性を向上させるべきことを意図したものであり[37]、いわゆる「コモンズの悲劇」に対する明治政府の政策に従った県の山林政策というべきものである。しかし、村の共有山林の分解、個人有化が森林の生産性向上という政策目的の

33）宮畑巳年生「山村生業の実態―永源寺村の農業と林業―」『滋大紀要』第4号（1955年）30頁参照。

34）君ヶ畑での聞き取り調査結果（2023年度）。

35）滋賀県中部森林事務所から提供された永源寺地区の「森林資源情報」（2024年度）の解析結果。

36）熊谷栄三郎「道　廃村茨川（中）・新ふるさと事情」31・京都新聞（昭和57年5月9日号）、筒井・前掲注7）108頁。

37）牛尾洋也「里山の所有と管理の歴史的編成過程」丸山徳次・宮浦富保編『里山学のまなざし』（昭和堂、2009年）94頁。

裏面として、なぜそれを進めた村が廃村に向かい、共有山林を維持存続している村が却って今日なお維持されているのかは、究明すべき課題である。

　その一つは、地券発行の後に続く地租改正により、山村の経済がどのような変化を遂げたのかという歴史的分析と共に、森林経営管理法に基づく今日の国の森林・林業政策のあり方を検討する必要があると考えるが、これらは次の課題である。

※本稿の執筆にあたり筒井正氏より文献資料の提供並びにヒアリングに多大なご協力をいただいた。記して感謝の意を表したい。

執筆者紹介 （掲載順） ＊は編者

＊牛尾洋也 （うしお・ひろや） 龍谷大学法学部教授、序・8・9・11章

橋本誠一 （はしもと・せいいち） 静岡大学名誉教授、1・2章

高橋満彦 （たかはし・みつひこ） 富山大学教育学部教授、3章

田口洋美 （たぐち・ひろみ） 東北芸術工科大学名誉教授、北海道大学アイヌ・先住民族研究センター客員研究員、3章

吉岡祥充 （よしおか・よしみつ） 龍谷大学名誉教授、4章

西脇秀一郎 （にしわき・しゅういちろう） 愛媛大学法文学部准教授、5章

髙橋　眞 （たかはし・まこと） 大阪市立大学名誉教授、6章

小幡進午 （おばた・しんご） 森林総合研究所専任研究員、7章

笠井賢紀 （かさい・よしのり） 慶應義塾大学法学部准教授、10章

《編者紹介》
牛尾　洋也　龍谷大学法学部教授

《著者紹介》
牛尾　洋也　龍谷大学法学部教授
橋本　誠一　静岡大学名誉教授
高橋　満彦　富山大学教育学部教授
田口　洋美　東北芸術工科大学名誉教授、
　　　　　　北海道大学アイヌ・先住民族研究センター客員研究員
吉岡　祥充　龍谷大学名誉教授
西脇　秀一郎　愛媛大学法文学部准教授
髙橋　眞　大阪市立大学名誉教授
小幡　進午　森林総合研究所専任研究員
笠井　賢紀　慶應義塾大学法学部准教授

土地空間の近代法的把握──地域資源管理をめぐって
龍谷大学社会科学研究所叢書第148巻

2025年2月28日　第1版第1刷発行

編　者──牛尾洋也
発行所──株式会社　日本評論社
　　　　　〒170-8474 東京都豊島区南大塚3-12-4
　　　　　電話03-3987-8621（販売：FAX‐8590）
　　　　　　　　03-3987-8611（編集）
　　　　　https://www.nippyo.co.jp/　振替　00100-3-16
印刷所──精文堂印刷株式会社
製本所──牧製本印刷株式会社
装　丁──図工ファイブ

JCOPY 〈(社)出版者著作権管理機構　委託出版物〉

本書の無断複写は著作権法上での例外を除き禁じられています。複写される場合は、そのつど事前に、(社)出版者著作権管理機構（電話03-5244-5088、FAX03-5244-5089、e-mail: info@jcopy.or.jp）の許諾を得てください。また、本書を代行業者等の第三者に依頼してスキャニング等の行為によりデジタル化することは、個人の家庭内の利用であっても、一切認められておりません。

検印省略　©2025 Hiroya Ushio
ISBN978-4-535-52842-0　　　　　　　　　　Printed in Japan